JN292459

古典はこんなにおもしろい

岩佐美代子の眼

［聞き書き］岩田ななつ

笠間書院

平成14年　自宅にて

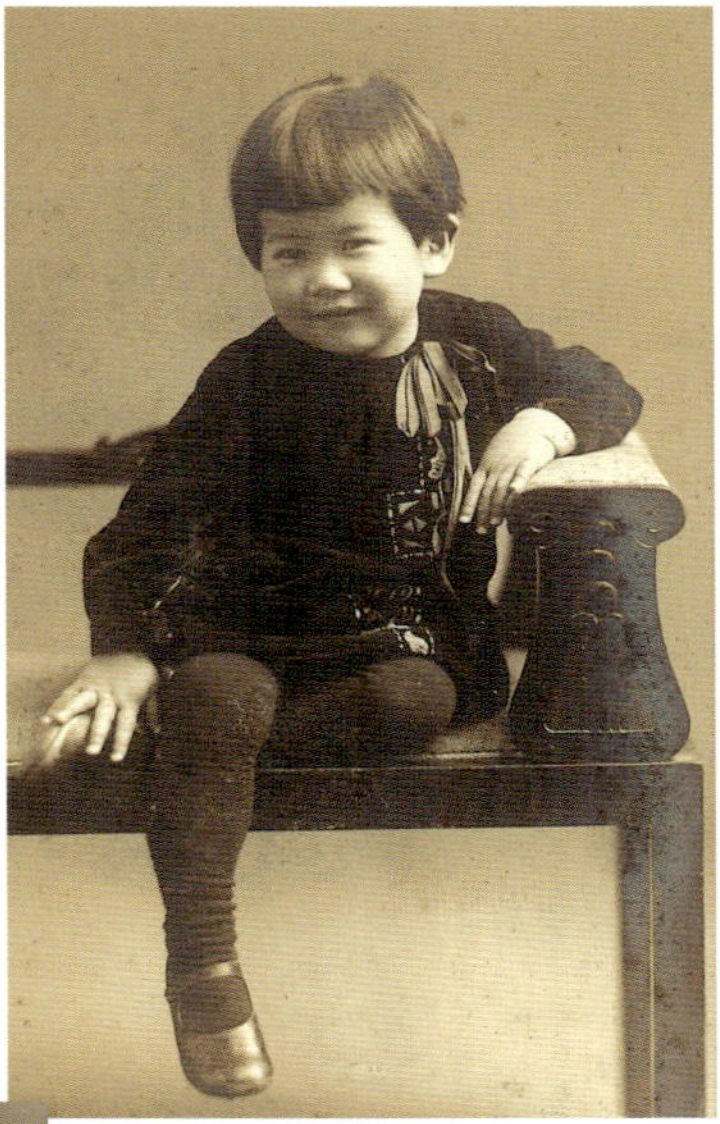

昭和４年

昭和10年　はじめての晴着

昭和７年　御木本さんからいただいたパールのネックレスをつけて

昭和20年３月21日　岩佐潔と結婚

左と同時　次男の中学入学

昭和38年　穂積重遠十三年祭

昭和45年　アンコール・トム
一番きれいな女神像の前で

平成２年　同じ場所で

はじめに

二〇〇五年一月のある日、「岩佐美代子先生の生涯を聞き取ってみたい」と思った。それまで何度も岩佐先生に個人的な相談事をしては、助言をいただいていた。そんな時、単に助言だけではなく、御自身の体験や経験を話して下さることもある。それは実に面白く、そのたび私は思わず相談事を忘れて、先生の話に聴き入ってしまうのであった。そして、「この話を私一人だけが聞くのではなく、聞き取って沢山の人に伝えたい」と考えるようになった。

　岩佐美代子といえば、なんといっても、京極派和歌、中世女性日記の研究者として名高い。父は民法学者穂積《ほづみ》重遠で、学問の家・穂積家に生まれ育ち、結婚後独学で研究者になった人。四歳より十三年間、昭和天皇第一皇女照宮成子内親王のお相手を勤めた、女房の眼を持った国文学研究者としてもよく知られている。しかし、そのイメージが独り歩きして、伝説化してしまい、その輝かしさだけが浮き上がって見えていた。もっと、生きる過程で経験した喜びや葛藤、煩悶を知りたい、大正・昭和・平成を生き抜いた、時代のなかの一人の女性像を明らかにしたいという思いが強くなっていった。

　私の研究対象は日本近現代文学で、特に女性文学雑誌『青鞜』（一九一一〜一九一六年）を専門に研究している。『青鞜』は、平塚らいてう（一八八六〜一九七一年）の創刊の辞「元始、女性は太陽であった」をはじめとして、近代の自我に目覚めた若い女性たちが、文学を通しての自己実現をめざした雑誌である。一〇〇人を越える女性たちが『青鞜』に集まり、作家、評論家、社会運動家として、それぞれ成長していった。私自身、『青鞜』研究のため、女性の自伝、評伝を読む機会は多くあり、女性たちの多様な生き方を通して、沢山のことを学んだり、勇気づけられたりしてきた。

考えてみれば、岩佐先生の父・穂積重遠は、ちょうど『青鞜』の時代の新しい男性の一人で、平塚らいてうが市川房枝たちと新婦人協会を創立（一九一九年一一月）して、婦人参政権運動を行った時の協力者として、らいてう自伝などに名前がよく出てくる。母・仲子も、らいてうより四歳年下の生まれで、『青鞜』の新しい女性たちと同じ時代を生きていた。つまり、一九二六（大正十五）年生まれの岩佐先生は、『青鞜』の女性たちの娘の世代にあたるわけである。その人生と時代を聞き取る事ができたら嬉しい、と思った。そして、岩佐先生が御自身の幼年時代から宮仕え時代のこと、永福門院の歌との出会いまでを回想しながら京極派和歌を論じた御本、『宮廷の春秋―歌がたり　女房がたり―』（一九九八年、岩波書店）を読んだときのことを思い出した。大正の最後の年に生まれ、満州事変、支那事変、大東亜戦争と、生活のなかに戦争があった昭和前期の時代に青春期をおくりながらも、永福門院の和歌に出会ったことで、研究者の道を切り開いていった女性・岩佐美代子の人生を知りたいという思いは強まった。しかし、はたして、「聞き取り」という形を引き受けて、未熟な私に語って下さるだろうか、と一抹の不安を抱きながらも、思い切ってお願いしてみた。すると先生は、初めは私の無謀な申し出に驚かれたようだったが、若い女性たちの役に立つならと、承諾して下さった。

十八歳の春、永福門院の歌に出会ったことで豊かな人生を歩んで来た岩佐美代子の人生を知ること。それは、「二千年の人間の経験を文学に学び」「きちんと生きて、生活のなかで文学がわかって」くる楽しさを知ることでもある。文学と共に生きて来た「岩佐美代子の眼」を通して、文学のおもしろさを伝えられれば望外の喜びである。

二〇〇九年一二月

岩田なつ

目次

『木々の心花の心　玉葉和歌集抄訳』（平成六年一月、笠間書院）
『中世日記紀行集』（平成六年七月、小学館『新編日本古典文学全集』）、「弁内侍日記」「十六夜日記」
『玉葉和歌集全注釈』上・中・下・別巻（平成八年三月〜十二月、笠間書院）
『宮廷に生きる　天皇と女房と』（平成九年六月、笠間書院）
『宮廷の春秋―歌がたり女房がたり』（平成十年一月、岩波書店）
『宮廷女流文学読解考―総論中古編』『宮廷女流文学読解考―中世編』（平成十一年三月、笠間書院）
『光厳院御集全釈』（平成十二年十一月、風間書房）
『宮廷文学のひそかな楽しみ』（平成十三年十月、文春新書）
『源氏物語六講』（平成十四年二月、岩波書店）
『永福門院百番自歌合全釈』（平成十五年一月、風間書房）
『風雅和歌集全注釈』全三巻（平成十四年〜十六年、笠間書院）
『内親王ものがたり』（平成十五年八月、岩波書店）
岩佐美代子責任編集　次田香澄著『玉葉集風雅集攷』（平成十六年十月、笠間書院）
『千年の名文すらすら　源氏物語』（平成十七年十二月、小学館）
『中務内侍日記全注釈』（平成十八年一月、笠間書院）
『文机談全注釈』（平成十九年十一月、笠間書院）
『秋思歌　秋夢集　新注』（平成二十年六月、青簡舎）

おしまいに

岩佐美代子年譜　263

聞き終えて―解説・あとがきにかえて（岩田なつ）　276

岩佐美代子の眼

——古典はこんなにおもしろい

第一章　生い立ち

おみなの道いや栄ゆべき御世にしも　生れあひたり幸あるこの子　重遠

牛込区南町生まれ

私が生れて六十二年間住んでいたのは、牛込区（現在新宿区）払方町《はらいかたまち》九番地という所。この辺りは町名変更しないで、古い小さな町名が沢山残っているの。ここ、外堀ですね。ここが、神楽坂。そして、家はこの辺り全部だったんですね。昔はもっとこっち、南町《みなみちょう》の方にも続いて別棟がありました。（次頁参照）

この辺は幕府の役人が住む所で、北町《きたまち》、中町《なかちょう》、南町《みなみちょう》と今はいうけれど、御徒町《おかちまち》、上野の隣の御徒町と同じ字を書くのね。昔は、北御徒町、中御徒町、南御徒町といって、将軍がお出かけの時、徒歩でお供する役の人達の住む所だったそうです。そしてこの辺は、納戸町《なんどまち》といって、お納戸方、将軍のお手許の日用品をお納戸に収めて、出し入れする、それを司る人がいた所ね。

払方町ってのは、お払い方といいまして、そういう品物をお大名や旗本に下賜したり、民間に払い出す所。この辺みんな、幕府に直属している役人たちの住む所で、お箪笥町《たんすまち》とかお細工町《さいくまち》とか、その役職を尊敬して、「お」を付けていたものです。今は「お」なんか付けないけど、昔はね。

大正十五（一九二六）年三月一日に、南町の家で生まれたのね。払方町の家は、祖父†と祖母†がいて、父†と母†は南町にいて、私は病院なんかではなく、ここで生まれて。四月七日に祖父が亡くなるの。それでそのあと、後始末をかねて、払方町に引っ越したのね。

私は三番目、正しくは、四†番目の子ですね。兄が二人、一番上の兄は小さい時亡くなって、その次の兄がいて、姉がいて、私。兄は重行、五つ違い。姉は和歌子といいまして、二つ違い。

私の名前の由来は、父は下手な歌を詠みまして、「おみなの道いや栄ゆべき御世にしも　生れあひたり幸あるこの子　重遠」。これで美代子です。もう一つ「……何とかの桃の花千歳をかけて見よや愛《は》しき子」というのがあったんだけれど、上の

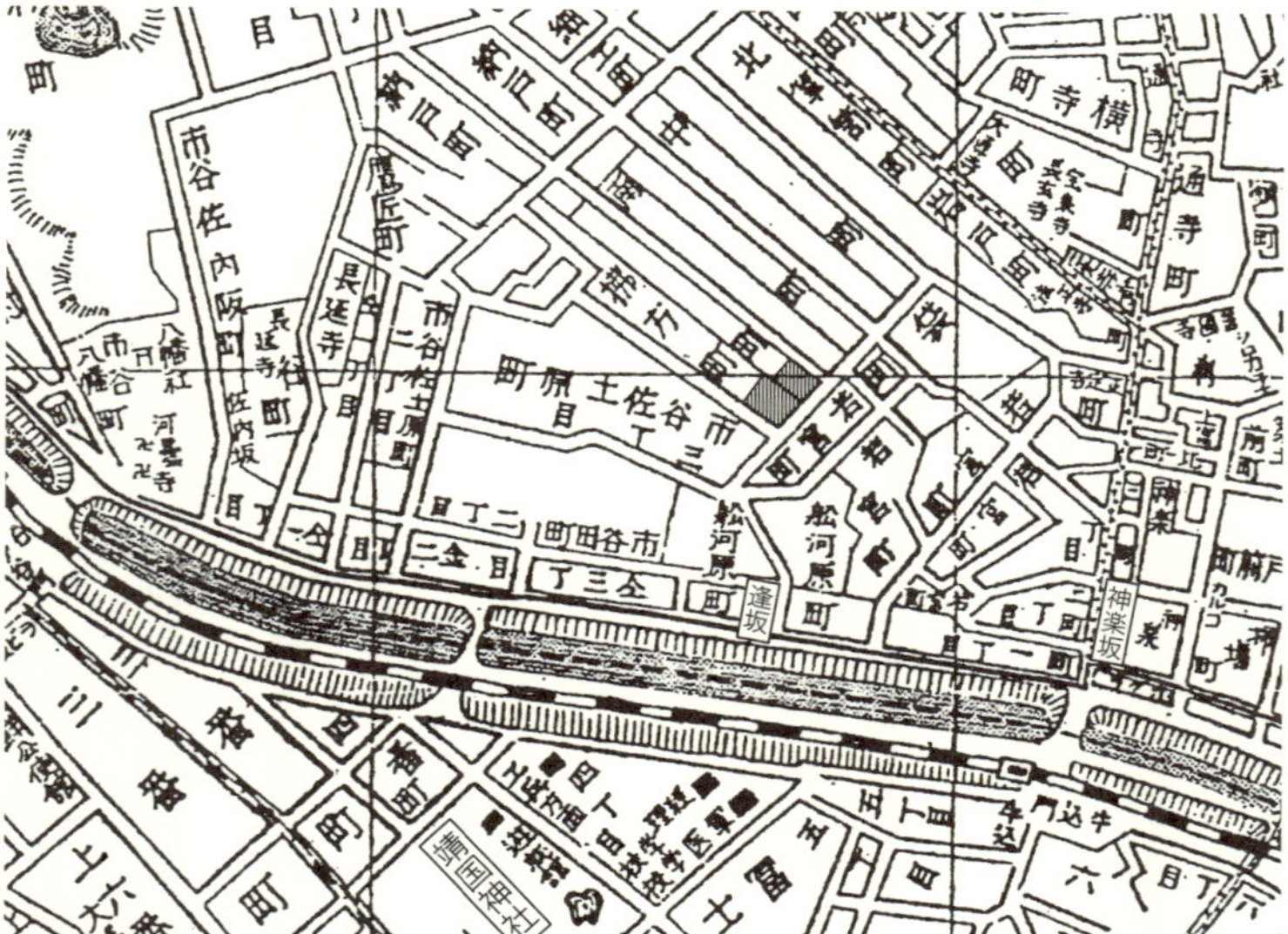

穂積宅は、払方町東南、若宮町寄りの一角。南に逢坂、東に神楽坂。（明治38年〈1905〉）

句忘れちゃった。昔は名前をつけるのに、そういうことしたものですよ。

初めての記憶は、脱臼《だっきゅう》した事。昭和三（一九二八）年の十月十三日、二歳七箇月ぐらいね。ストーブの前で姉が本を読んでて、私がその背中に乗っかった途端に、「痛い」って泣き出して、右手が上へ上らないというので、大騒ぎになった。ところが、母が抱いて人力車でお医者様へ行く、その途中で急にニコニコして「上ッタア」って手を上げたんで、めでたしめでたしになったんですって。私はただ、お医者様の玄関で、白い服を着た人が二、三人出て来たのを、うっすらと覚えてるだけですけど。まだ関節のちゃんとできてない小さい子のよくやる、「仮脱臼《かだつきゆう》」っていうのだったんですね。姉はまるで何もしてないのに、「手を引っぱったろう」なんて疑われて迷惑したって、今でも怒ってます。その頃、祖母の歌子が「歌日記」†というのを作ってましてね、その中に

忍びかね泣くもことわりをさな子がこひぢの悩み恋ならねども

と詠んでますので、日付までわかるの。

†祖父—穂積陳重（ほづみ・のぶしげ）一八五六（安政3）〜一九二六（大正15）法学者。伊予宇和島生まれ。穂積八束（やつか）の兄。東京帝国大学教授。民法や戸籍法などの立法に貢献。

†祖母—穂積歌子（ほづみ・うたこ）一八六三（文久3）〜一九三二（昭和7）渋沢栄一の長女。著書に『穂積歌子日記・明治23—39年・明治一法学者の周辺』（穂積重行編）など。

†父—穂積重遠（ほづみ・しげとお）一八八三（明治16）〜一九五一（昭和26）民法学者。東京生まれ。穂積陳重の長男。東京帝国大学教授。東宮大夫兼東宮侍従長、最高裁判所判事などを歴任。著書に『離婚制度の研究』『親族法』など。

†母—穂積仲子（ほづみ・なかこ）一八九〇（明治23）〜一九八四（昭和59）東京生まれ。華族女学校卒。児玉源太郎の娘。

女子学習院の幼稚園に通う

うちから神楽坂へ出る中途に、袋町《ふくろまち》って所がある。ほら、『それから』†の代助さん†がいた所。いかにも高等遊民†なんて人がいそうな静かな町。

で、神楽坂を下りると、外堀にそって市電†が通っていました。小さな緑色の。でも、姉が覚えているには、赤いのもあったんですって。古ぼけた電車で、たまにしか来ないけど、それに乗れるとすごく嬉しかったって。私はもう知らないのね。でも一度、席の緑色のシートがやぶけて、下から赤いシートがのぞいていた事があって、これが昔の赤い電車かな、と思いました。

思うに、『それから』のおしまいの所で、代助さんがうちを飛び出して、電車に飛び乗って行くと、ポストも赤くって、傘も赤くって、何もかも、世の中全体真赤になって……っていう所があるでしょう。その時の電車もやっぱり赤かったんじゃないかしら。どなたもそんな事おっしゃらないけど、私はちょっとそんな気がしてます。先日、高田信敬先生からいただいた、明治二十年頃の銀座通の浮世絵でも、私の乗ったのとよく似たスタイルの赤い電車が走ってますもの。

その市電に乗りまして、幼稚園の時から女子学習院†へ通ったんですから、市電は年がら年中乗っていました。

家がここですよね。(2頁地図)ここの所に逢坂という、ものすごく急な坂が

---

†**四番目の子**―兄に重義(大正12年に三歳で病死)、重行(大正10年生まれ)、姉に和歌子(大正13年生まれ)がいる。

†**『歌日記』**―穂積歌子『歌日記―演劇百首・哀傷百首』(昭和7年5月)。昭和三年の日記の欄外に書き留めてあった歌を、生前一冊に浄書しておいたものを、没後に重遠が発行。

†**『それから』**―夏目漱石の小説。『東京朝日新聞』『大阪朝日新聞』に一九〇九(明治42)年六月から一〇月にかけて連載。

†**代助さん**―『それから』の主人公、長井代助。三〇歳になっても職につかず、父親の仕送りで高等遊民として暮らしている。青山の実家を出て、神楽坂で一戸を構えていた。

†**高等遊民**―高等教育を受けていながら、職業に就かないで遊んで暮らしている知識人。

†**市電**―市営電車の略。東京府は、一八八九(明治22)年から

あって、「名にし負はば逢坂山のさねかづら人に知られで来るよしもがな」という百人一首の歌は、ここだという言い伝えがあるのよ（紫の一本《ひともと》†）。その下に井戸があって、それも枕草子に「井は堀兼の井」というその井戸だって、それはもっとあやしい言い伝えだけど……。それを降りて、ここが逢坂下という停留所になりまして、これからずっと市ケ谷を通って、四谷を通って、そして赤坂見附まで来るわけですね。そこで乗り換えると、三宅坂の方から大きな電車が来ましてね、大きいのというのは、前と後ろと真ん中にも、もう一つ入口があって。青山通りをずっと来て、そして青山三丁目で降りて。今、秩父宮ラグビー場がある所が学校だったんです。幼稚園は女子学習院の幼稚園。今でいえば四歳で、二年保育。

　お女中さんに連れられて行きましてね。附添いのお部屋†というのがあってね、朝からずっとお附の人達が待っているの。そこにお裁縫の先生がいてね、仕立て物をしながら待っているの。附添いは乳母とは違うんですね。おもに若い人です。それはもう、みんなお附の人が付いて来ているわけだからね。お友達のお母様も覚えているけど、お附の人というのはね、お母様よりもっと印象が深い。「どなたのお附は、すごく恐そうなおばあさまだ」とか、「どなたのお附は、とても奇麗な方で羨ましい」とかね。

　幼稚園に入るまでは、ほとんど家の中で遊んでいました。昔のことですから、

一九四三（昭和18）年まで東京市。

†女子学習院―皇族・華族の女子の教育機関として設けられていた学校。宮内省の所管。一八八五年華族女学校、一九〇六年学習院に合併。一八年独立して女子学習院に。第二次大戦後は学習院に統合。

†紫の一本―戸田茂睡著、江戸の地誌。天和二年（一六八二）頃成立。

†附添いのお部屋―次頁平面図左下隅、弓道場の斜め向いに「幼児学生附添室」が見える。

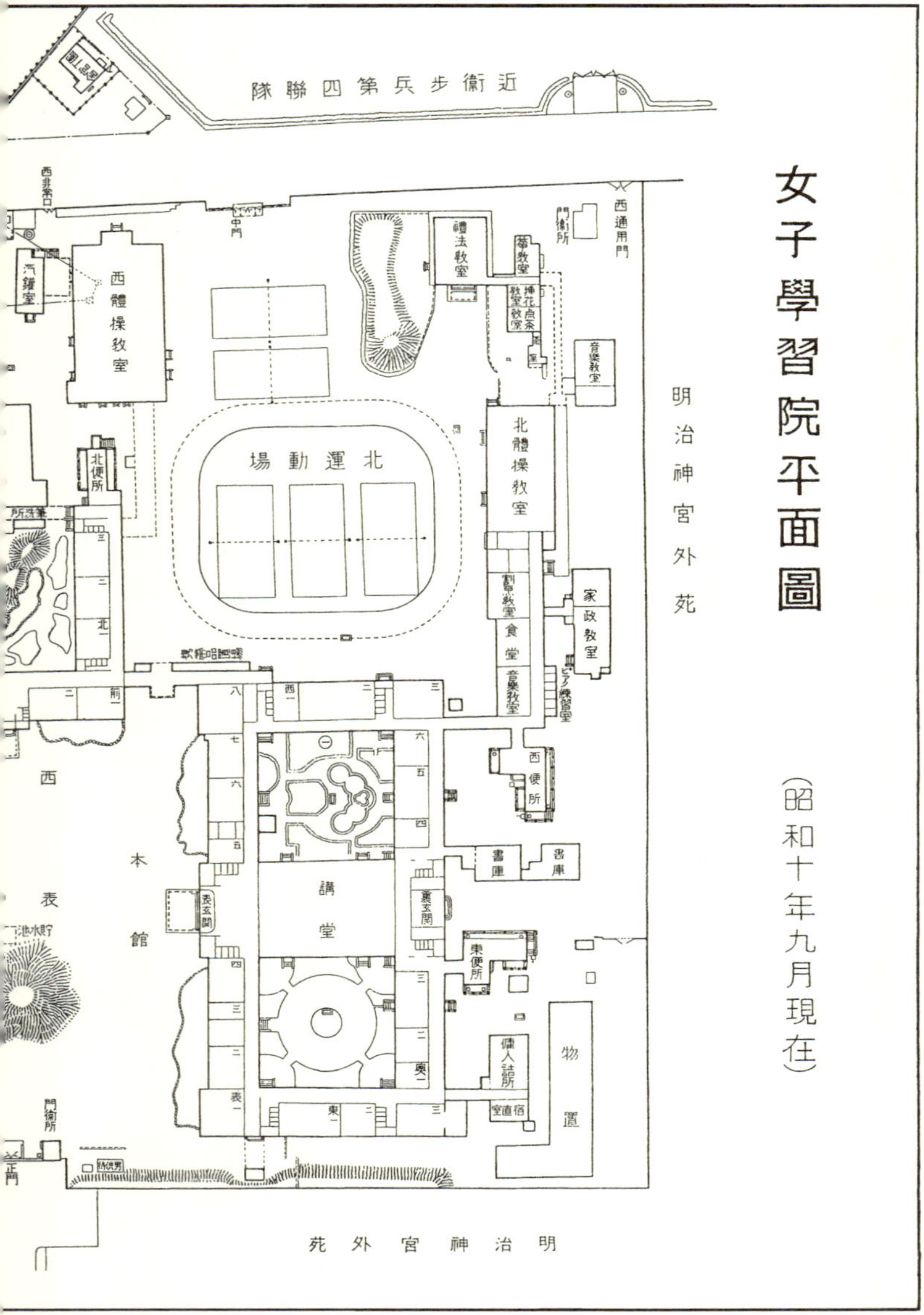

女子學習院平面圖

(昭和十年九月現在)

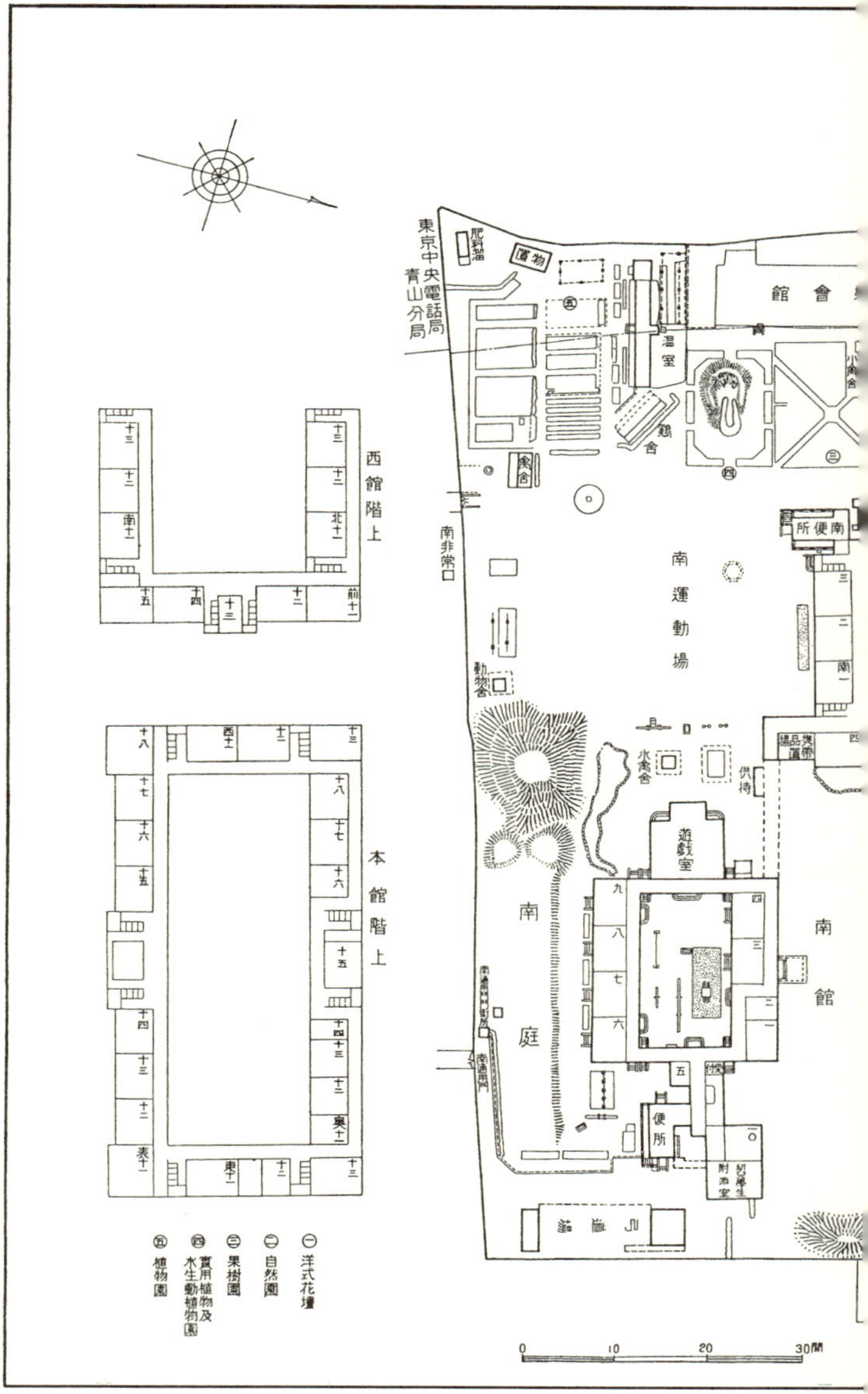

（女子学習院五十年史　昭10）

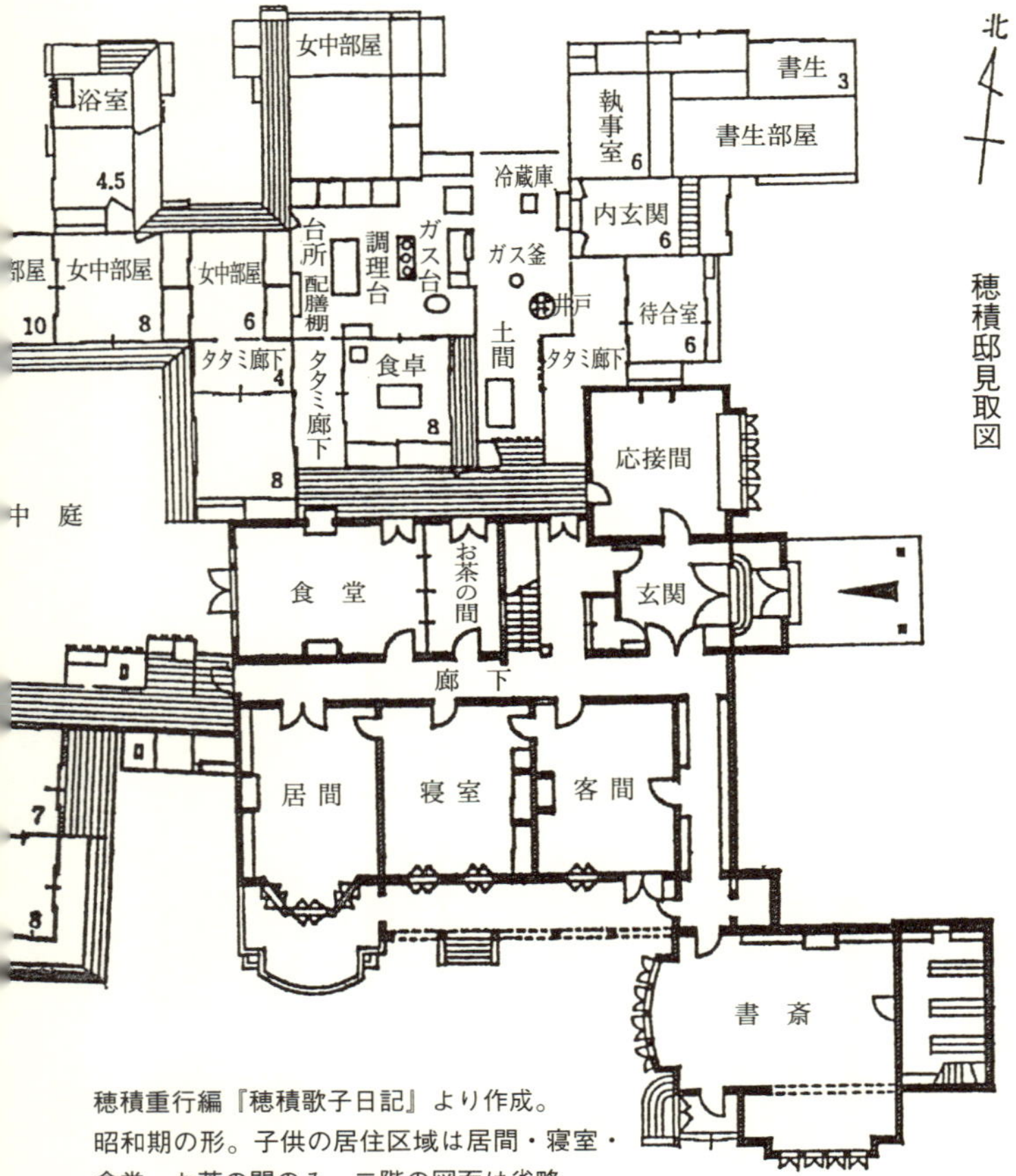

穂積重行編『穂積歌子日記』より作成。
昭和期の形。子供の居住区域は居間・寝室・
食堂・お茶の間のみ。二階の図面は省略。

払方　穂積邸正門　26年

同上　玄関　26年

払方　穂積邸洋館　26年（1893）
関東大震災で外壁の煉瓦がゆるみ、改修したので、昭和期とはやや外観が異なる。
『瞬間の累積―渋沢篤二明治後期撮影写真集』より

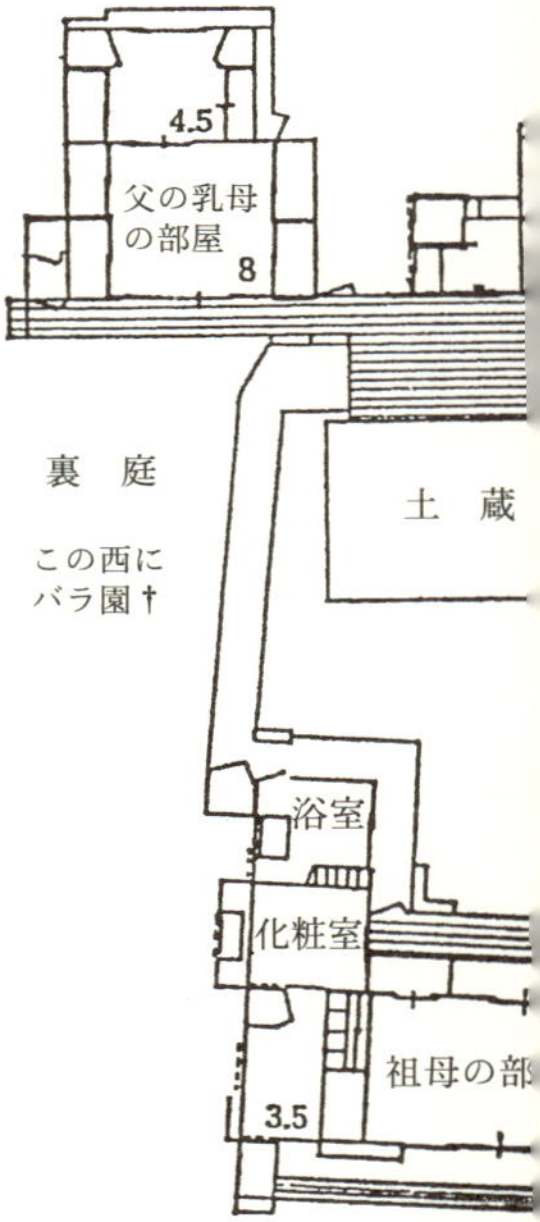

†バラ園―祖父はイギリス仕込で早くからバラを育て、祖母・母がそれを継いだ。これを詠んだ祖母の歌、「初夏の夕の光ものみな美しかるをましてこの花」（昭和三年歌日記）がある。

払方　穂積邸書斎　入口ベランダ
35年９月（1902）

同上　日本間　35年９月

同上　40年11月24日（1907）
祖母のいた日本間は昭和期もこの姿

みんな子沢山だから、いとこもいっぱいいたわけです。西隣の家が御新宅といって、父の弟の家になっていまして、そこに上に女二人、下が男二人、いとこがいまして、その男二人が兄と同い年と、姉と同い年なんですね。その男二人のいとこと、しょっちゅう、しょっちゅう、つまり合計五人で遊ぶんだけれども、要するに私は付け足しなのね。四人がすごく仲も良ければ、姉もお転婆でしたからね。私はそれに引っ付いて、お情けで遊んでもらっているという感じでしたけど。木登りしたり、いろいろと。それから、そのほかにも割合に近くに、神楽坂を越えた向こう側とか、歩いて行けるような所に、いとこたちがいましたからね。やって来ると七人、八人にすぐになるわけ。私は全部のいとこのなかで一番下。

その頃は†『少年倶楽部』の一番盛んな時期でね、その中に、「南洋の猛獣狩」なんて話がいろいろあるの。†南洋一郎《みなみよういちろう》、†大島正満《おおしままさみつ》なんて人がおりましてね。「猛獣狩りごっこ」というのが流行ってね。そうすると私は、いつも囮《おとり》になって鳴いている役でね。

それから、『少年倶楽部』の付録の、今でいう組み立てのキットみたいのが、とても良く出来ていて、それをまず兄たちが組み立てて、名古屋城であるとか、†エンパイアステイトビルだとか、†戦艦三笠だとか。それが出来ると、今度は火を点けて燃したりね。それは、腕白な遊びをしたっていう事よ。それはもう悪い兄たちがやることであって、それを一緒になって、くっついてやっていたというだけのこと。

私はお人形大好きでしたね。お飯事《ままごと》ね。いとこの男の子たちと一緒に、野蛮な事もしたけど、自分だったら、お飯事が好きだったんですね。姉とやったり、お女中さんとやったり。

†『少年倶楽部』―主として少年のための総合的な月刊雑誌。大正三年から昭和三七年。大日本雄弁会講談社発行。

†南洋一郎―一八九三（明治26）～一九八〇（昭和55）児童文学者。昭和初年代から『少年倶楽部』の主要執筆者の一人となり、池田宣政（のぶまさ）の名で伝記、実録を発表。昭和六年頃から南洋一郎名で冒険小説を執筆。

†大島正満―一八八四（明治17）～一九六五（昭和40）動物学者、随筆家。子供向けの動物読み物などがある。

†エンパイアステイトビル―ニューヨーク市マンハッタンにある超高層ビル。高さ三八一メートル。一九三一年完成。

†戦艦三笠―旧日本海軍の戦艦。一九〇二年完成。連合艦隊旗艦として日本海海戦を戦った。

父の文学的、道徳的教育―始めは『三字経』

教育は大変。礼儀作法なんていうのは、そんなに教わるという程ではなくても、まあ、自然周りの人がそうだから覚えたというような事で、あんまりやかましくはなかったけど、それよりも、文学的、道徳的教育ですね。父はもう、よくよく人に教えるのが好きだったんですね。

父はその頃としては遅い子持ちだったんです。母が私を生んだ時が、三十六ですから。私と、三回《みまわ》り違うんですから。父は、四十ちょっと過ぎていましたでしょうね。早く結婚して、なかなか子供が出来なくて。もちろん父が留学してたりもしてましたしね。自分の子供が、大きくなるのが待ちきれないから、始めは年下の、父自身のいとこなんかを捕まえて、『論語』†のお講義をして、それから甥、姪が大きくなると、それにお講義して。で、やっと自分の子供たちが大きくなって、その私はびりっかすですからね。よくも飽きないで、あんなに講義したものだと思いますよ。夜、夕食の後、子供たちを順ぐり。兄たちがやっている時は、こっちは周りで遊んでいて、耳に入ってくるというような事でしょ。

やっと話がわかる年になって、始めは『三字経』。三字ずつ対句になった、中国の子供のための教訓書、歴史書（宋、王伯厚著）です。漢文の初歩なんですね。「人之初《メ》、性本《モト》善。性相《ヒ》近《シ》、習《ヒ》相《ヒ》遠《シ》」。本当の素読です。ただもう読むだ

†論語―中国の古典。孔子の死後、門人たちが編集。儒学の基本を述べたもの。

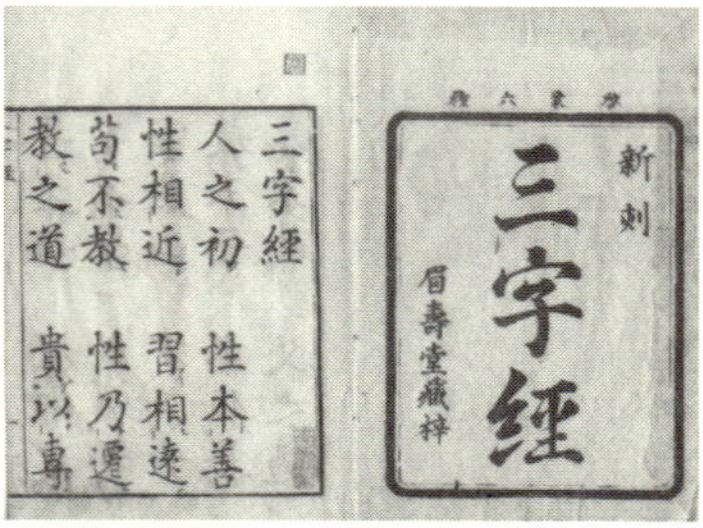

『三字経』（天保四年版本）

け。字を引っ繰り返して読む所は、こうして、指しながら読むんですね。指で指しながら、それが昔からの素読のやり方です。大きな声で読む。

ちっちゃい時はね、上の人がそういうふうにやっているのを見てるとね、羨ましいわけです。「あたしも早く大きくなって、ああいうこと早くやりたいな」って。だから全然、疑いもなく教わって、それが済むと『論語』になって。『論語』はだいぶ時間が掛かる。あとは『†唐詩選』とかね。私が直接父から習い始めたのは、幼稚園か小学校か、学校に入る前後。

それから、教育というのか、まあ教育なんでしょうけれど、父はお芝居が好きだから、芝居の脚本、義太夫なら、いわゆる院本《まるほん》。その中から、「太十《たいじゅう》」（絵本太閤記十段目、尼ヶ崎の段）とか、「妹背山」（妹背山婦女庭訓《いもせやまおんなていきん》）とか、よく上演する所一部だけ、大変名文句の所を読んでくれるわけですね。新しい脚本でも、†岡本綺堂《きどう》なんかの作品を大変いいと言って、脚本を読んでくれるとかね。そういう芝居の話。

祖母は、私の六つの時亡くなったから、直接聞いていませんけれど、『†膝栗毛』を読むのが大変上手だったそうです。祖母は真面目な人なんですよ。もう馬鹿みたいに真面目な人なんだけれどね、「どうしてあんなに上手かったんだろう」と母も言いますけれどね。まあ、渋沢栄一の娘で、埼玉の出だから、田舎者の言葉なんか上手だったんだろうと思いますけどね。

†**唐詩選**―中国の代表的詩集。唐時代の詩人一二七人の詩を集めたもの。

†**岡本綺堂**―一八七二（明治5）～一九三九（昭和14）劇作家、小説家。東京生まれ。「修善寺物語」、「半七捕物帳」など。

†**『膝栗毛』**―十返舎一九の滑稽本「東海道中膝栗毛」。一八〇二（享和2）～〇九（文化6）年刊。

父は『膝栗毛』も読んだけれども、それよりも『浮世風呂』、『八笑人』とかね、そういう滑稽本を読んでくれるんですね。それから落語。落語を読むのがとっても上手だったんです。あの、『小さん全集』がありましてね。三代目の小さん、漱石が一緒に生きているのが幸せだと言った、名人の小さんですけどね。それがやった落語を本にしたのが、随分沢山ありました。あれを東京大空襲で焼いちゃったのが、非常に惜しいと思います。教育上、あまり害のない所を読んでくれるんだけどね、もうそれは本当に楽しみでね。いとこたちみんな寄った時なんかは、すぐそれが出てくるわけでね、そうするともう本当に聞く前から、くすくす笑っちゃったりする位上手でしたよ。今の落語家なんかより、ずっと上手でした。

話上手だったし、話す事が好きだったんですね。だからずっと後の話ですけど、何か講演をする時に前もって「これからこういう話をするつもりだ」って話してくれるのはまだわかるでしょ。予行演習みたいな。そうじゃなくて、「今日こういう話をして来た」って、それもう一遍やるのよ。娘の前で。呆れるでしょう。父は法律家でしたけど、一般向けの講演もよく頼まれましたし、それから大宮様（貞明《ていめい》皇后）や皇后様に御進講してましたから。

夕食後の何時間かくらいを、テレビは無し、ラジオだって、そんなしょっちゅう聴くわけでもないでしょ。だから教育というより、それはもう当たり前の事

†『浮世風呂』―式亭三馬作の滑稽本。一八〇九（文化6）～一三（10）年刊。

†『八笑人』―滝亭鯉丈ほか作の滑稽本「花暦八笑人」。一八二〇（文政3）～四九（嘉永2）刊。

†三代目小さん―一八五七（安政4）～一九三〇（昭和5）　柳家を名乗った落語家。本名豊島銀之助。

†漱石～―漱石の『三四郎』（一九〇八年）には、与次郎が三四郎を寄席に連れて行き、小さんの落語を聞かせ、「小さんは天才である。（中略）実は彼と時を同じうして生きてゐる我々は大変な仕合せである。今から少し前に生まれても小さんは聞けない。少し遅れても同様だ」（三章）と小さん論を始める場面がある。

†東京大空襲―太平洋戦争下の一九四五年三月一〇日、アメリカ軍B29爆撃機二九六機による

になってて、楽しみでもあるし、ああそうだ、それから馬琴†が好きでしたから、『弓張月』†とか、『八犬伝』†とか、読んでくれる。それで難しい言葉でも何でも、いちいちそんなに説明なんてしやしないんですよ。こちらも別に聞きもしないで、自然に難しい言葉を覚えました。

日常の躾の中ではね、何しろ、いうことをきかなくちゃいけないわけね。偉いんですから、父は。「何であんなに、えばっていたんだろう」って、姉と今になって言うくらい、偉かったんですからね。自分でえばっているわけではないんでしょうけれど、あの時代ですからね、自然に周りがそういう空気だったのね。だから言い訳すると叱られた。「だって」とか、「でも」とか言ったらいけないの。「『だって』という手はありません」なんて言われちゃうのね。だけどさ、「何でこんな事した」って言われたら、「だって」と言わざるを得ないでしょ。それを叱られるなんて、随分理不尽だと思ったよ。だけどね、それはうちだけに限らず、どこのおうちでもそういう教育だったと思います。

男の子教育と、女の子教育、やっぱり違いましたね。兄は五つも違えば、小さい時は随分世界が違いますから。兄とは一緒に遊ぶには遠いし、後くっついて歩くというほどではなくて、私は姉が大好きで、姉といつもひっついていたんですね。「双子みたいだ」なんて言われて。姉はしっかりしてましたし、よく出来たし、男の子みたいな所もあったし、また母が随分厳しく育てた。父も

東京への夜間焼夷弾爆撃。死者約一〇万人、下町地域を中心に約四割が焦土と化した。

†皇后様―一九〇三（明治36）〜二〇〇〇（平成12）　昭和天皇の皇后。東京生まれ。久邇《くに》宮邦彦《くによし》王の第一女良子《ながこ》。一九二四（大正13）年結婚。一九二六（大正15）年皇后に、一九八九（昭和64）年皇太后になる。香淳皇后。

†馬琴―一七六七（明和4）〜一八四八（嘉永元）　滝沢馬琴。江戸後期の戯作者。江戸生まれ。別号は曲亭など。「椿説弓張月」、「南総里見八犬伝」など。

†『弓張月』―読本。曲亭馬琴作「椿説弓張月」の略。一八〇七（文化4）〜一一（8）年刊。

†『八犬伝』―読本。曲亭馬琴作「南総里見八犬伝」の略。一八一四（文化11）〜四二（天保13）年刊。

そうだけれど。それに比べてたった二つ違いでも、私はもう年取っての子だし、泣き虫で甘ったれで、甘やかして育てられました。

年上のいとこたちに、よく言われますけどね。「和歌子ちゃん、あんなに厳しくお育てになったのに、美代子ちゃんは甘やかして」と。けれどね、確かにそうだったんですね。ぐずぐず言うと、叱られはしたけれど、私が父に大声で怒鳴られたのは、二度だけ。

一つは、十一の時、†日中戦争が始まったばかりの頃、兵隊さんを慰問する歌を作る催しがあって、その歌が詠めなくて、めそめそ泣いて怒鳴られた。

もう一つは、その前の年、十の時、初めてお芝居に連れて行ってもらったのね。ところが父は、昔ね、子供の頃やっぱり連れて行ってもらった時、それこそ祖母の教育が厳しくて。その頃は†九代目団十郎と、†五代目菊五郎の時代だった。「団十郎の一番目は†時代物で、教育上宜《よろ》しいから、これは見て宜しい」と。二番目の菊五郎のものは、†世話物でね、「泥棒が出てきたり、人殺しが出てきたり、いろいろ教育上宜しくない、†大喜利の†所作事は宜しい、だからこの幕の間、外へ出てどこか行ってこい」って言われてね、外うろうろ散歩して歩いていたんですって。だから、「団十郎はよく覚えているけれど、残念ながら菊五郎の本当にいいものは、あんまりよく覚えていない」って、しょっちゅう言っていたんですね。

†日中戦争―一九三七（昭和12）年七月盧溝橋事件を契機とする日本の中国侵略戦争。四一（昭和16）年太平洋戦争に発展。

†九代目団十郎―一八三八（天保9）～一九〇三（明治36）歌舞伎役者。明治七年九代を襲名。新歌舞伎十八番を制定。

†五代目菊五郎―一八四四（弘化元）～一九〇三（明治36）歌舞伎役者。九代団十郎、初代市川左団次と共に団・菊・左と称された。

†時代物―歌舞伎などで、武家時代に題材をとったもの。

†世話物―歌舞伎などで、江戸時代の町人社会を扱ったもの。

†大喜利―大切（おおぎり）のこと。歌舞伎の興行で一日の最後につける一幕。縁起を祝って「大喜利」とも書く。ほとんどが舞踊劇。

†所作事―歌舞伎の舞台で演ぜられる舞踊または舞踊劇。

それ、聞いていたからさ、その時は何もそういう教育的な意味じゃなくてね、「あんまり盛り沢山で、夜遅くなるから、ここまでで帰ろうか」って。†六代目菊五郎の、†道成寺がありましてね、そこまでで帰ろうかって、父と母とで相談してたんですね。それであたしがね、「嫌だ、おしまいまで見る」って、ぐずぐず言って泣いたの。そしたら、「そんなことで泣くんじゃない」って叱られたの。その二回だけですよ。でもそのお陰さまで、首尾よく†羽左衛門の†直侍《なおざむらい》（雪暮夜入谷畦道《ゆきのゆうべいりやのあぜみち》）を見ましたよ。結局最後まで見ましたよ。父だって見たかったんでしょ。それに芝居好きっていっても、そんなに替り目ごとに見る、という家じゃなかったんですから。直侍だってその一度しか見ていません。でもよく覚えています。だから泣いたのは成功だったと思ってますけどね。

「お辞儀」――一つの教育

家の教育の一つとして、偉い先生がいらっしゃると、お話しが一段落したところで、呼ばれて「お辞儀」と言って挨拶するのね。ミキモトパールをおはじめになった、御木本（幸吉）のおじいさんなんて、そういうので行きますと、「可愛くてしょうがないから、お砂糖つけて、頭から食べちゃう」と言うのね。御木本さんは、小さなおじいさんだけど、声が大きくて、口が大きくてね。出っ歯でね。食べられたら、いかにも痛そうなの。恐くて、嫌で嫌で。

†六代目菊五郎―一八八五（明治18）～一九四九（昭和24）　歌舞伎役者。

†道成寺―歌舞伎舞踊の一。

†市村羽左衛門（いちむら・うざえもん）―一八七四（明治7）～一九四五（昭和20）　歌舞伎役者。一四代の養子となり、明治三六年一五代を襲名。優れた二枚目役者で、花の橘屋とうたわれた。

†直侍―河竹黙阿弥作「天衣紛上野初花（くもにまごううえのはつはな）」の、御家人くずれの遊び人、片岡直次郎こと直侍。

†柳田国男《やなぎたくにお》先生のお家でも、そういうような、お躾なり習慣なりでいらしたそうですよ。お嬢さんと、後で仲良くなりました時に、そうおっしゃっていました。何もわからなくても、子供の時に、そういう立派な方を見せておこう、という一つの教育だったのね。だから私は、法学者でしたら†山田三良《さぶろう》先生とか、†牧野英一先生とか、国文学者では、まだお若かった†池田亀鑑《きかん》先生、まだ七つの時、たった一度だけど、何てすてきな学者さんだろうと思ってよく覚えています。

母のこと

母は厳しいっていっても、そんな、ぴしゃっと叱るというんじゃなかった。姉を育てるのには、どうだったか知りませんが、私は、母はそんな厳しいとか、恐いとか思ったことはない。優しい人でした。きついところはきついんですよ、あの人。すごくきついんですよ。ある意味では。だって日露戦争の時、†大山さんや†乃木さんと一しょに苦労した、†児玉源太郎という陸軍大将の娘ですもの。だけど心配性でもあってね。だから私は、母に対しては心配させまいと思って一生懸命でしたね。心配したら困ると思いましたね。帰って来るのが遅いと心配するとか、だから決まった時間までに、必死になって、こっちの方が泣きそうになって帰って来たりしましたね。

母に一つだけ誉められたのは、「あなたは、おんなじこと二度言わせない。

†柳田国男―一八七五（明治8）〜一九六二（昭和37）民俗学者。兵庫県生まれ。東京帝大卒。著書に『遠野物語』（明治43）など。

†山田三良―一八六九（明治2）〜一九六五（昭和40）国際私法学者。奈良県生まれ。東京帝大卒。欧米留学を経て東京帝大教授。著書に『国際私法』（昭和7）など。

†牧野英一―一八七八（明治11）〜一九七〇（昭和45）刑法学者。岐阜県生まれ。東京帝大卒。欧州留学を経て東京帝大教授。著書に『日本刑法』など。

†池田亀鑑―一八九六（明治29）〜一九五六（昭和31）国文学者。鳥取県生まれ。東京帝大卒。東京帝大教授。平安朝文学、『源氏物語』の権威で日本文献学を確立。著書に『源氏物語大成』八冊、など。

一遍言ったらそれで直す。それだけは感心だ」と。幾つの時でしょう。十《とお》過ぎくらいでしょう。大変感心なようだけど、本当はそうじゃない。それは何故かというと、注意を受けるとか、叱られるとかすると、すごく癪《しゃく》にさわるから、二度と言わせまいと思ったからなので、柔順であったわけでもなんでもないんです。見たところ、大人しそうに見えたってさ、甘ったれで、泣き虫でね。だけど、反抗心がないことは、ありゃしません。反抗心のない人なんていますか。

これ（口絵写真）は、私の小学校一年の時だと思います。その頃はうちにカメラなんかなかったから、年に一度、こうして写真屋さんで家族写真をとったのよ。

前に言った、真珠王といわれた†御木本幸吉《みきもとこうきち》さん。あの人はね、真珠の養殖を思い立った頃に資金を出してくれる人がなかったんですね。それで、†渋沢栄一に出してほしいと思って、その仲介を栄一のお婿さんの私の祖父・陳重《のぶしげ》に頼んだんです。祖父はイギリス仕込みでね。真珠というものは、大変あちらでは貴重なものであるということを知っていたので、仲介して資金を出させたんですね。それで大変徳にして下さっ

渋沢栄一
＊国立国会図書館
ホームページより

†大山さん―大山巌（いわお）のこと。一八四二（天保13）～一九一六（大正5）　明治期の陸軍軍人。鹿児島県生まれ。日露戦争では満州軍総司令官として出征。

†乃木さん―乃木希典（まれすけ）のこと。一八四九（嘉永2）～一九一二（大正元）　明治期の陸軍軍人。日露戦争では、旅順攻略に苦戦し、多大の損害を出した。

†児玉源太郎―一八五二（嘉永5）～一九〇六（明治39）　陸軍軍人。徳山藩出身。台湾総督・陸相・内相・文相を歴任、日露戦争時には満州軍総参謀長に任ぜられ、大山巌満州軍総司令官を補佐した。

†御木本幸吉―一八五八（安政5）～一九五四（昭和29）　実業家。伊勢生まれ。真珠養殖の創始者。

て、鳥羽†のお家に呼んで下さったりね。それで私みたいな子供にも真珠のネックレスを、前の所だけ、ほんとにこれくらい並んでいるの、下さったのね。それでお礼に写したんです。一年に一度、その真珠を増やして下さる。いつまでといって、そんなに長くは続きませんでね、そのうちもう戦争になって、焼けてしまいました。

御木本のおじいさんっていう方は、いろいろな意味で、よく覚えています。すごく私を可愛がって下さったんだけどね。「お孫さんのお嫁さんにほしいって言いやしないか」って、母が心配したくらい。まさかね、実業家が経済的実力もない学者の娘に、そんなこと考えるはずないんだけど、そんな余計な心配するくらい、ほんとに可愛がって下さった。でも、口の大きな怖いおじいさんで、私は怖くて、怖くて。

母はね、若くて結婚（明治四十一年）して、直に父が留学†でいなくなっちゃって、お舅とお姑さんに仕えて、随分大変だったと思いますね。結婚する時の話は、聞いた事ないけど、その後一時はストレスで髪が全部抜けちゃうくらい苦労もしたんだそうです。女中さん、書生さん、どこにも行き場のない縁続きのおばあさんなんかが何人もいる、昔の大所帯ですからね。

おまけに渋沢†の方の付き合いは、いろいろ大変だし。穂積の方は穂積の方でいろいろと。宇和島†が国ですからね、国から出て来る人を世話しなくちゃなら

†渋沢栄一—一八四〇(天保11)～一九三一(昭和6)　実業家。祖母歌子の父。埼玉県出身。初め幕府に仕え、明治維新後大蔵省に出仕。辞職後、第一国立銀行を経営し、財界の大御所として活躍。社会事業と教育にも尽力する。

†鳥羽—三重県東部、志摩半島にある市。

†父が留学—穂積重遠は一九一二年一二月～一六年一月までドイツ、イギリス、アメリカに留学した。

†宇和島—愛媛県南西部の市。祖父穂積陳重が宇和島藩士。

ないしね。結局家庭の管理者なんですね。だから、お台所なんて出来ないんです。女中さんにお献立は指図《さしず》するけど、ご飯ひとつ炊いたことありませんでした。

戦争で女中さんたちがいなくなっても、私がいたし、兄のお嫁さんがいたし。だって、いとこなんて、戦災で家が焼けた後のひどい暮らしの時だって、「まあ、うかがったら、おばさまが豌豆まめのさやの筋を取ってらした」って、まるで私たちが酷い事をさせてたみたいに言う位なもんよ。それ位が、やっと家事。

だから母からはお台所も教わらなければ、お掃除も教わりませんでした。机の前にすわって、会計を見ては、小切手を切ったりとか、いろんな人が来ては、ぐじぐじ言うのを聞いてやっていたり。それから、あとは私たちの着る物なんかを見立てていました。

何より大変なのは、親戚付き合いでね。外に出ること嫌いな人なんですよ。旅行なんか、ほとんどしなかったですからね。だけど付き合いで、出なきゃならない。だから私はちっちゃい時ね、母の着替えする側にくっつい

鳥羽、真珠が島で御木本さんと。昭和９年。

ていて、「このおべべ嫌い」って言ったの覚えています。喪服だったら、遅くなるからなのね。「黒いおべべ嫌い」。もっと嫌いなのは、お裾模様、今の留袖ですね。お仲人、その他でね。そうするとお葬式より、もっと遅くなるわけ。

でも珍しく自分から出る事があったのは、†東山千栄子《ひがしやまちえこ》の新劇を見に。学校一緒だったんです。仲良しでしてね、「お千《せん》ちゃんは偉い」と言ってましたよ。河野さんというところに、お嫁にいらしたんだけどね、女優になりたいと志を立てた時に、自分から「籍を抜いてほしい」とおっしゃったんですってね。そしたら、『それには及ばない』と言われた」という話でした。ずっと年取ってから、†築地小劇場なんか、同級生のおばあさん連がね、連れ立って行きましたよ。随分目立っておかしかったろうと思いますよ。新劇は、私なんてほとんど見てないけど、母の方が見てますでしょ。

何しろ、これだけの家を管理しなくちゃならない。お金に困るとか、そういう事ではないけれどね。

渋沢の一族というのは、同族会社になっていまして、株の配当やなんかでもって、毎年お金は出るわけですよね。もちろん、父の月給はあることはあるけれど、それを当てにしなくてもいい位、お金は出るわけです。その代わりには、それをどう使ったのか、年に一度会計報告しなくちゃならない。同族会というのがありましてね、月々集りがあるんですけど、一月の会の時にはね、収支報

†東山千栄子―一八九〇（明治23）～一九八〇（昭和55）新劇女優。千葉市生まれ。本名河野せん。華族女学校卒。一九二五年築地小劇場に入り、「桜の園」のラネーフスカヤ夫人が当たり役となる。

†築地小劇場―一九二四（大正13）年に小山内薫、土方与志を主宰として創立された新劇団。

告しなくちゃならない。だから、その前は大変で、「お計算」と言って、「幾ら足りない、収支が合わない」って、一生懸命計算するので大変でしたよ。

それに、親戚付き合いは、どこもかしこも難しいしね。私が生まれて一月で祖父（陳重）が亡くなるわけでしょ。昔のことですから、お葬式その他大変ですしね。そしてまた昭和七（一九三二）年祖母（歌子）が亡くなるのね。そのあたりがとても大変でね。心悸亢進《しんきこうしん》、寝てから、動悸が激しくなるのね。枕元にいつもアダリン（催眠・鎮痛剤）置いて寝たりしてね。だから私は、その頃は母がアダリン飲み過ぎて死ぬんじゃないかと思って、すごく心配しましたよ。

その後、盲腸炎の酷いのやりましてね、腹膜炎起こしそうになって、そのあと元気にはなったんだけど、ずっと私は母が何時死ぬかと思って心配していましてね。戦争後も乳癌を手術して、それからヘルニアをやって手術して、最後には肺炎。その時は私は主人亡くして、一人になってましたから、病院で付いてました。本当にもう何時死ぬかと思ったら、肺炎もよくなって九十四まで生きたから呆れ果てて、「こんなの契約違反だ」って言いましたよ。兄嫁が大変よくしてくれましたし、姉も私も側にいました。母が亡くなった時に、「もう私はこれで心配させて困る人がなくなった、やれやれよかった」と思いました。

父の方は、頑健そのものと皆さんに思われていたのですけれども、母よりずっと早く、昭和二十六（一九五一）年七月二十九日に、六十八歳で亡くなりました。だから皆さんに「わからないものだ」って言われました。私が結婚して六年位の一番大変な時でした。

私は渋沢の顔なんです。父が渋沢系の顔ですからね。私は一番、渋沢栄一に似ているって言われて。兄は母に似て、児玉の顔です。多分、姉が穂積の顔だと思いますね。

母方の祖父、児玉源太郎のこと

母の父は児玉源太郎です。西南戦争†の時に、官軍で、西郷隆盛†の軍に対して熊本城に籠城した。それが一番若い頃。その時、熊本城の天守閣が、火事になって焼けちゃったんですけどね。天守閣の向い側に、櫓《やぐら》があってね。その下に鉄砲の火薬がいっぱい詰めてあったのね。「それに火がついたら大変だ」と櫓の上に上がって、安全な所に運び出す指揮をしていたんですって。「しまいに天守閣全体が真っ赤になって、それは綺麗だった」って。「『それがこっちに倒れたらおしまいだなと思ったら、向こうへ倒れたんで助かった』という話をした」という話は聞いています。だからいつか、熊本に中世文学会の発表をしに行った時、お城に行って、再建された天守閣に、「あの時、向うに倒れてくれてありがとう」ってお礼を言って来ましたよ。

児玉の祖父は、その後、日清・日露戦争、とくに日露戦争で乃木さんが二百†

†西南戦争―一八七七(明治10)年の明治維新政府に対する西郷隆盛らの反乱。熊本城を攻略できないうちに政府軍の反撃にあって敗退。

†西郷隆盛―一八二七(文政10)~七七(明治10) 明治維新の功臣。薩摩藩士。明治六年征韓論で対立し下野し、鹿児島に帰郷。西南戦争に敗れて自決。

†二百三高地―中国遼寧省大連市にある標高二百三メートルの丘。旅順港を見下ろす位置をしめ、日露戦争の激戦地。

児玉源太郎
＊国立国会図書館ホームページより

三高地をなかなか落とせなかった時に、参謀長になって、旅順港からロシアの艦砲射撃に対して、逆に遠方から砲撃して援護した。つまり、その時の陸軍の知恵袋だったんですね。その前には台湾総督、陸軍大臣。こんなようなことしましてね、日露戦争終わって、当時の言葉でいう脳溢血で若くして亡くなってしまう。でも、それで十一人子供がある。母はその次女です。昔で言えば中の君。だから「仲子」っていうのね。

秀雄†おじさんが長男で、この奥さんのお沢おばさまというのが、偉い人で、下の方の弟なんかは、この方が育てたようなもので、みんな頭が上がらない。だから私も、いとこはいっぱいいましてね、もう何人いるかはわからない。上の方のいとこは、一番下の叔母と同じ年位と、ずれていますから。児玉の家は牛込の薬王寺。うちから歩いて行ける位の所。法事をよくする家で、昔のことですから、自分の家でするから、悪い連中は「ホトケハウス」とか言ってね。そんな時ばっかり集まるから、みんな黒い姿しか印象にない。

†児玉秀雄―一八七六（明治9）～一九四七（昭和22）官僚、政治家。熊本県生まれ。東京帝大卒。貴族院議員。岡田内閣拓務相、林内閣逓信相、小磯内閣国務相、文相など歴任。

父と母の若い頃

父は明治十六年生まれっていうと、高村光太郎とか阿部次郎とか、『青鞜』時代の新しい男たちと同世代なのね。だけどそういう空気とはまた別でした。男性女性の社会的対立とは違うんですね。穂積の家が学者の家だから、まず勉強。父は、小学校からずっと†鳩山秀夫さん、†一郎さんの弟さんね、と仲良くて、学校で一番二番を争いながら一緒にきたし。お父さんの†和夫さんは祖父とお友達で、お母さんの†春子さんは祖母とお友達という関係がありましたからね。

父はスポーツというか、柔道もやったし、水泳もやったし、歩くのも好きで、尾瀬に行ったのは草分けなんですよ。どっちかというと蛮カラな。女性にそれほど関心があったかどうか知りませんね。だから母ともお見合いだし。その時は源太郎はもう亡くなっていて、お舅さんとしては知らないと言っていました。結婚してほんのちょっとしたらば、父は留学しちゃったわけですよね。弟の律之助も、フランスに留学して、奥さんは置いていったわけですからね。私の叔母にあたる律之助の奥さんと、母と、娘みたいなの二人、祖父が可愛がって手元に置いていたようなものですね。可愛がられたとはいいながら、祖母はなかなか理屈があって、難しい人だし、随分苦労したと思いますよ。祖母が国文学好きでしたから、†金子元臣《もとおみ》さんなんかを、お招きしてお講義を伺ったので、お義理にも側についていなくてはならなかったし。そういうことで勉強もしたで

†**鳩山秀夫**―一八八四（明治17）～一九四六（昭和21）　民法学者。東京生まれ。東京帝大卒。欧米留学を経て東京帝大教授。著書に『日本民法総論』（大正13）など。

†**鳩山一郎**―一八八三（明治16）～一九五九（昭和34）　政治家。東京生まれ。鳩山和夫の長男。東京帝大卒。弁護士、東京市議を経て大正四年立憲政友会から衆議院議員。昭和三〇年自民党を結成、三一年総裁。

†**鳩山和夫**―一八五六（安政3）～一九一一（明治44）　政治家、弁護士。江戸生まれ。東京開成学校卒。コロンビア大、エール大に学ぶ。帝大教授などを経て、明治二五年衆議院議員。のち早大総長。

†**鳩山春子**―一八六一（文久元）～一九三八（昭和13）　女子教育者。信濃生まれ。女子師範学校卒。明治一九年共立女子職業

しょうし、英語も少しかじったんですけどね。その時代から私の時代まで、女が女学校以上勉強するなんてことは、特別なことだったんです。

　母は、表に出ることは好きじゃなかった。戦争の終わり頃に、†大日本婦人会になった時に、引っぱり出されて仕様が無くて副会長になったという事が、一生のうちに一度だけありました。姉と二人で、「身体が弱いのに、そんな事しちゃだめ」と言って、随分文句を言いましたよ。

　母は若い時はテニスが好きで。将軍の娘だから、馬も好きで、洋服着て馬に乗っている写真もありましたよ。

女子学習院、照宮様のこと

　女子学習院は戦前文部省に所属していなくて、宮内省に所属していたので、学制も一般の学校とは違っていました。男子の学習院とも違って、前期が今の小学校四年まで、中期が四年、後期が三年。そして、高等科が二年。高等科は行きたい人だけが行く、という形だったんですね。

　昭和十六（一九四一）年に「†国民学校令」というのが出たので、その段階で、初等科六年、中等科五年という、一般的な形に変わったのです。ですから、私が在学中に後期二年になる時に、中等科四年になったのかな。そんなもんです。だけど、この前期、中期、後期というのも、なかなか良い制度だったんです

学校の設立に参与、のち六代校長。社会事業にも活躍。著書に『婦人の修養』（明治40）など。

†金子元臣—一八六八（明治元）～一九四四（昭和19）国文学者。歌人。駿河国生まれ。独学で国文学を修める。国学院大学、慶應義塾大学教授。注釈書に『古今和歌集評釈』『枕草子評釈』など。

†大日本婦人会—一九四二年に国防婦人会・愛国婦人会等を統合した婦人団体。二十歳以上の婦人を強制加入させ、戦争協力への動員を図った。会長は山内貞子。

†国民学校—一九四一（昭和16）年に小学校を改めて成立した初等教育の学校。初等科六年・高等科二年。皇国民教育を目的とした。一九四七年その初等科は再び小学校となった。

よ。あとで子供を育ててみたら、小学校四年から五年になる辺りでちょっと変わる。そのとき新しく一段階上のグループに進むってのも悪くないなと思いましたよ。だから、私の学校友達は大体の人が十一年一緒。それから幼稚園が二年あったわけでしょ。高等科二年でしょ。ですから一番長い人は十五年も仲良くしているわけです。

全部で七十人。もちろん亡くなった方もあるけれども、今クラス会をやって三十人来ますから、えらいもんでしょ。来る人はまだまだそれぞれに元気。また来なくても、地方で元気にしている人もいますしね。クラス会の名前は、「紅梅会」。それは同級でいらした†照宮成子内親王《てるのみやしげこないしんのう》様のお印《しるし》が「紅梅」だったから。「お印」というのは、お名前をお持ち物や何かに、直接書いたりするのは失礼だから、その代りに決めてある植物の名前です。それを頂いて付けたの。

私が生涯で一番影響を受けたのは、この照宮様です。大正十四（一九二五）年十二月六日にお生れになった、昭和天皇の御長女で、今の陛下のお姉様。当時最高の姫宮様で、内親王様で普通の学校教育をお受けになったのは、この方が最初だったんですよ。だから奉仕する方々のお気づかいは大変だった。それは御誕生から女子学習院入学まで、最高責任者としてお世話なさった†河井弥八《やはち》さんの日記（『昭和初期の天皇と宮中　侍従次長河井弥八日記』平成5〜6年、岩波書店）でわかりますけどね。同い年で小さい頃からお相手した我々だって、その

†照宮様—一九二五（大正14）〜六一（昭和36）昭和天皇の第一子、照宮成子内親王。女子学習院卒。一九四三（昭和18）年に東久邇宮盛厚王と結婚。

†河井弥八—一八七七（明治10）〜一九六〇（昭和35）政治家。静岡県生まれ。東京帝大卒。昭和一三年貴族院議員。戦後二二年参議院議員、緑風会に属し二八年参議院議長。

片棒をかついで苦労しましたよ。それはもう、宮様という方が、お綺麗で聡明で、ちょっとお茶目さんで、それでいて黙って人の気持を見抜いてしまうような怖い所があって、ほんとにこの方のためなら命もいらないと思わせるような方でいらしたから出来た事ですけどね。

昭和十八（一九四三）年に東久邇《ひがしくに》宮盛厚《もりひろ》王とご結婚になって、戦後他の皇族方と同じに†臣籍降下《しんせきこうか》なさって、当時は誰もが大変とは言いながら、経験なさったこともない一般市民の生活の中で五人のお子様をお育てになって、昭和三十六（一九六一）年七月二十三日、三十五歳のお若さでお亡くなりになりました。短いけれど、ほんとに御立派な御生涯でした。

四つの時からお相手をしましたけど、それは何も親が名誉心で望んだわけでも何でもないんです。ごく自然に、†階級的に幼稚園から女子学習院へ行くものと決まってて、そしたらたまたま宮様と同い年だからご一緒になったと、そういう事だし、自分でもそう思ってましたよ。でも知らず知らず、周囲の雰囲気で、この方は我々と違う方なんだ、だからこの方のおよろしいようにしてあげなくちゃいけない、自分の勝手な気持ちを出したらいけないとわかっていました。うちでは泣き虫のわがまま娘だったけど、学校では、宮様のために悪い事があっちゃいけないと思って、口ひとつきくにも、気を遣い通しでしたよ。何しろ、宮様と全然関係ない事だって、ちょっと羽目をはずせば「宮様のクラス

†**臣籍降下**――昭和二二年新たに皇室典範が制定された時、伏見宮以下の十一宮家五十一人の皇族が皇籍を離れた。

†**階級的**――当時の穂積家は華族に列し、男爵。

で何ですか」って叱られるんですもの。

前期の一年から四年まで、国語の鳥居きん先生と、理科の寺中栄先生に担任していただきました。鳥居先生が宮様の組の受持ちで、南組。寺中先生が北組。中途入学の方もあって、だんだん人数はふえましたけど、初め、前期の頃は一組二十五人で、毎年組み替えがあるんですよ。宮様はいつも南組、「天子南面」なのよ、いま思えばね。そうして、普通の小学校のように担任の先生が全部教えるわけではなくて、それぞれの先生方が専門の所を教えて下さるの。

女子学習院が偉かったと思うのはね、初めて内親王のご教育を受け持つわけでしょ。それが、寺中先生三十三歳、鳥居先生は、もうちょっとお若いはずだから二十代後半、そういうお若い先生をもってきた。いくら優秀な先生にしても、それを起用なさった上の先生方が偉かったと思いますね。東宮様、今の天皇が学習院にお入りになった時には、やっぱり、秋山先生というようなおじいさんの偉い先生がお受持ちになったと思いますよ。それに比べたらね、お年寄りの偉い先生をもってこないで、そのお若いお二方が受持ちというのは、とても立派なことだと思いますよ。

鳥居先生という方は、その時はまだ結婚してらっしゃらなくて、あとで私知ったんですけど、クリスチャンなのね。だからその時、クリスチャン関係では、大変喜んだんですすってね、内心。「内親王の御教育に、キリスト教精神を取り

†寺中栄―一八九九（明治32）〜一九九六（平成8）　熊本県生まれ。熊本女子師範、東京女子高等師範学校卒業。一九二四（大正13）年女子学習院に奉職（四五年退職）。のち鎌倉女学院院長。

†天子南面―中国で、天子は南に向って座ること。人君は南（陽）に向って位置する。「南面者、人君聴治之位」（論語）

入れることになる」と言って。ですけどね、それ一つもお出しにならなかった。もう真面目で怖い先生でね。だけどとても純情で、面白い所もほんとはおありになったんだけど。

それに対して寺中先生は、もうお子持ちでしたが面白くて、愉快な先生だったの。とってもコンビが良かったんですね。だから、南組にいる時は緊張してね。北組に行くと、「ヤレヤレ、少しは楽になる」というようなことでした。寺中先生は、その後もずっとお勤めになりましたけれども、鳥居先生のほうはね、前期四年を終わった所でお辞めになった。本当にそれは神経を疲れさせるはずですよ。内親王様の学校教育の直接の責任者を四年間お続けになったんですからね。それでお辞めになって、牧師さんと結婚なさって、大阪の釜ヶ崎の教会にいらしたの。その頃はね、そんなドヤ街†なんて事何にも知らないから、「西成区《にしなりく》なんてどんな所だろう」と思っただけでね、「先生、どうしていらっしゃらなくなっちゃうのか」って、みんな、とっても悲しかったんですね。

でも今になったらわかりますねえ。その気持。本当によくわかる。四年間、それはもう大変でしたに違いないですよ。そういう事を経験なさったあとで、社会の最上層から、最下層に下りて行って奉仕なさったそのお気持ねえ。

寺中先生は奇麗な方ですよ。能面のようなね。ちょっとおでこでね。私が、女子学習院でどなたが恩師かといえば、このお二人ですよ。先生のお立場から

†**ドヤ街**—日雇い労働者などを泊める簡易旅館が集まっている区域。

すれば、誰か一人二人が宮様とむやみにくっついて、お仲良しが出来るのはまずいんです。奇麗に言えば、「宮様とご一緒の光栄を平等に分け与える」ということでしょう。ですから、毎年組替をして、先生も神経を擦り減らされたと思います。私は前期では南組が多くて、一年だけ北組。中期では半分半分、大きくなってからは、いろいろ思うところがあって、宮様からなるべく離れるようになったから、後期の時には、一年南組で、あとの二年間は北組。

鳥居先生の影響は大きかったですね。学芸会ね、学校では修辞会っていうんですけどね。朗読やなんかをするのにね、「もっと大きな声で、もっと大きな声で」と。マイクなんかない時代ですよ。だから、こんな大きな声になっちゃったんですよ。

それとね、読むのに、句読点があるでしょ。そこに、台本に別にわざわざ点をつけて、一つ点があったら一つ休む。二つ点があったら二つ休む。丸だったらそこに三つ点をつけて、三つ休む。そういうようなことを、厳しく言われました。それは本当に役に立っていますよ。みなさん、私が朗読するのを、どこで習いましたとお聞きになるけど、そのとき以外習ったわけじゃない。切るというのは、ただ切るんじゃないのね。意味によって、こ

寺中先生　昭和41年　鎌倉女学院で

こはちょっと休めばいい。ここは同じ点だけれど、しばらく休む。丸だったら、もう少し休む。切るところをちゃんとすることで、意味がわかる。それは本当に、日本語でも英語でもそうなんです。切る場所がちゃんと適切に切れれば、聞いている人もわかるし、自分もわかる。ちゃんと切れるようになれば、それはわかっている証拠。内容理解してなきゃ出来ない。また、ここで切るかな、あっちで切るかな、と考えることで、内容が理解出来る。両方なんです。そういうことを教えていただいたのは、鳥居先生のおかげですね。

それから、読ませるだけではなくて、鳥居先生もお弁当の後なんかで、童話をよく読んで下さったんですね。それで、感動的なところに来ると、先生が読みながら泣いておしまいになる。それが面白くて、みんなで「もっと読んで、読んで」とおねだりしましたよ。

鳥居先生と寺中先生、そのお二方《ふたかた》に教えていただいたのは、幸せだったなと思っています。性格的に影響を受けた先生というのは、そのお二方だけです。

仲良しの友達

私は「テポちゃん」て呼ばれてました。ポチャポチャふとってたんだけど、中味がなくてプヨプヨだったのね。だからデブじゃなくてテポだって。

十何年もずっと一緒だったんですから、仲良しは沢山いまして、この方とはここが気が合う、あの方とはまた別の所で話が合う、というように、いろんな形でお付き合いしてましたけど、一番小さい時からの仲良しは、幼稚園から一緒の人が一人。一年から一緒の人が一人。

幼稚園から一緒の人は、多久美子《たくはるこ》さんといいましてね、「たこちゃん」と言っていましたけれど、佐賀の鍋島の支藩の殿様のお姫様。彼女は、まだ元気ですけれども、小さい時から大人っぽくってね。ちょっと面白い人で、「悪いことは、みんなたこから習った」ってみんなが言うの。「そんなことないわよ」と本人は言うんだけどね。例えば、ずっと後ですけど、『谷崎源氏』†を読んでた頃、†藤壺《ふじつぼ》との関係がわからないわけ。昔はそういうところは抜いてあるからね、どうしてもわからない。「何なんだろう」って言ったら、彼女が教えてくれました。そういうふうに、ちょっと早熟な人。彼女、インドが好きでね、よく行ってましたし、インドネシア語を習ったり、とても好奇心旺盛な人です。

それからもう一人、横田臣子《おみこ》さん。彼女は、横田国臣《くにおみ》という古い裁判官のお孫さん。彼女とは一年の時からの仲良しですけれども、その動機は大変はっきりしていまして、背が低くって二人いつも並んでいた事と、二人ともスローモーで、なんでも一番遅くなったの。それで仲良くなったんだけど、スローモーで、私よりもっと決断力がなくて、そういう人だとばかり思っていたんですね。そうしたら、奥さんになってから、びっくりするほど活躍したんですよ。

†谷崎源氏―谷崎潤一郎が現代語訳した『源氏物語』のこと。谷崎は国語学者の山田孝雄博士の校閲のもと、昭和一〇年から『源氏物語』の現代語訳に取り組み、『潤一郎訳源氏物語』全二六巻が、一三年一月から一六年七月にかけて中央公論社より刊行された。しかし、藤壺との関係など、戦前は制約も多く、敗戦後の二六年から二九年にかけて、再び『源氏物語』を現代語訳し、『潤一郎新訳源氏物語』全一二巻が出版された。

†藤壺―『源氏物語』の登場人物。光源氏の父桐壺帝の中宮。源氏は亡母の面影を求めて藤壺を思慕するうちに、恋慕の情に変わり、密通し不義の子である冷泉帝が生まれる。

本当は彼女はピアノがやりたかったの。そしたら、旦那様が裁判官で、家で書類読まなくちゃならないでしょ。「ピアノはうるさくて駄目だから、絵にしなさい」って言ったんですってね。「絵なら静かだろう」と思ったたって。私は昔から、彼女が絵が上手だなんて、一つも思わなかったのね。そしたら、絵は絵でも、友禅の絵付。その頃は、まだ戦争終わってじきで、住宅不足のひどかった時だから、友禅†の絵付の人に部屋を貸して、その代わりに習ったんです。そういう大胆な事をする人だとは、思わなかったのね。すごいの。友禅の絵付を習って、手描きのスカーフを始めたのね。そして、商品にするのに、私に「その縁《へり》をまつってくれ」って言うの。こっちはその頃、何にも収入ないでしょ。だから、「やりましょう」って、やったんですよね。そうするとまた、むちゃくちゃに描くから、「この前の、あの柄が良かったからあれを何枚」って注文が来るけど、本人はどんな柄か忘れちゃっているわけ。それで、「いつかのあれ、何だっけ？」って、電話がかかってくる。「こういうのじゃなかった？」なんて言ってね、大騒ぎでやっていたものですから、ピアノより、余程うるさいことになっちゃった。大笑い。おしまいには、ドレスに描いたり、帯に描いたりしていましたよ。それから、スローモーで、スポーツなんてまるで駄目と思っていたのに、ゴルフやったら、結構出来るとかね、戦後の随分早い頃に運転免許取るとかね。意外性のいっぱいある人でした。いろんな事やって、そう、

†友禅―絹布などに、いろいろの模様を鮮やかに染め出したもの。江戸中期京都の画家、宮崎友禅が発明したといわれる。

割に早く亡くなりましたけれどね。

彼女の家は、渋谷の初台だったんです。そこに私がしょっちゅう通っていたわけね。そしたら主人亡くした頃、伊原昭†先生にぱったりお会いした。先生も、お近くにお住まいなんです。それで、「あらあなた、どうしているの。何にもなかったら、お小遣い取りぐらいにはなるから」とおっしゃって、先生が昔勤めていらした国会図書館にお世話して下さったの。だから、それやってなかったら、お目に掛からなかった。国会図書館にも勤められなかった。そういうご縁もあるんですよ。

†伊原昭（いはら・あき）—一九一七（大正6）〜　国文学者。神奈川県生まれ。東京女子大学卒、日本大学大学院修了。和洋女子大学教授、梅光女学院大学教授を経て、現在、梅光学院大学名誉教授。著書に『古典文学における色彩』、『日本文学色彩用語集成』（全五巻）、など。

うち中、本だらけ

うちには本がいっぱいありました。この書斎（8頁見取図参照）は、祖父の代からのものです。父はここではもうほとんど仕事をしないで、いろんな先生方がいらした時の用談の場所に使っていました。ここには、法律書いっぱいでしょ。続きに二階建ての書庫があって、そこにも法律書いっぱい。祖父や父がイギリス留学の時に買って来た、古いものが沢山入っていました。食堂にも、本棚があったし、居間にもあるでしょ。家の二階はもう全く本の置き場。うち中、本だらけだったんですね。だから、本というものは、在るもの、読むものに決まっていて、何を読んでいけないということ、全然言われなかった。二階へあがっちゃえば、何読もうとわからないわけですよ。だけど『小さん全集』だけは読まなかった。父に読んでもらう方が面白いから。

私は末っ子ですからね。『少年倶楽部』とか、『少女倶楽部』†とか、本屋さんからきた時には、すぐには読めないわけですよ。兄や姉が、寝っころがって読んでるわけね。横から覗くと、「うるさい」って言われるから、向う側から見るのね。だから私、本でも何でも、逆さまからでも読めますよ。兄だって姉だって、読むの早いから、パアッと容赦なく捲《めく》っちゃうから、後から読み始めて、捲るより早く終わる。斜め読みの達人になりましたよ。論文読む時も、大変に便利です。

本を読むことには、何の抵抗もなかったけど、だからといって何もかもというわけにもいかないのね。自分の好みに合わなければ。私が唯一読めなかったのは、ロシアものです。『ルーヂン』（ツルゲーネフ、一八五五年作）と『戦争と平和』（トルストイ、一八六三〜六九年作）は面白かったけど、ドストエフスキイ†はまるで駄目。

『八犬伝』や『弓張月』は、夏、葉山の別荘に行きますと、父が和本の、北斎†の挿絵の入ったのを、軽いから何冊か持って来るんですよね。父は東京と行き来しますから。それを自分でも読んでくれるし、それから、一丁ずつ読まされるんです。変体仮名なんか読めなくっても、飛ばして先を読むと、続き具

†**少女倶楽部**―児童雑誌。大正一二年〜昭和三七年。『少年倶楽部』の兄弟雑誌。大日本雄弁会講談社発行。吉屋信子などが少女小説を執筆。

†**ドストエフスキー**―一八二一〜八一　ロシアの小説家。『罪と罰』『悪霊』『カラマーゾフの兄弟』など。

†**北斎**―葛飾北斎（かつしか・ほくさい）一七六〇（宝暦10）〜一八四九（嘉永2）江戸後期の浮世絵師。江戸生まれ。勝川春章に入門。読本挿絵で名声を博す。錦絵や版画も制作。『富嶽三十六景』など。

合で、これは「は」の字だとか、わかるでしょ。そういうことで、変体仮名を覚えました。

そのほかの事にしても、細かく教わらなくても、小さい時から知った振りして、読んだり聞いたりしてる。そのうち、わかってくる。そういう読み方しましたから、わかんないものでも平気。わかんなければ、わかんないでもいい。そのうち、わかってくる。その調子だから、何でも読めました。手当たり次第。

食堂の小さな本棚に、父のお土産でしょうか、英語の子供の本のシリーズがありまして、詩が入っているんですね。その頃の英語の時間というのは、学校でも、ミセス・スパックマンというきれいな先生がいらして、英詩を教えて下さる。それで、次の時間に暗誦して、上手く出来ると、「エクセレント†」って、おっしゃるのね。それが嬉しくて、英詩を集めていた時期があったんです。だからそれで子供の英詩を読みました。また、絵が可愛いんですもの。それこそ、†ヴィクトリア朝時代の絵で。和歌でもそうですけど、詩や和歌っていうのは、省略しなくちゃならないでしょ。省略するっていうことは、文法がいい加減じゃ駄目でね。文法に則って省略しないと、訳がわかんないでしょ。そういう意味で、文法がわかるようになったの。

だから英詩は好きだし、それを自分で苦労して読んで暗誦する事で、普通の文章も、格別、字引引かないでもね、軽いミステリーぐらいなら読めるように

†エクセレント—Excellent! みごとだ、の意。

†ヴィクトリア朝時代—イギリス女王・ヴィクトリア（一八一九～一九〇一）が治世した時期。一八三七年即位し、治世六四年。イギリスはこの時代に発達し、国力を増進させ、植民地は全世界にまたがり、文芸はヴィクトリア朝時代として、一時期を画した。

なりました。祖父や父の古いイギリス留学土産で育っているから、私のイギリスの印象は、ヴィクトリア朝なのね。だから、クリスティー†がわかるっていうか、好きなんだと思うわ。

お稽古事は、私は何でも姉の後、くっついてすればいいと思っていたのね。自分がこれがしたいということは、全然考えなかったの。ですから、姉がピアノしてたから、ピアノに行くとかね。お琴やってたから、お琴やるとかね。英語も、母の時代から来ていた、ハーフのおばあちゃんの先生がいらしてね。ただ短い文章を暗記して言うだけという勉強。それは本当に、役に立たなかったと思いますけどね。お茶もお花も、後になってちょっとお稽古はしたけど、戦争で駄目になって。我々はもう戦争一色ですからね。何もかも。

それと、宮様のクラスであるから、何事もご遠慮。本当に、よくもまあ、暗黙のうちにあれだけ規制したと思いますよ。お稽古事でも、「ピアノの演奏会なら宜しい。踊りの会はいけない」とかね。お三味線は、あまり上品じゃないっていうことでしょ。だから、踊りをなさる方だったら、こっそりなさって、おさらいの会を派手にするなんて事、ありませんでしたよ。

二・二六事件

戦前の歴史的事件で、印象に残ってるっていったら、そりゃ二・二六事件†で

†**クリスティー**―一八九〇～一九七六　イギリスの推理小説作家。探偵ポアロ・女探偵ミス・マーブルなどの推理小説を発表。

†**二・二六事件**―一九三六（昭和11）年二月二六日、陸軍の皇道派青年将校らが、国家改造を目指し首相官邸などを襲撃したクーデター事件。

すね。私は十歳。児玉の一番上の伯父、秀雄が拓務大臣†だったのでね。そちらからその朝、「何かあったみたいだから気をつけろ」って電話は入ってたんですね。でも、何の事かわからない。想像もつかないでしょう。だから休むという発想は親にもこっちにもなくって、平気で出かけたの。いつもの通り、市電の外堀線を赤坂見附で乗り換えて、青山通りをずっと事件のまっ只中を通るわけですよね。赤坂表町に高橋是清《これきよ》†さんのお邸があって、その前に、前の日降った大雪が高く積ってて、兵隊さんみたいのが、うろうろしていたのを覚えています。学校へ行ったら、みんな「何かあったらしい」とは気づいてて、中には要職にある方がご親戚という方もあるから、「伯父様が、真夜中にお見えになって、何にも言わないで座ってらした」とかいう話も聞こえて来る。

　そのうちに、授業どころじゃないという事になって、めいめい家からお迎えが来る。姉と二人、車で帰ったんだけど、それもまた外苑から、大宮御所（現東宮御所）前、学習院初等科前を通って、ということはもう一つの事件現場の斎藤†実《まこと》さんのお邸の前を通って帰って来たんだから、全く知らぬが仏よね。

　その後、周辺の軍が東京へ集結するので、そのお宿を提供することになる。うちには高崎の師団司令部が来ちゃって。ちょうどお座敷に、お雛様出したばっかりで、これから遊ぼうと思ってたのに、その十二畳のお座敷を軍旗がたった一本で占領しちゃった。次の間の八畳は、旗手の少尉殿が一人ですわって、軍

†拓務大臣―拓務省の長。拓務省は、植民地・移植民などに関する行政をつかさどった中央官庁。一九二九年創設、四二年大東亜省に編入。

†高橋是清―一八五四（安政元）～一九三六（昭和11）財政家・政治家。原敬の暗殺後、一時首相・政友会総裁。岡田（啓介）内閣の蔵相在任中に二・二六事件で暗殺。

†斎藤実―一八五八（安政5）～一九三六（昭和11）海軍軍人・政治家。海相・朝鮮総督・首相・内大臣を歴任。二・二六事件で暗殺。

旗を守護してるの。だから、兵隊さんたちは可哀相に、裏の方の女中部屋で雑魚寝《ざこね》。でも女中さんたち喜んで、大いに御馳走したと思いますけど。

ご近所の倉庫に泊った兵隊さんたちの中にはね、練炭火鉢の一酸化炭素中毒で亡くなった人も何人かあったのよ。その検死をなさった軍医さんが、夕食の時、とても辛そうな顔をしていらして、なんにも召上らなかった。あんな事なければ何事もなく生きてた人だったのになあって、今でも二・二六というと一番先にそれを思い出します。

亡くなったと思われていた首相の岡田†（啓介）さんが、他の方が身代りになったので助かったってニュースを、たまたま私一人がラジオで聞いて、「岡田さん、生きてる、生きてる」って、うち中に触れ回ったのよ。学校が再開されてからも、赤坂見附の交差点のまん中に、機関銃を据えつけたりしてましたっけ。

†岡田啓介―一八六八（慶応4）～一九五二（昭和27）海軍軍人・政治家。海相を経て昭和九年首相となる。二・二六事件の際に襲撃されたが、難を逃れた。

第二章　女学校時代・結婚・東京大空襲

小説家になろうか、それとも研究者に

何しろ、時代も時代でしたから、女の人がお勤めするということは、考えなかった時代ですから、「私もお嫁に行って、いい奥さんになれるか、わかんないけど、食べるに困らないくらいの所には、お嫁にやってもらえるんだろうな」、それくらいの感じしかなかった。

強いて言えば、高等科になってからの話ですけど、物書くこと好きだったから、小説家になろうか、それとも研究者になろうか、と考えたことはあったのね。小説家だったら、ある一つのテーマがあって、うまく書けなかったとしても、発表しちゃったら、もうそれ直せないでしょ。でも、研究者だったら、「あれは間違ってました」ってまた書けるじゃない。だから、研究者の方がいいと思ったのね。

隣に居た十《とお》近く年上のいとこが、英語が好きで一生懸命翻訳しててね。出版できるかどうかというので、気を揉んでて、「出版できるって返事が来た」って喜んでいたのは覚えている。外国の少女小説みたいなものですけど。その人

†『青鞜』（せいとう）—一九一一（明治44）年九月創刊の女性文芸雑誌。平塚らいてうを中心に、女性の芸術による自立と自己解放を目的として刊行され、多くの女性芸術家を育てた。一

が、その頃の私の憧れの一つではあったのね。でも将来何になろうなんてこと、考える暇もなかった、と言ったらおかしいけど。学校が楽しかったことは、楽しかったしね。

だけど一方では、宮様関係でいつも責任を感じてて、大変でもあったから、将来なんて別に考えなかった。そのうちには、戦争がひどくなっちゃって、将来のことより、「今晩空襲がなくて、寝られたらいいな」というようになったしね。昭和十八（一九四三）年、高等科に進学して、一番空襲が酷くなってきたのは、十九年、二十年ですね。

『青鞜』†の時代があって、大正昭和初期モダンの時代があって、私の大きくなる時代というのは、満州事変†、支那事変†、で、大東亜戦争†でしょ。戦争が当たり前。生活のなかに戦争があって、どんどん窮屈になっていった時代だから。私の憧れであったいとこより、もっと上のいとこたち、明治末、大正元年くらいに生まれた人たちは、かなり自由だったし、憧れのいとこ辺りまでは、かすかに大正モダンの続きでね。だけども、私たちの時代は、もうそういう時代じゃなかった。家が又古風でもあったんだけども、就職する人は周りにはいない。

その頃、一番よくできる女学生が目指したのは、津田塾†だったんですね。だけども、津田は戦争の終わり頃は、赤い†ということで非常に警戒された。姉は津田に行こうと思って、随分一生懸命一人で勉強もしたし、考えたんだけれど

九一六（大正5）年二月廃刊。
†満州事変―一九三一（昭和6）年九月一八日、柳条湖の鉄道爆破事件を契機とする日本の中国東北侵略戦争。翌年満州国樹立、日中戦争へ発展。
†支那事変―日中戦争に対する当時の日本側の呼称。一九三七（昭和12）年。長期戦化し、四一年一二月太平洋戦争に。
†大東亜戦争―太平洋戦争の当時の日本側の呼称。日中戦争の長期化と日本の南方進出が、アメリカ・イギリス・オランダ等の連合国との摩擦を深め、一九四一（昭和16）年一二月八日、日本のハワイ真珠湾攻撃によって開戦。四五年八月日本国敗戦。
†津田塾―私立女子大学の一。一九〇〇（明治33）年に津田梅子が創立した女子英学塾が前身。津田英学塾・津田塾専門学校を経て、四八年現制大学となる。
†赤い―共産主義者のこと。

も、父が「駄目だ」って言って駄目だったんです。英語やりたいということより、姉は女子学習院が嫌だったんです。確かに、私もそれは少しはありましたよ。ずっとエスカレーターで進学して、自分がいったい世間の標準から見てどれくらいできるのか、できないのか、わからない。どこかほかの学校を受けてみたい、という気持ちはありましたね。ですけれども、姉が父に拒否されて、がっかりして可哀想だったのを見ていましたから。姉が駄目なもの、私がやったって駄目だってこと、わかっていましたし、姉ほど優秀じゃないしね。それと、戦争で進学なんて贅沢は言ってられない。

でも、その頃ねえ、英語の先生、お若い女の先生で、†勝海舟《かつかいしゅう》のお孫さんに当たる、砥目《とのめ》先生という方が、黙っていきなり試験なさったことがあったの。何だか見たこともないような難しい問題で、みんなびっくりしちゃって、もう全然できなくて、「どうしよう」って青くなった。そしたら、あとで先生がすごく喜んで、「みんなとても良くできた」っておっしゃったの。あんなにできなかったのに、どうしてと思ったんだけど、恐らくそれは、津田塾の入試の問題か何かだったんだろうと思うのね。何も準備もしないし、予告もしないでやって、これだけできたって。先生の方も、そういう形で、学生の実力試してみたいと、お思いになったんだと思います。

†勝海舟—一八二三（文政6）～九九（明治32）　幕末・明治期の幕臣、政治家。江戸生まれ。オランダ人を師とし、海軍のことを学ぶ。幕府側代表として江戸城明渡しの任を果たす。

女子学習院高等科に進学

昭和十八年に中等科を卒業するちょっと前に、「こんど久松潜一《ひさまつせんいち》†先生が高等科の講師にいらっしゃる」って噂が流れました。

「久松先生がいらっしゃる」って聞いたら、もうなんにも外に考えない。高等科に行くに決まってる。私はそうでした。久松先生は、お若い時に一度、女子学習院の講師になられたのね。その時に、「いいところのお嬢さん方ばっかりなんだから、顔をまともに見つめちゃいけない」って言われて、それ以来久松先生は、机の上か、天井か、どっちかしか、ご覧にならないって。有名な話ですけどね。

ちょうどその時代に、主人の叔母が、お習いしたの。後々まで、クラス会にお招きすると、来て下さったそうですよ。あとで久松先生も、「その時の印象が大変よかったから、二度目に頼まれた時も引受けたんだ」っておっしゃった。でも久松先生っていったら、とってもお偉いということは、みんな知っていましたから、本当にいらっしゃるんだろうか、いらっしゃるんだろうかって、心配だったのね。そしたら、いつまでたっても休講なのよ。我々、そんな休講なんていうもの、知らないわけね。大学のシステムなんて知らない。先生っていえば、時間割どおりちゃんと来て授業して下さるものだとばっかり思っていたから。いつまでも休講で、もういらっしゃらないんじゃないかと思ったら、そ

†久松潜一——一八九四（明治27）～一九七六（昭和51）　国文学者。愛知県生まれ。東京帝国大学卒。東京帝国大学教授、慶應義塾大学教授、鶴見大学教授。国学、和歌史、評論史など文学理念の研究に力を注いだ。著書に『日本文学評論史』など。

の時お父様がおかくれになったんですからね、お休みになるはずなんですけど。

高等科というのは、今の短期大学のような形ですね。一応、文科、理科、家庭科と三つに分かれてて、選択できる。文科では、久松先生が国文学史、†斎藤《さいとう》勇《たけし》先生が、英文学史でね。まあ、その二つが目玉ね。あとは、『源氏物語』もあったし、†尾上《おのえ》柴舟《さいしゅう》先生の和歌もあったし。

姉たちの高等科の時代に、「高等科を三年にして、†専門学校卒業の資格を取れるようにして下さい」って言ったら、すごく叱られてね。「そんな、†職業婦人を養成する所ではありません」って。でもそのおかげで高等科で二年学んで、結婚もしない勉強したい人たちのために、研究科というのを、もう一年、そのとき作ることは作ったんです。でも、教員の資格とか、そんな資格を取るなんてことは、とんでもない話だった。ただ、姉たちや私たちにしてみれば、専門学校卒業ということが欲しかったのね。†女学校卒業というだけで、いくらあと勉強しても、花嫁学校としか見てくれないものですから。だけどそのあと直ぐ敗戦になって、みんな生活に困ってさ、「資格があればなんとかなったのに、それみたことか」って我々思ったわけ。自立とまではいかなくても、もっと広い社会に出た時、自分の実力がどの程度か知りたい、という気持ちが非常にありました。それから、やっぱり高等女学校卒業だけでは、これだけ勉強してて、物足りないということがありました。職業として、どういうものに就きたいか、

†斎藤勇—一八八七（明治20）〜一九八二（昭和57）英文学者。福島県生まれ。東京帝国大学卒。東京帝国大学教授、東京女子大学長、国際基督教大学教授。著書に『英詩概説』『文学としての聖書』など。

†尾上柴舟—一八七六（明治9）〜一九五七（昭和32）歌人、国文学者、書家。岡山県生まれ。東京帝国大学卒。女子学習院教授。

†専門学校—中等学校卒業者に高等の学術・技芸を授けた旧制の学校。修業年限は三年以上。学制改革により新制大学となったものが多い。

†職業婦人—職業に就いている女性が少なかった時代に、職業に就いている女性のことをいった。

†女学校—旧制の高等女学校の略。女子に必要な高等普通教育を授けた旧制の中等学校。修業

そこまでは考えなかった。

久松潜一先生の講義で永福門院の歌に出会う

久松先生、話し方が早口でありながら、訥弁《とつべん》で、急き込んでおっしゃるから、初めのうちは、なんだかわからなくて。こっちに予備知識がないから、なおなんだかわからない。『†成尋阿闍梨母集《じょうじんあじゃりのははのしゅう》』なんて、それは本当にもう、†佐佐木信綱《のぶつな》先生が発見なさったばっかりの、新知識だったんですね。そんな事がなんにも説明なしに、お講義の中に出てくるわけだから、こっちは全然わからなくって、その時は仕様が無いから代表を変えて、三遍か四遍質問に行って、それでも誰もわからなかったので、とうとうもう一遍、次の時間に久松先生が、黒板に書いて説明して下さったんだけど、それでもわからなくって、本当に困った。

そういう中で、やっとノートがちゃんと取れるぐらいになった昭和十九年の始め頃に、†永福門院《えいふくもんいん》の歌を二首教えていただいたの。

花の上にしばしうつろふ夕づく日入るともなしにかげ消えにけり　（風雅、一九九）

真萩ちる庭の秋風身にしみて夕日のかげぞかべに消えゆく　（風雅、四七八）

年限は四年または五年。

†**成尋阿闍梨母集**―上下二巻、中国に渡る高僧成尋との別れを悲しんだ、八十余歳の母の一〇六七（治暦3）から七三（延久5）までの歌日記。

†**佐佐木信綱**―一八七二（明治5）～一九六三（昭和38）歌人、国文学者。三重県生まれ。東京帝国大学古典科卒。万葉集、歌学史、和歌史の研究に力を注ぐ。歌誌『心の花』を機関誌として竹柏会を主宰。

†**永福門院**―一二七一（文永8）～一三四二（康永元・興国3）鎌倉後期から南北朝時代の歌人。名は鏱子（しょうし）。西園寺実兼の娘、伏見天皇の中宮。『玉葉集』代表歌人の一人。

びっくりしました。何てやさしい、きれいな歌だろうって。これでも私、小さい時からの教育のおかげで、万葉、古今、新古今、一般的に有名な歌は、大ていい知っていたのよ。でも永福門院という名前も知らなければ、歌も知らなかった。むずかしいこと、なんにも言ってない、今だってそこいらにいくらでもあるような景色なのに、こんな歌、見たことがなかった。一ぺんに好きになりました。実はこの歌の入っている風雅集†という勅撰集は、南北朝時代の北朝方、つまりは当時は絶対に正統だとされていた後醍醐天皇の南朝方に反対した天皇の方で作られた集だというので、まるで無視されていたんです。そんな歌を、先生はちゃんと教えて下さったのよ。

その頃は戦時体制で、もう半分勤労奉仕†、半分授業というような時だったんですよね。とっても忙しいから、みんな「夏休みも勤労奉仕だから、レポート出すのいやだ、試験の方がいい」って、「試験にしていただこう」って、久松先生にお願いしに行ったのよ。私は、永福門院について書きたかったから、「やだなあ」と思ったけどさ、そこで裏切るわけにいかないから、黙ってたんだけどね。だから私が交渉したわけじゃないんだけど、久松先生なら、お話しはなんか難しいけど、もう優しい先生だということは、わかっていましたから、きいて下さるだろうと思っていましたけれど、「どうしてもレポートでなければいけない」と言って、許して下さらなかったの。

†**風雅集**―南北朝時代の勅撰集。第一七番目の勅撰和歌集。二〇巻。北朝の光厳上皇撰。おもな歌人に、伏見院、永福門院、京極為兼など。

†**勤労奉仕**―第二次世界大戦中に学生などに課された無償の労働。

それで今度は知恵者が考えてね、歴史の先生がね、中等科からおなじみの、お若い人気のある先生だから、遠慮もない、怖くもないのね。こちらもレポートのはずなんだけれど、国文学史といえども、歴史の一種であるというわけ。だから、国文学史のレポートで、歴史の方も通して下さいって、その交渉したのね。高等科になったら、宮様いらっしゃらないでしょう。それは、自由になりましたよ。「宮様の組で、こんなことをして」って叱られないで済むんだから。自分たちが叱られるだけで、こんな楽なことなかったです。

だから、私は高等科の二年間が、本当に楽しかった。それで交渉して、その先生は若いしね、学生と仲がいいから、「まあいいや」ということになって。だけど、「少し歴史がかったように書きなさい」ということで、同じことを両方向きに少し変えて書いて出したの。

レポート枚数？　罫線が引いてある原稿用紙であるにもかかわらず、物資不足の折から、細かく細かく書いたから、何枚だかわからないって代物。何しろ倹約しなくちゃという時代でしたからね。書けば破ける原稿用紙でしょ。鉛筆だって、削れば折れるし、消しゴムは、消せば紙が破けるしね。そういう時代です。

だから、久松先生のお講義の時には、一番書きやすい鉛筆とっといて、何本も削って、机の上に並べてね。消しゴムで消したりしてると間に合わないから、そんなものしまっちゃって。お講義が始まると鉛筆をひっつかんで、必死になって、聞こえる所だけ書く。しんが丸くなったら、放りだして、次のつかんで書くという、そういうことしましたよ。友達同士で持ち寄って、穴になっている所埋めるんだけれど、穴になっている所は、みんな穴になっている。でも、最後にはちゃんとノートできるようになりました。二年間、実質一年ちょっと。初めの二カ月は、完全にいらっしゃらなかったという感じだったし、それから、二年目は勤労奉仕で、授業は半分あるかないかだった。それなのに「神」という言葉の語源からはじめて、「†金々先生栄花夢《きんきんせんせいえいがのゆめ》」という、江戸の黄表紙まで教えて下さったのよ。今思うとつくづくすごい先生でいらしたわねえ。

†**金々先生栄花夢**――恋川春町作、一七七五（安永4）刊。洒落・滑稽・遊里風俗を中心とする写実的小説の先駆。

勤労奉仕で真空管を作る

勤労奉仕といったってね、お嬢さんたちに、荒いことさせられないし、外に出て行かせることは出来ないし、先生方だって、大変だったと思うのね。学校内で出来ることで、力仕事でなくて、体裁のいいようなことっていうとなかなかないでしょ。それでいろんなことしました。

一番はじめは「ガーゼ巻き」っていって、一反のガーゼを三十センチ角ぐらいの板に皺にならないように綺麗に巻くの。思えばそんな原始的な仕事、日清戦争、日露戦争頃の話じゃないですか。でもそれはそれなりに、戦争で怪我した人のためって感じがするじゃない。でもあとは、新宿御苑の草取りだとか、航空兵の胸につける、マークを作るとかね。戦争が、すごくなってくると、「そんなの嫌だ」っていうわけね。「もっと戦争に直接に、国のためになることがしたい」というので、最後にしたのが、真空管†の組立て。

真空管て知ってる？　もう知らないのね。電球の小さいようなので、ラジオでも無線電信でも、それ差し込んで、電波を受けるものがありましてね。アメリカの飛行機が、暗闇でもくる。どうも不思議だと思ったら、電波兵器というものがあって、暗闇でもわかるらしい。それでは、こちらでもそれを作らなくちゃというのよ。そんないいかげんなことで、よく戦争しましたね。本当に腹が立ちます。東芝で、「芸者さんでも出来る」という、組立て方が簡単で、性能のいい真空管を発明したわけね。それを作る仕事。学校工場です。勤労奉仕のなかで、学校を工場化して真空管を作ったのね。虫めがねとピンセットで作る、細かい細かい仕事でね。でもそれは私の性《しょう》に合って、とっても面白かった。だけど、沢山出来た頃には負けちゃって、戦後の闇市にザルに一杯幾らで出てたという話だけど、買ったってしょうがない。

斎藤勇先生の英文学史

斎藤勇先生は、久松先生とは正反対で、お話は面白いしね。「ここは大事な

†真空管―内部を高度に真空にし、電極を封入した中空の電球。

所だから、教科書に赤でアンダーラインをなさい。名前の所は青で、作品名は緑で」とか全部教えて下さるの。だからねえ、教科書（斎藤勇『英文学史』研究社）忘れたら大変なのね。でも、中途で授業なくなっちゃったからさ、姉から「その後の、カーライル†が大事な原稿を間違って女中さんに燃やされちゃったお話がとても面白かった」なんて聞いているから、残念で残念で。それで相談して、これは私がお願いに行きましたけれどね。父とも、叔父とも、先生ご存じだったし、家も近かったからね。学校工場のお休みの日に、七、八人でお家に行って教えていただいたの。十九年の秋から冬、五、六回位だったと思います。でもねえ、そうやっているうちにも、いつ空襲があるかわからないわけでしょ。いいところのお嬢さんを、ご自分の家に集めて、空襲があって帰れなくなったりしたら、大変だったと思うのね。よくOKして下さったと思います。でもそこまでのことは、その頃、想像出来なかったんだと思いますけど。空襲が本当にひどくなったのは、昭和二十（一九四五）年のお正月明けてからですからね。

それで、卒業の時に、「お礼はどうしよう。みんなでお菓子作って持って行こう」ということになったのね。もう、その時は私は家が焼けてしまっていたけど、みんなはまだそれほど戦災を受けていたわけでもなくてね。その頃は卵もバターも貴重で、めったにお菓子も作れないわけね。だから一つには、みん

†**カーライル**――一七九五～一八八一　イギリスの評論家・歴史家。『衣裳哲学』『フランス革命史』など。

な、そういう口実のもとに、「お菓子を作りたい」っていうのがあって。私は焼けちゃったんで、免除してもらったんですけど、みんなでクッキーだとか、おはぎだとか、作って持って行って、最後のお話が済んだ後、先生が奥にいらした隙に、それをテーブルの上に並べて、そのまま支度してみんなお玄関へ出ちゃってね、そんなことなんにも言わないで、「ありがとうございました」って帰って来たの。

考えると可愛いわねえ。先生と一緒に食べようとか、思いそうなものなんだけど、夢にもそんなこと考えないで、帰って来たの。それは楽しかったわよ。先生、あれ、どう思って召上がって下さったかしら。

久松先生の『和歌史』

久松先生のお講義は大体はこれ、『和歌史　総論古代編』(東京堂出版、昭和二十三年)の内容でした。まだご本になっていない原稿の状態でね。この本は戦後になって出版された時、サインして父に下さったの。父にはもったいないって、私が取っちゃったの。昭和二十年二月十一日、校正の終った時お書きになったという序文に、「何時をはかられぬ命ではあるが、残る生を日本文学評論史の完成と和歌史の研究に捧げたいとも思ふのである」とお書きになっているけど、当時は本当にそうだったんですよ。空襲で、いつドカンとやられるかも、

わからない時ですからね。だから、くちゃくちゃの風呂敷に、原稿を大事そうに包んで持っていらして、お講義になると開けてね。空襲の警戒警報のサイレンが鳴ると、急いでお包みになるのね。その手つきがおかしいって、みんな真似してましたけれどね。

父だって、その頃『相続法』という本を書いていましてね。空襲のたびに、父はその原稿持って逃げるだけでいっぱいだからさ、他になんにも持ってくれないのよ。母と私で、貯金通帳から、食料から、全部持って逃げる。父は役に立たないで、大変だったけれど、その頃の先生方、みんなそういう思いしていらしたと思う。原稿も何もかも、焼いちゃったという方もありますしね。当時の先生方は、原稿をちゃんと作って、授業で講義して、それでまたカットしたり、訂正したりなさって、本になさるというのが普通の形でした。この時まで取っていた、私の久松先生のノートも全部戦災で焼けました。だから、この本はすごくありがたかったのよね。

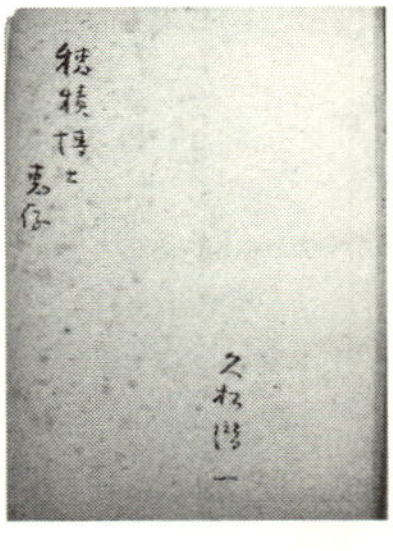

見返しに久松先生の署名がある。

知らないでお見合いをする

高等科も、卒業しますでしょ。一家に女が二人居てはいけない時代ですから、一人は家事に必要だけれども、もう一人は工場へ行けっていうわけなんですよ。親としては工場なんかに行って知らない男性と知り合うのは心配だから、結婚させれば一家の主婦だから安心なわけ。一方からいうと、男がどんどん戦争に行っていなくなるから、早く捕まえとかなくちゃいけない。その二つがあったものですから、私のクラスは、結婚がとても早かったの。在学中に決まっちゃって、それも大急ぎでね。よく相手を知らなかったりする。

私の場合もそうでして、もうその頃残っているのは、†学徒出陣の後ですから、お医者さん。お医者さんの卵だと、陸軍の委託学生というのでね、陸軍に所属してて、だけども大学に委託して、お医者の勉強をさせているという形なんですね。それでもって、主人は兄の友達でね、中学での仲良し。それと、母親が私の叔母と同級生で、仲が良くて。妹は、私より一つ上で、幼稚園から一緒に遊んだりしてたんですね。そういうわけで†岩佐っていう家は、大体わかってるし、それに私は、泣き虫だし、引っ込み思案だし、優しい人じゃないとどうも駄目だという。父の関係で、東大法科出のすごく頭のいい人というんだったら、いるかもしれないけれど、そういうことよりも、優しい人じゃなければとても勤まらないというわけね。

私には、何にも言わないんですよ。兄が海軍の予備学生で、†武山《たけやま》海兵団に行ってましたのが、たまたま帰って来たからという口実で、主人と、もう一人仲良しの友達と呼んで、食事したんですよ。それまで会ったことはなかった。私は、何も知らないからさ、主人の隣にすわりこんで、「萬里子さんお元気?」とか、

†学徒出陣―太平洋戦争下の一九四三（昭和18）年、学生・生徒たちが徴兵猶予を停止され、陸海軍に入隊・出征したこと。

†岩佐―岩佐家は累代福井藩の典医。曽祖父純は明治天皇の侍医を勤め、明治四〇年華族に列し男爵に。当時の当主は、先代新（ドイツに留学・内科医、森鷗外の友人）の養子となった公直（きんなお）。

†武山海兵団―現・神奈川県横須賀市にあった。

妹のうわさなんかをおしゃべりしてたんですね。それで帰ってから、「あれはどうだ」って。そういう時には、「お父様のお宜《よろ》しいように」というように、言わず語らず教育されてましたからね。否も応もない。まあ、そういうことですね。私はほんとにボンヤリしてたから、学校ではみんなに「テポなんか知らないうちにお見合させられて、お嫁にやられちゃうに違いない」と言われて、「まさか、そんな事ないわよ」と抗議してたのに、ほんとにそうなって、工合が悪かったわ。二十年の一月十三日に結納をして、四月二十一日に結婚。主人はまだ東大の学生です。戦後になって、昭和二十一（一九四六）年の夏に、卒業しました。知らないでお見合いしたのは、昭和十九年の暮れ。何日頃だったか、忘れました。

三月の大空襲で穂積の家が焼ける

†内田百閒《うちだひやっけん》の、†『東京焼燼《しょうじん》』にも書いてありますけど、内田百閒の家は麹町区（現千代田区）六番町、うちとはお堀を挟んでちょうど向かい合いぐらいの所にありましてね、三月九日から十日の大空襲の時はまだ焼けないで、こっちの焼けるの見てたんですね。

その夜には、西の方からB29†が焼夷弾を落としてきまして、うちがその最後の所だったんです。私が一人で風呂場の方へ行ってみたら、風呂場に続いた上

†内田百閒―一八八九（明治22）～一九七一（昭和46）小説家、随筆家。岡山県生まれ。東京帝国大学卒。著書に『冥途』『百鬼園随筆』など。

†『東京焼燼』―内田百閒が記した昭和一九年一一月はじめから、翌年八月二二日までの克明な日記。昭和三〇年講談社から刊行。

り場の天井に焼夷弾が突き刺さっていてね、多分それが一番ひどかったと思いますね。池の水汲んで、かけようと思ったけれども、天井が高くて、上でバリバリバリバリ燃えているから、かけても届かなかったの。「とても駄目だ」と思ったから、父たちの居る方へ逃げて来たんですけどね。隣の家との、境の生け垣なんかが、もう、バリバリバリバリ燃えていました。庭の芝生に、その前降った大雪が残っていて、その上に焼夷弾の油が落ちて、全部燃えていました。夜中の十二時ちょっと前からね。朝まで焼けましたよ。

その時には、父と母と私と、それから幸いなことに、兄がたまたま帰って来てたんです。兄がいなかったら心細かったけれどね。書斎の続きの古い書庫が、火に包まれていたんだけど、どこかから知らない方が四人も五人も来て下さって、「穂積先生の書庫を焼くな」って、水を掛けて下さったんです。だから私、一晩中、井戸のポンプを押し続けに押してました。それで、祖父のイギリスから持ち帰った古い本は助かりました。朝になったらもうその方々はいらっしゃらなくて、兄のポケットに大きなおむすびが押しこんでありました。その後は、隣に小さな持ち家があったから、そこにとにかく入ったんです。住んでいらした方には、お気の毒だったけれども、二階を貸していただいた。その後ずっと、ここに居たんです。

四月の十三日の大空襲の時も、今度は家の焼け跡に逃げるわけですね。焼け

†B29―第二次大戦中に登場したアメリカの四基のエンジンを付けた大型爆撃機。

跡は、燃え草がないからね。その時ね、この辺の人達、お屋敷町ですけど、その周りにそこに出入りの商店、八百屋さん、魚屋さん、いろんな人達の、小さなお家があるわけね。その人達が、みんなここに逃げ込んだんです。みんなミシン押して来る。布団担いで来る。我々は三月の大空襲の時、ほとんど何にも持ち出さずに焼けちゃったんだけどね、その人たちは昔からの知恵で「火事の時は何持ち出すか」ってちゃんと知ってますから、それはもう、大変なもんでした。何回もの空襲の体験の中で、私はこの時が一番恐かった。火が頭の上、まわってるんです。火事の時はその熱ですごい風が起こるから、まわりじゅう全部火ですもの。そのまん中に居て、私ね、「関東大震災の時、†被服廠《ひふくしょう》跡でみんな死んだのも、持って来た布団や何かに火が着いたからだ」って聞いていましたから、そういうふうになるんじゃないかと思いましたよ。恐いというより、「穂積の家の焼け跡で、そういうことになったら申し訳ない」と。その頃の人の考えは、そういうもんなんです。

父の集めた百人一首のもじりの本の蒐集《しゅうしゅう》を、全部焼いたのは可哀相でした。それだけは本当に、父もがっくりしていました。あと何にも言いませんでしたもの。私も可哀相で、詳しい事を聞いておかなければと思いながら、聞けませんでした。それは†異種百人一首というので、江戸時代に面白い板本が、いっぱい出てるのね。父はそういうものが、好きでしたから。今、東洋大学と跡見学

†被服廠―旧陸軍で被服品の調達、製造などをした陸軍省付属機関。東京市本所区（東京都墨田区）にあった。大正12年の関東大震災のとき、この敷地跡の空地に避難した約四万人の罹災民が焼死した。現在、慰霊堂が建てられている。

†異種百人一首―『百人一首』の成立後に編まれた百人の作者の歌各一首のもの。『新百人一首』『武家百人一首』『女百人一首』など。

園女子大で集めていらして、家にあったのと同じもの、ほとんど全部あるんだろうと思いますけど、それに目をつけて集め始めたのは、父は早いほうでした。

疎開なんて、何にもしない。だって焼けるなんて、想像もつきませんでしたもの。三月穂積の家の焼けたの見て、みなさん疎開なさったというくらいのもの。それまでは、爆弾が主だったんです。三月九日が本格的な、焼夷弾†攻撃の最初です。なにしろ田舎もないし、疎開するものもないし、疎開しろっていったって、そもそももう焼けちゃったから、ずっと東京にいました。防空壕†掘って、「空襲だ」っていえばしょっちゅう入りましたよ。空襲、焼夷弾で焼けるというのは、ただの火事じゃないんです。だって、焼こうと思って焼くわけでしょ。油が入ったもの、撒いて焼くんだから。火を消すなんてこと、できない。大変な熱で、全部焼けるのね。まったく何ひとつ残らず。残ったのは、それこそ瓦礫《がれき》。瓦と石とコンクリのかけらと、それだけなんですね。

結婚式のこと

結婚式は四月二十一日。帝国†ホテルは、まだその時までは、焼け残っていたんですね。モンペ†で行って、ホテルで黒の留袖†に着替えて。式場がまた、変な物置みたいな所でね。神前《しんぜん》結婚ですけど、神主《かんぬし》さんが沓《くつ》をはかないで、スリッパはいてるの。そのスリッパに、「神」って書いてあったから、おかしくてお

†焼夷弾―焼夷剤（原油・重油など）と少量の炸薬を入れた砲弾または爆弾。

†防空壕―空襲の際に待避するため、地を掘って作った穴や構造物。

†帝国ホテル―東京千代田区内幸町にあるホテル。明治二三年井上馨の発議により、大倉喜八郎、渋沢栄一らが創立。アメリカ人フランク・ライトが建築した旧本館は現代建築の名作として知られた。

†モンペ―袴の形をして足首のくくれている、股引に似た衣服。労働用。戦時下に適した女性の服装として奨励された。

†留袖―振袖に対して、普通の袖丈の袖。また、その着物。女性の礼装用で裾模様の紋付。

かしくて、私笑いをこらえるのに、必死でした。仲良しの姉は、結婚して疎開して、居ませんでしたからね。もう断然、「これ姉に手紙で書いてやろう」と思っていましてね。ほかの事、何にも考えませんでした。

ご披露宴といったって、「本日は、空襲もなくておめでたい」とか言って。岩佐の母がお赤飯を炊いて持って来て下さって、人数もわずかだし、みんな防空服装で、主人は学生服だし、何とも言えない妙なものでした。

結婚写真？　どっかへ見えなくなっちゃったから、いいあんばいだと思ってたのに、引越しするので片付けたら出て来たわ。はずかしいけど今更しょうがないからお目にかけるけど、口の悪いいとこ達から「お供を連れた女の歌うたいだ」って言われたわ。ほんとにそんなところね。（口絵写真）

岩佐の方の麹町三番町の家は、五月二十五日の空襲まで残ってましたけれどね。憲兵†に貸して、義父や義母は疎開してました。新居は、穂積の家のすぐ近くに、一つ焼け残った家がありましてね、そこのお二階拝借して。ホテルからそこに帰るのに、山の手線に乗ろうとしたら、内回りは動かないって言うの。だから外回りで、ぐるーっと秋葉原まで東京ひとまわりして、それが新婚旅行。

お友達もね、それぞれ大変だったのよ。ご婚礼するのに、お婿さんが急に帰ってこられなくなって、軍刀とお杯をしたなんてね。それから、私よりちょっと後に結婚した人は、帝国ホテルまで行ってみたら、焼けていたから帰って来た。

†**憲兵**―軍事警察を受け持った軍人。旧陸軍では軍隊に関する行政警察・司法警察をもつかさどった。一八八一（明治14）年設置。

そしたら、お婿さんがリヤカー引いて迎えに来たとか。お許婚《いいなづけ》亡くした人もいればね。いろんな人が死にました。親戚では、児玉の家のね、いとこの子供の健《たけし》という、私より一つ上の子。少年兵で行って、最後の所で捕虜になって、シベリヤに行って、そこで亡くなったのよねえ。そんな仲がいいというわけでもなかったけど、健《たけ》ちゃんのこと考えると、かわいそうでしょうがない。穂積の方の、いつも一緒に遊んだいとこも、その友達のやんちゃ坊主たちも、兄の友達も、戦争に行って死にました。それはもう何人も死んでますよ。

敗戦前後

空襲っていうと、東京では三月十日、とばっかり言われるけど、そのあとも大変だったのよ。前に言った四月十三日、十五日、それから、岩佐の家が焼けた五月二十五日。その時は岩佐の家の近くや大妻†のあたりでも、随分沢山の方が亡くなられたのよ。

近所に「絶対安全だ」という防空壕つくってたお家があってね、「いよいよという時には、どうぞ」って言われていたから、あそこに住んでたら私も入ったかもしれない。そのなかで何人も亡くなられたんです。すぐお隣のお家の私と同い歳位のお嬢さん†と、そのお母様も。その方はピアノお上手でね。ほんの一月前、「お嫁に来ました」って母に連れられて御挨拶に行ったら、「戦争が終

†大妻―現在の大妻女子大学のこと。千代田区三番町。

†お嬢さん―ピアニスト・藤田晴子の回想記に、同じレオ・シロタ門下生だった長岡延子を悼んだ次のような記述がある。「長岡延子さんは、長岡半太郎氏の孫で、やはり将来を嘱望されていたが、空襲のとき、麹町の防空壕で、私が貸した楽譜をかかえたまま、母上や行政法学者の織田萬先生ら多数の著名人とともに、侵入してきたガスのため、一瞬にして亡くなられた。まだ十何歳、花開く前の蕾の命であった」（「めぐりあい」『藤田晴子音楽評論選・ピアノとピアノ音楽』音楽之友社、二〇〇八年）

わったらリサイタルする」って言ってらしたの。私、びっくりしてね。だってこっちは軍国少女だから、「戦争が終ったら」なんて思いもしなかったんですもの。

次の日、主人と二人で焼けあとを片付けに行ったら、その日お留守だったので一人助かったお父様が、お二人をその場で火葬になさる所に立ち会いましたよ。お二人とも、まるで眠っているみたいにお綺麗でね、可哀相でしたよ。焼けたピアノの上に寝かせて、お父様が、「見てくれよ、これ、みんな楽譜だよ」って積み重なった形のまんまに焼けた灰を手にすくって、いっぱいかけてあげて。

それなのに、そのあとすぐの新聞で、軍の報道官の人が、「防空壕に入れてあった物から有毒ガスが発生して、こういうことになった。だから空襲を恐れて、防空壕に引っこんでいちゃいけない。敵機が去ったと見たら、すぐに飛び出して火を消せ」って言ったのよ。ひどいじゃない。誰もそんな危いもの壕に入れてないし、消せるような火事じゃない、防空壕の上で、すごい大たき火をしたから、酸欠で亡くなったのに。その前の逃げる道でだって、何人死んだかわからない、私の友達でやっと助かった人も、「あなたのお邸の前あたりで、倒れていたのよ」って言ってましたし、その後で私の岩佐の方の兄嫁になった人も、「その辺の防火用水に飛び込んで、火が来る度に水に潜ってよけた。その時踏んでたのが用水の底かと思ってたら、先に飛び込んだ人の死体だった」って。だから、その時の軍当局のそういう発言は、ほんとにひどいと思いましたよ。

終戦の玉音放送†の事は、数日前から、わかってました。八月十日に宮内省の侍従職から東宮職が独立して、父が東宮大夫になったのが、そもそも終戦の準備でしから。だから驚きはしなかったけど、くやしかったわね。だけど一方から言えば、助かったというのと両方です。それはみんなそうでしょ。聖戦だと言われて、戦争になった以上は、負けるわけにはいかないから、やってたんですものね。よかったというのと、日本はこれからどうなるのかという気持と。ただ、「もう空襲はなくなる」「明かり点けてもいい」というのは何より救いでした。いいかげん停電で、明かりなんて点かないんだけどね。

引き揚げだって大変で、岩佐の上の兄は樺太からシベリヤに連れて行かれて、昭和二十四（一九四九）年まで帰って来ませんでした。ラジオの引揚者の情報を、一生懸命聞きましたよ。前に言った児玉の健ちゃんて子だって、少年兵で戦争の終わりぎわに取られて、シベリヤから帰って来たのは小指の骨だけ。

主人は、大学へ通うといっても、戦争の最中はそれどころじゃないからね。警察病院へお手伝いに行っていました。もうその頃は、院長さんと、主人くらいしか居なくて、院長さんも心細い新米の主人を頼りにして下さいました。広島に原子爆弾†が落ちた後で、原爆にあったという人が、もうその後ほんとに直

†玉音放送―天皇が一九四五年八月十五日正午から行った。ポツダム宣言受諾のラジオ放送のこと。

†広島に原子爆弾―一九四五（昭和20）年八月六日、アメリカが原子爆弾を投下。二〇万人以上の市民の命がうばわれた。九日には長崎にも投下。

ぐに来たそうです。主人は、あんまり物言わない人ですけどね。あとあとまで、「どうやって手当していいか、わからなかった。火傷がひどくて、普通の火傷の手当だけして帰したけど、どうしたかなあ」って、それだけはよく言っていました。よっぽどひどかったんでしょう。東京空襲の時はB29が大編隊で来たんだけど、広島の原爆投下の時はエノラ・ゲイ†たった一機であの大被害でしょう、だからその後は「一機来てもこわい」って言ってました。私は「一機ぐらい何よ、弱虫ね」ってえばってましたけど。

†エノラ・ゲイ―第二次世界大戦で使用されたB29長距離爆撃機の機名。一九四五年八月六日午前八時一五分に広島市に原子爆弾を投下した。

第三章　敗戦・一人で勉強を始めるまで

敗戦直後

敗戦後の生活がまた大変でね。「国が滅びるというのは、こういうことだ」と思いました。配給†機構が、ガタガタになったんです。それまでだって、主食の配給でも、お米はわずかばかりで、豆だとか、お芋とかばっかり多かったんだけど、戦後になったらそれもなくてね。回数もまるっきり不規則になって。雑穀というか、「マイロ」なんて、知らないでしょう？　黒い、こんな小さい粒。あれはどうしようもなかった。あとで聞いたら豚の餌だそうですよ。あとは、豆滓とか、ふすま、麦をひいたあとのかすね。庭で作るお芋も南瓜も肥料がないからまずくって、それを親や主人に食べさせるのは、おなかがすく以上の辛さでした。ひどいのはお砂糖、ざらめね。調味料や間食じゃないのよ、それが主食の代わりよ。カロリーになるから、お米の代わりだっていうわけ。だからカルメ焼きのお鍋が売れました。沙汰の限りですよ。何が来るかわからない。塩だってまっ黒な岩塩で、水にとかしてやっと使える。だから例のたこちゃんの御主人様が、まっ白なお塩を持って来て下さった時、ほんとに光り輝くよ

†**配給**―物資の自由な流通を統制し、特定の機関を通じて一定量ずつ消費者に売ること。第二次世界大戦の戦中戦後にかけて行われた。

うでありがたかったわ。今見ればただの食塩でしょうけど。忘れられません。
結婚後、部屋を借りてた家主の人も疎開することになって、危ないからって、父の所に一緒になったんです。兄は五月に結婚しましてね。でも終戦になっても、半年位戻って来ませんでした。兄嫁と、私たちと、父と母とですね。いっとき、お女中さんが一人だけ居たこともあったけど、それはもう国に帰っちゃったから。
戦後はまた、財産税†取られるということがあって、私たちは関係ないけど、父や母が大変だった。私たちの方は、主人は大学始まりましてもね、昭和二十一（一九四六）年夏の卒業まで学生で、収入ないでしょ。それ以後も無給副手、今でいうところの、インターン。お給料はゼロ。それで、インフレがひどくなって、新円†切り替えがあって、今までのお札は使えなくなって。勤めている人は、お給料が新しいお札で入る。預金も押さえられて、お勤めをしている人だったら、一月三百円までしか引出せない。お給料のほかによ。無職無収入であるならば、五百円まで、貯金から出して使えることは、使えるんですね。だけどそれには、無職無収入の証明というのを、方面委員、今でいう民生委員ね、毎月そこへ行ってもらってくるわけね。一月五百円っていったって、貯金だって心細いから、そうは使えない。結婚した時親から幾らか貰った、それだけなんですから。

†**財産税**―戦後の財政再建、戦時利得吸収、インフレ防止等を目的として昭和二十一年個人財産税のみの財産税法が成立。税率は財産十～二十万円が二十五％から、千五百万円以上九十％の高率累進。物納も認めた。

†**新円**―第二次大戦後のインフレ対策として一九四六年新たに発行された日本銀行券。

　主人は、そのあと厚生省に入ったんです。その頃の厚生省†なんていうのはさ、戦争中に出来たんですけども、「何するとこ？」って言うようなもんで、東大医学部卒業してそんな所に入る人なんて、なかったんですね。お医者の方がもうかりますもの。だけど主人のクラスだけ、何人か入ったんです。「いったい、何でその時だけ多かったんだ」って、あとで主人の亡くなった時言われたけど。多いたって数人よ。でもその頃は、ひとつひとつの病気を治すというより、公衆衛生がめちゃくちゃだったんですね。チフス、マラリアもあるし、戦地から持って帰ってねえ。それに国全体が上水道も下水道も不完全で非衛生な状態なんですから、ノミもいれば、シラミもいれば、それこそ人間の頭からＤＤＴ†をかけて駆除するようなことで。だからまず公衆衛生からやらなくちゃ駄目だって、臨床じゃなしに、厚生省に入ったんです。技官ですね。事務官ではなくて。技官というのは、事務系とは違って、研究方面なんです。お役人としては、出世コースには乗らないものなんですね。でもその時は、「名医は国を医する」†くらいの志ではあったわけです。仕事というのは、公衆衛生列車というのを作って、全国をまわって公衆衛生のＰＲをするというのが初仕事でした。

　主人はお酒も飲まないし、遊びもしない。それはもう品行方正に、毎日ちゃんと帰って来ましたよ。お芋を掘るとか、豆を粉にするとか、薪を割るとか、ごみを捨てる穴を掘るとか、やってくれましたよ。

†厚生省―社会福祉、社会保障、公衆衛生の向上増進を任とする中央行政機関。一九三八（昭和13）年創設。

†ＤＤＴ―有機塩素化合物の殺虫剤の一。シラミの媒介する発疹チフスを防止するため、第二次大戦後各地で撒かれた。人体に有害で、日本では一九七一年から使用禁止。

†名医は国を医する―「上医医レ国、其次救レ人」（国語、晋語八）

主人は本を読むのが好きだしね。理屈っぽい人でしたから、本当は法律をやりたい気持もあったんだと思います。だから厚生省もよかったんでしょう。

昭和二十一年の総選挙と、その後の社会的事件

戦争が終わって、一番最初の歴史的事件は総選挙ですわね。ずっと昔、昭和三年に第一回の普通選挙があって、二十五歳以上の男性全部に選挙権が与えられた時、六十五歳の祖母が、出入りの植木屋さんにだって選挙権はあるのに、「私にないなんてくやしいねえ」って嘆いた話は、耳にたこができるほど聞かされてましたから、それはもう大事件で、喜んで行きました。さあ、誰に入れましたっけ、忘れちゃったけど。その後も祖母の事を考えるから、いつも棄権だけはしてません。女の方も随分当選なさって、嬉しかったですね。うちへよくいらした竹内茂代†さんもそのお一人です。

もう一つの大事件は、女も大学に普通に入れるようになったことですね。この時ばかりは、「結婚しちゃって、しまった!」と思いましたよ。女性で最初に東大法学部に入られた、藤田晴子†さん。綺麗な方でね、ピアニストでもあって、ちょっと、アイドルみたいな扱いで、あこがれました。ずっと後で国会図書館に入った時、専門調査員ていう、雲の上みたいなお仕事で、時々お顔だけ見ましたよ。もう、にこにこした優しいおばあさまになってらして、「ああこ

†竹内茂代―一八八一(明治14)〜一九七五(昭和50) 医者・政治家。長野県生まれ。東京女子医学校の第一号の卒業生。昭和二一年女性初の衆議院議員の一人になる。

†藤田晴子―一九一八(大正7)〜二〇〇一(平成13) 東京生まれ。東京府立第一高等女学校卒。ピアノをレオ・シロタに師事。一九三八年日本音楽コンクール・ピアノ部門第一位。一九四六年東京帝国大学の女子第一期生として法学部に入学。卒業後、法学部の助手を経て、国立国会図書館の専門調査員に。一九八三年退職。著書に『楽の音によせて』『議会制度の諸問題』『シューベルト　生涯と作品』など。

の方が」って思いましたね。

樺美智子†さんの亡くなられたのが、昭和三十五（一九六〇）年六月十五日ですか。あれはつらかったわね。私だって、姉だって、この時代にその歳だったらデモに行っていた。死んだかも知れないと思いました。

その年の十月十二日が浅沼†（稲次郎）事件。ちょうど南海と西鉄だっけ、日本シリーズのまっ最中でね、隣の姉の家で、やっと入れたばっかりのテレビで夢中になっていたら、そのニュースが飛び込んで来て……その頃は、「社会党が何とかしてくれる」と思っていた時代です。いつも社会党に投票してました。浅沼さんは人気のある人で、信用出来そうな感じのする人。その時の朝日新聞の歌壇の入選歌に

　社会党にあらねど広くたくましきその肩幅に頼みしものを

というのがありましてね、ほんとに実感だと思って覚えてます。社会党の顔みたいな人でしたものね。それがああいうことで亡くなったのは、すごく怖いと思いましたよ。

†**樺美智子**—一九三七（昭和12）〜六〇（昭和35）　戦後の学生運動家。東京生まれ。昭和三二年東大文学部入学。共産党に入党。日米安保改定阻止の抗議行動、昭和三五年六月一五日の国会突入に参加し、警官隊との衝突で死亡。

†**浅沼稲次郎**—一八九八（明治31）〜一九六〇（昭和35）　社会運動家、政治家。東京府三宅島生まれ。早稲田大学卒。日本労農党、社会大衆党の中央執行委員、東京市議、衆議院議員など歴任。戦後は社会党結成に尽力、昭和二一年衆議院に当選。三五年委員長に就任し、安保闘争を指導。一〇月一二日に、日比谷公会堂での登壇中、右翼少年に刺殺された。

そうしたらまた、すぐ続いて嶋中事件†でしょう。天皇制批判めいた言論に対して、ああいう反応が出て来るということは、怖かったですね。嶋中さんのお邸は割合お近くで、時々は前を通ることもありましたし。私の研究対象は、南北朝の北朝の方、南朝の後醍醐天皇に反対する立場でしょう。だからそういう研究は戦争中は圧迫されて、戦後にようやくはっきりものが言えるようになって、ほんとに喜んでいたのに、またそれを自己規制する世の中になって行くのかと思って、自分は抵抗しなくちゃと思いましたね、怖いけど。

三島由紀夫事件†は、ちょうど前に言った、スカーフを描く友達と、わいわいやってた頃で、彼女の家でニュースを聞いて、「いったい、何これ」って二人で言いました。市ケ谷の自衛隊本部はすぐそばで、帰りの電車の中で、みんな首のばしてそっちの方を見てましたよ。私としてはとても嫌でしたね。三島は私より一つ上、悪くすれば健ちゃんみたいに少年兵で取られたかもしれないけど、そうじゃなくて、エリートの青年将校として戦争で手柄を立てたかったのに、遅れて来てそうは行かなかったんでしょう。それが残念で、ひと様まで巻きこんで戦争ごっこするなんて。

学習院っていっても、あの時代、男子の学習院では皇族さんは大体中途から軍の学校へ行っておしまいになるから、たぶん女子学習院の我々よりは、観念

†嶋中事件―一九六一（昭和36）年二月一日、右翼の少年が、前年『中央公論』に掲載された深沢七郎の「風流夢《む》譚《たん》」を、皇室に対する不敬だとして、中央公論社社長嶋中鵬二《ほうじ》邸を襲い、家人二人を殺傷した事件。

†三島由紀夫事件―一九七〇（昭和45）年一一月二五日、作家三島由紀夫と「楯の会」幹部ら五人は、東京市ケ谷の陸上自衛隊東部方面総監部に押し入り、自衛隊員にクーデターを呼びかけたが、応ずるものはなく三島と森田必勝が総監室で割腹自殺した事件。

†ベトナム戦争―ベトナムの独立と統一をめぐる戦争。一九六〇年結成された南ベトナム解放

的にしか天皇なり皇室なりを知ってはおられなかったと思いますね。それで、天皇制賛美、憂国の志士みたいのを気取られては、むしろひいきの引倒しで、天皇様にも我々にも迷惑至極だと思いました。

ベトナム†戦争の頃はね、主人はWHO†にも関係してましたから、ベトナムに病院をつくる、その援助をするので、二度も三度も行ってました。それでもう、とってもベトナム好きになってね。「かわいそうだなあ、戦争さえなきゃ、本当に平和ないい国なのになあ」って何遍も言ってました。ちょっと南方系の顔してましたから、「前世はベトナム人だったかもよ」って、よくからかいましたけど。ベ平連†の盛んな頃で、息子なんかも「南ベトナムを助けるのか」なんて言ったりもしましたけどね、「病人を助けるのに、北も南もない」って言って、サイゴン、今のホーチミン市にチョウライ病院というのを建てるのに一生懸命でした。平和を見ずに亡くなりましたけど、私、ジョンソンの戦争終結宣言をテレビで見ながら、「よかったねえ、お父さま、戦争終わったよ」って泣きましたよ。

それで、戦後十五年して、ホーチミンへ行って病院をよそながら見て、それからやはり主人の好きだったアンコールワット†、アンコールトム†で、一番きれいな天女の前で写した主人の写真と同じ所で、同じポーズで写真をとって来ま

民族戦線は、北ベトナムの支援のもとに、南ベトナム軍とこれを支援するアメリカ軍と戦う。七三年和平協定成立、アメリカ軍撤退、七五年南ベトナム政府が崩壊、南北が統一された。

†WHO―世界保健機関のこと。一九四八年設立。保健衛生問題のための国際協力を目的とする国際連合の専門機関。

†ベ平連―「ベトナムに平和を！市民連合」の略。一九六五（昭和40）年ベトナム戦争に反対する無党派市民により組織された反戦運動団体。七四年解散。

†アンコールワット―都の寺の意。アンコールトムの南にある石造寺院遺跡。一二世紀前半の建造。

†アンコールトム―大きな都の意。カンボジアのトンレ・サップ湖の北にあるクメール人の王城遺跡。九世紀創建。現存のものは一二、三世紀に建設。

した（口絵写真）。その時もね、主人の事もだけど、メコンの大デルタ地帯の農村を見ながら、太平洋戦争の時も「進駐」って称して、こんな所まで来た日本の兵隊さん達のあった事も、しみじみ思いましたよ。

戦後の生活

戦後は本当に生活が苦しくてね。主人が結核で厚生省を休職になったので、お給料が二割減。昭和二十六（一九五一）年頃、親子四人で月七千円。それも、私だって小さいの抱えてて、お役所まで取りに行かれないので、部下の方が届けて下さるんだけど、その方の御都合次第で、いつとははっきり決ってない。だから私、七千円の中で、節約に節約をして、ついに半月分余裕を作って、届けて下さるのが遅れても大丈夫なようにしたんです。だから私、いまだにケチでね、生活にお金使えませんよ。焼けたせいもあって、とにかく何でも間に合いさえすればいい。ブランドなんて考えもしない。殺風景で、いいことじゃないとは思ってますけどね。

昭和二十三（一九四八）年の七月に、上の子が生まれて。もう、その年は暑くてね。お昼ごろ必ず夕立が降ってね。おむつ干して、「やれやれ」と思うと、夕立がザーッと降るの。一生懸命、手で洗って干してさ、それだって乾燥機がある訳じゃないから、手で絞って干してさ、三股《さんまた》っていう棒で、物干しの高い所へ上げるでしょ。そうすると、ザーッと降ってくるから、大慌てで降ろすと、おっことして泥だらけにしてさ。洗濯だって、外でやるんですよ。焼け残った水道に、石の流しを置いて。水道が出なければ、井戸端で洗濯する。

その上の子がまだ小さい時に、主人の母が子宮ガンになってしまって。私は三男のお嫁さんだけど、二人の兄は戦地に行っていたので、主人が一番早く結婚しました。後から結婚した兄嫁たちは、その頃大病したり、全くご新婚だったり、その上、疎開した人たちは制限があってなかなか東京に帰って来られなかったから、結局都心に居るのは、私たちだけだったの。だから母の手術後、随分長くあずかって療養の世話をしました。それはそれでよくなったのね。

だけれども、昭和二十五（一九五〇）年の十一月に、二番目の子供が生まれるそのちょっと前くらいに、主人の結核がわかってね。軽かったんですけども、お医者っていうものは駄目なのね。難しい病気のことばかりよく知ってるから、小さなことまですごく気にするし、「子供にうつっちゃいけない」って言うしね。軽いけれども、なかなか治らなくて、厚生省も休職になるし、中野の療養所に入ったり、それが一番火の車で大変な時でした。療養所に入ってたのは一年位。後は家で養生してまして、やっとよくなって、戸山町にあった東京第一病院、今の国立国際医療センターの中に、その頃厚生省の外局として、新しく病院管理研修所というのができたんです。主人はその所員になりました。

父の死

もうひとつの仕事は、人間ドック†。そもそも、人間ドックという名前を考えたのが、主人の上の厚生省の方々だったんです。東京第一病院で、一週間かけて全身の健康状態の検査をするというのを、始めたんですね。それにはまず患者を連れて来なくちゃならない、検査する医者も入り用だという時に、「遊んでいるならやれ」って言われて、主人が検査する医者になりまして。患者の方は、日本画家の東山魁夷《かいい》†。まだ、あの方もそんなに名前売れてなくてね、『保健同人』という雑誌の、表紙を描いていたんです。その雑誌社の社長さんも、人間ドック推進の主唱者の一人だったから、それをくどき落として、「患者になってください」って。それですっかり検査して、「どこも異常ありません」ということで、その後随分長生きなさったから、主人の診断が当ったんで、よかったけれど。

こういうようにその時代、主人とか、そのちょっと上、戦争で生き残った連中にとっては、とても面白い、いい時代だったんです。パージ†で、上の方の人は辞めさせられるし、新しく再出発する日本のために、いろいろ役に立つことを始めなきゃと意気込みもあったしね。そういう点では、みんな張り切ってもいましたし、いろんな方面でいい仕事もしていますね。

†人間ドック―船がドックに入るように、短期入院して行う精密な健康診断。一九五四年七月、国立東京第一病院が最初に開設。

†東山魁夷―一九〇八（明治41）～一九九九（平成11）　日本画家。横浜市生まれ。東京美術学校卒。昭和二二年日展で『残照』が特選。四四年文化勲章受章。

†パージ―公職追放のこと。戦後の民主化政策の一つとして、一九四六年一月GHQの覚書に基づき、議員・公務員・政界・財界・言論界の指導的地位にあった人から軍国主義者などを追放した。五二年対日講和条約発効により廃止。

昭和二十六（一九五一）年の正月から工合悪くて、亡くなったのが、七月二十九日ですから、半年。大変でした。父の場合は、ぼろぼろになって、死んだんですからね。直接には心臓の筋肉がだめになったんだけど、内臓、そこいら中、悪かったでしょうね。東宮大夫†のお務めが、精神的にも肉体的にもすごく大変だったのと、最高裁の判事†の仕事も。アメリカへ†も行ったりしたけど、それも今と違って飛行機だって大変だし。そして、そういうことになったら、努める人ですから。頑健な人だと思われていたから、長生きするだろうと思われていたけど。六十八ですか。我々から見れば、もう本当に全部弱ってしまって仕様が無いという感じでしたが。

父の著作の校正を手伝う

著書は父の場合には、趣味的なものは『独英観劇日記』（東宝書店、昭和十七年）とか、『歌舞伎思出話』（大河内書店、昭和二十三年）とかもありますけど、割合に法律の教科書とか、概論とかが多かったですから、今になればあまり通用しない。法律関係の随筆『有閑法学』（日本評論社、昭和九年）が一番読まれましたかね。あ、今まで言わなかったけど、そういうものの校正、姉と私に全部やらせたんですよ。十いくつの頃から。父が読んで、こっちが見ててね。間違いを見つけると、「ありがたい、ありがたい」って喜んでましたよ。私が

†東宮大夫―重遠は、昭和一八年九月に東京帝国大学を停年退職。昭和二〇年八月東宮大夫兼東宮侍従長に。
†最高裁の判事―昭和二四年二月、最高裁判所判事に。
†アメリカへ―昭和二五年九月二七日、米国司法制度視察のため米国へ出張。一一月一八日、帰国。

「この仮名遣いが違う」とかうるさく言ったりして。それは、こっちが学校で喧しい教育をされてるから。「どっちだって、いいじゃないか」と父はぷりぷり怒っていましたけどね。そういう形で、随分いろんなことを覚えていったし、だから今でも私、校正は何でもない。大好きです。

一番辛かったのは空襲の真っ最中ね。『相続法』のテキストの校正を、やってたんですね。その時は、姉はお嫁に行ってるから、側にいるのは私一人で。相続法なんて、面白くも何ともないわけですよ。そうして、空襲で寝不足でしょ。眠くて眠くてね。つい、居眠りして目を覚ましたら、父も居眠りして目を覚ましたところで、二人で顔見合わせて、恥ずかしくて笑って、その日は止めた、ということもありましたね。

空襲になれば、父はその原稿を持って防空壕へ入るだけでいっぱいでしょ。母と私で食料持ったり、貯金通帳持ったり、魔法瓶持ったり。大変なのよ。それは、父だけじゃないはずです。先生方、みんなやってらしたはずです。そして、焼いちゃった方もあるしね。出版社に預けておいて焼いちゃったとかね。

結局その『相続法』†、出来は出来たんだけど、戦後は法律の方が変わって役に立たなくなって。あれはがっかりだったわ。馬鹿みたいだった。

児童虐待防止法に関する記憶

†**相続法**—『相続法』（第一分冊、第二分冊、第三分冊）（岩波書店、昭和二一、二二年）

学問以外の父の仕事では、関東大震災の時、今のボランティアのように東大の学生が活躍して、その後も昭和十三（一九三八）年まで、東京の一番貧しい下町で法律相談や託児所や医療活動をやったセツルメント運動（宮田親平『だれが風を見たでしょう』文藝春秋、平成七年）が知られていますけどね、そちらの記憶はまだ私は小さかったからあんまりない。姉はよく覚えていて、宮田さんにもお話したんだけど、宮田さんの本では、姉と私がごちゃまぜになって間違っています。私の印象の深いのは、セツルメントの方ではなくてね、児童虐待防止法†（昭和八年四月一日公布）というのがあるんです。今の児童虐待防止法ではなくて、昭和のはじめから、不景気が続いてとても大変で、生活に困る人が娘を売るということがありました。売春じゃなくても、「歌わしてよ」というのがありましてね。銀座やなんかで、バーやなんかに入って行って、「歌わしてよ」と言って、歌ってお金もらう。そんなことを子供にさせるということが、あったんですね。小さな子供を働かせるというのを、保護しなくちゃいけないというのでね。親が面倒見られない子供を引き取るというような仕事をしていらした高島巌†さんと、父が共鳴しましてね。児童虐待防止法を作る運動をするので、映画を作って宣伝するとかね、コンサートをするとかね、陳情をしましたり。それを、私も見てたわけですね。家で話しもしますし、高島さんも見えるしね。その後、その法律をフォローするために、杉並の方に「子供の家」と

†児童虐待防止法—一四歳未満の被虐待児童を保護・救済するための法律。一九三三年公布。一九四七年の児童福祉法に吸収。

†高島巌—一八九八（明治31）～一九七六（昭和51）社会事業家。兵庫県生まれ。昭和一四年「子どもの家学園」園長に。

いうのを作ってね。そういう子供たちを引き取るとか。そこへは、私も何遍も連れてってもらいました。昭和十二年、十三年頃ね。その方が私としては関心が深くて記憶しているわけですよ。昔から、「継子いじめ」ということがあるからね。そういう方が多いのかと思ってたら、「実の親の虐待の方が多いのが意外だった」と父が言っていました。ただ、虐待の内容が今の、育児にイライラしてひどい事するのとは少し違って、働かせて稼いできたお金を飲んでしまうとかいう形でしたね。獅子文六がね、高島さんをモデルにして『太陽先生』†という小説を書いています。父は出てきませんけど。高島さんは、理想主義的な人で、実際的な面は疎いから、父がかなりフォローしたと思いますね。

私が一番記憶しているのはね、「児童虐待防止法」というのは、名前がね、あまりに露骨過ぎると。「『児童愛護法』にしろ」とかいう話が、いろいろあったんですね。父が断然反対して「法律というのは、本来的には『昭和何年、法律第何号』と言えば、それで特定されるんだ。名前は必要ないんだ。それをなぜ名前をつけるかといえば、『日本の国はこういう事を正しいとするのだ。こういう事をしてはいけないと決めているんだ』という事をはっきりさせるために、名前をつけるんだ。日本の国は、児童を虐待する事を絶対に禁止するという事を内外に表明する。だから、この名前じゃなくちゃいけない」と言ったんですね。その後、戦後になりましてね。いろんな法律が変わった時に、父はも

†『**太陽先生**』—昭和一五年四月から翌一六年九月まで『主婦の友』に連載。

う関与しないで、高島さんが中心になってやったことですけども、「児童憲章」†というのが出来たんです。その中に、その精神なり、主張なりを入れ込んでしまった。そのために、法律そのものは廃止して消えてしまったんですね。つまり「児童虐待防止法」という名前も消えてしまった。「児童憲章」、名前は非常に立派で綺麗だけど、抽象的で何だかわからない。それで今回、別の意味での「児童虐待防止法」というのが出来たんですけどね。本当はあれが続いていて、改正、改正で行ってもよかったんだがなあ、と思ったんですけどね。

名前だけを曖昧な、綺麗なようなのにするのがいいことでは、ないんですね。はっきり意味のわかる言葉を使うべきですね。「認知症」とか言ったって、わからないじゃないですか。「統合失調症」だってね。「分裂病」と言ったって、「惚け老人」と言ったって、堂々とそういう事を、言える時代にならなくちゃいけないんです。「結核」だって、前は言えなかったでしょ。「肺浸潤《はいしんじゅん》」とか、「気管支カタル」とか、ごまかしていた。それが結核も治るという事になって、初めて結核と言えるようになったの。癌だってそうでしょ。だから、名前でごまかしていては、いけないんですね。

岩佐の母と祖母を看護する

昭和二十八（一九五三）年に、岩佐の母と祖母が一緒に具合悪くなって、両

†**児童憲章**──一九五一年制定。児童が「人として尊ばれ」「社会の一員として重んぜられ」「よい環境のなかで育てられる」の三つを基本理念としている。

方あずかって、代わるがわる病院を出したり入れたり。まだ主人も体が本当じゃなかったし、大変でした。今みたいに老人の痴呆が、一般にわかってなかったわけでしょう。どうしていいかわからない。祖母は、緑内障で目が見えなくなったということで、「もう人様の役に立たないで、厄介者になったということが申し訳ない」とか、「疎開するので仏様を置いて行ったから、バチがあたった」とか、そういうことを言いだすわけですよ。

そうじゃないの。仏様は、ちゃんと私が預かって、お米の配給通帳と貯金通帳と仏様と、空襲の時は抱いて逃げてたんだから。だけどその頃は子供も小さいし、家事だって今のように便利な道具があるわけじゃなし、だから私も、そういう事をゆっくり落ち着いて祖母に話してあげる余裕もないの。それで、「仏様のバチがあたったから、布団に虫が付いて」とか言いだすから、「それじゃあ、もう替えましょうね」と言って、その布団持って、ぐるっとまわって帰って来て、「おばあちゃま、ほら、新しいの持って来ました」と。そういうの、何遍やったかしれませんよ。

それで、そういうことは、叔母たちにも言えないじゃないの。また、叔母たちが見舞いに来れば、毅然としちゃってね。そういうもんなんですよ。老人ボケってのはね。だから、「あら、美代子さん心配しているけど、おばあちゃま大丈夫じゃない。しっかりしてらっしゃるじゃない」って言われるのよね。それは外から見たらほんとにそうなの。実は叔母たちが「帰る」と言って外へ出て襖《ふすま》閉めた途端に、祖母の方は訳分からなくなったりするんですけど。

最後に、どうしようもなくなって、信州に居た叔母に、そこに祖母たちは戦争中疎開してたんですけどね、しばらく来てもらったら、その叔母だけはわかってくれて、「これは大変だ」って言ってくれました。

だから私ね、その後、有吉佐和子†の『恍惚《こうこつ》の人』が評判になった時、つくづく思いましたよ。「ああ、これがあの頃出ていれば、『この頃おばあちゃま、ちょっと恍惚で』って言えたのに。そうしたら皆さんに、わかっていただけたのに」って。今はもうみんな忘れていますけど、ああいう形で、それまで誰も口に出せなかった「老人ぼけ」って現象をポピュラーにして、公然と言えるようにした。あの小説は、そういう意味でとても大きかったと思いますね。

結局、翌年昭和二十九（一九五四）年の五月に母が五十七歳で、七月に祖母が七十八歳で亡くなりました。そのとき私、「ただ、いい奥さんだけじゃ駄目だ」ってつくづく思いました。そりゃ、私、いい奥さんでさえ、なかったんだけどね。それは母も祖母も二人とも、奥さんとしては申し分のない人で、本当にいいおばあ様、いいお母様だった。祖母なんて外交官の娘だから、鹿鳴館†のおしまい頃に、ダンスだってした人だしね。母なんて、明るくて進歩的で、その頃私なんて見た事もない電気冷蔵庫使ってたし、ビールを作るホップで発酵

†**有吉佐和子の『恍惚の人』**——昭和四七年六月新潮社より刊行。老年痴呆症の問題を取り上げ、話題になり流行語にもなった。

†**鹿鳴館**——一八八三（明治16）年、内外人交歓の社交クラブとして東京麹町区に設けた建物。華族、外国使臣たちが舞踏会などを催し、西洋風俗模倣の中心となった。

させて、おいしいパンを焼いたり。そういう人でも、亡くなる時はこんなに淋しいのかと思って。

何しろ私、ずっと見てて、目が見えなくなったのが一番怖かった。自分が目が見えなくなったらどうしようと思いました。目が見えなくなっても出来る事というかね、何か持ってなくちゃ、とても怖くていられないと思ったんです。それに、祖母が一番苦しんだのは、「男の子が生まれない」ということでね。「今度こそは」と六人子供生んで、みんな女で、結局婿養子を取ったんですよ。それは昔の人ですから、「跡継ぎを生めなかったのが、申しわけない」って。それが最後まで付きまとって、結局何事も「自分が悪かった」となるわけですよ。ほんとに行届いた、やさしい立派な奥様だったのにね。

だから、「まわりの人の目から見て、いいか悪いかじゃなく、自分が満足出来ることを、やらなくちゃ駄目だ」と思いました。「今までしたいと思いながら、出来なかった事をやらなくちゃいけない」と。

今でも、自分の母のことは、もう大して思い出しもしませんけれど、岩佐の母と祖母のことは、しょっちゅう思い出します。「自分に大事な事を、身をもって教えて下さった」という意味でね。

戦争というのは、戦争に行って死ぬ人はもちろん気の毒だけれど、後に残った人間も一生をめちゃくちゃにされて、ひどい目にあったんです。これまでのお仕事を大成しようとしていらした、いろんな方面の老大家の方々も、一生懸命家を大事にし、家族を大事にして、ようやく安楽な老後を送るはずだったおばあさま方もね。年取った今、そういう事を考えると、ほんとに身に染みてお気の毒だったと思いますわ。

夫と読んだ『浄土三部経』と『法華経』

私は信仰っていっても何もないような家で、強いて言えば「学問の信仰」で育ったんですけどね、母の里がお法事をきちんとする家でね、「何とか院様御年回」っていうと、自宅でお逮夜†と当日と、両方丁寧にやるんですよ。そういうお法事がしょっちゅうある。だから修証義†なんかは小さい時から聞き覚えました。

結婚したら、岩佐の祖母が信心深い人でね、前に言ったように、「疎開する時、仏様を置いて行ったから罰が当った」なんてね。私が預かってちゃんと大事にお守りしてたんだから、「そういうことを、なぜもっとよく祖母に話してあげなかったか」という後悔もありましたし、「祖母なんて悪い事一つもしてないのに罰をあてるなんて、仏様って、そういうものじゃないだろう」と思ってたんです。

それから、主人が、旧制の浦和高校で、後で永平寺の管長になられた秦慧玉《はたえぎょく》†

†**逮夜**《たいや》―忌日の前夜。また葬儀の前夜。

†**修証義**―曹洞宗で常用する宗典。一巻。五章三一節からなり、総序・懺悔・滅罪・受戒入位・発願利生・行持報恩に分かれている。

†**秦慧玉**―一八九六（明治29）～一九八五（昭和60）神戸市生まれ。東北帝国大学卒。一九七六年永平寺76世貫首。

先生に漢文を習ったんです。大変可愛がっていただいて、『†正法眼蔵』を、お習いした。そういう関係もありまして、主人も仏教に関心がなくはなかったんですね。

だいぶ後になりまして、親戚のおばあさまが亡くなられた時、お葬式に行ったらば、普通のお経とは別に、仲よくしていた尼さんが、三人で『†阿弥陀経』をお読みになったの。とってもきれいな声で、素敵だった。主人と「素敵だったわねえ」ということになって、「それじゃ、読んでみようか」と言うので、岩波文庫で『†浄土三部経』と『†法華経』を買ってきて、読んだんです。

すると面白い。「『法華経』というのはありがたい。これを説くとどうこう」と宣伝ばっかり大変でね。「じゃあ、その法華経はどこにあるの？　どれがそうなのか、ちっとも出てこないじゃない。もう誇大広告だ」とか、「そんなこと言ったら、罰当たる」とか言いながら、げらげら笑いながら、読んだりしましたね。三十代の終わりから、四十歳位の時。

主人はね、『†観無量寿経』の中の、「日の没せんと欲して、状《かたち》、†懸鼓《けんく》の如くなるを見よ」という所が好きで、夕日を見るたんびに、「状、懸鼓の如しだ」と言って喜んでました。だから私も、いまでもそう思います。

主人が亡くなってから、為兼の論文なんか書いていているうちにね、やっぱり仏教との関わり、どうしても必要になって。そこで為兼の思想の根本になる

†正法眼蔵（しょうぼうげんぞう）―道元が門下のために、仏法の神髄を和文で説いた書。

†阿弥陀経―浄土三部経の一。仏が西方極楽浄土の荘厳を説き、念仏唱名をすすめるもの。

†浄土三部経―無量寿経・観無量寿経・阿弥陀経。

†法華経―妙法蓮華経の略。大乗経典の一。釈尊の久遠成仏を説き、諸大乗経典中最も高遠な妙法を開示したという経。天台宗・日蓮宗で所依とする。

†観無量寿経―浄土三部経の一。釈尊が韋提希（いだいけ）夫人に阿弥陀仏とその浄土の荘厳を説いたもの。

†懸鼓―釣り下げた太鼓。日没の時、光線の屈折により、太陽が横長の楕円形に見えるのを言う。それを観念の力でいつでも見得るようにせよという、日想観の教え。

†「唯識《ゆいしき》」にぶつかったんですね。人間の「心」というものが、どういうメカニズムで物事を認識するのか、それが悟りにつながる道、というのは非常に面白かったたし、私としては、為兼の歌がそれで説明出来ると思いました。そこまで行くためには、いろんな仏教の勉強もしたことはしたんですね。そうやっているうちに、他にもいろんな体験がありまして、宗教と言えるかどうかわかんないけれども、人間の生きているうちにはね、理屈で割り切れないことがあるものだと思いました。私にとって一番大きいのは、ある時期から「私は一人じゃない、いつも右の肩の上に主人がついていてくれるんだ」と思えるようになったことね。それは仏様が教えて下さったことで、ありがたいと思っています。

岩波文庫『玉葉和歌集』で勉強を始める

一人で勉強を始めたのは、昭和三十（一九五五）年。主人が、厚生省からアメリカに一年間留学したんです。それで、暇もできたし、子供達も学校に入ったし、お年寄も見送ったし、少しホッとして、「永福門院について知っている事、とにかく全部書いてみよう」と思ったんです。その時持っていたその関係の本はたった一冊、岩波文庫の『玉葉和歌集』（次田香澄校注、昭和十九年）。

これは、敗戦の翌年四月、初めて女にも参政権ができて、†総選挙がありましたね。その直前の誕生日に私も二十歳になった。それで父が、「何かお祝いに

†唯識―インド大乗仏教の基盤的思想。外的事物は本来存在せず、人がそれを「在る」と認識する事によって生ずるとする。法相宗の根本教義。

†総選挙―昭和二一年四月一〇日、戦後第一回衆議院総選（第二二回）。初めての女性参政権行使の選挙で、女性議員が三九人当選した。立候補者は七九人。

買ってやる」って言ったけど、なんにもないじゃない。それで、お堀の向うの法政大学の前の本屋でその玉葉集を古本で二十円で買って来て、プレゼントにしてもらった。だから扉に

昭和二十一年三月一日

岩佐美代子の家庭と参政との第一春を祝ふ　重遠

春この日としはははたちの花のいろ喜びありや家にも国にも

と書いてくれました。

この本を、ポケットに突っ込んで、どこに行くにも持って行って、読んでいたんです。だから、ボロボロになったから、あとで自分で製本し直したの。どこに行くにもと言ったって、その頃行くのは、病院より外ないの。自分じゃなくて、主人だったり、母だったり、祖母だったり、お薬の出るの待っている間とか、付き添っている間とかに、読んでいたの。

書いていたものが出来た時に、教育大、昔の文理大学に勤めていた兄が、同僚でいらっしゃる『古今集』の御研究の西下経一†先生に見ていただいたんです。そうしたらいろいろ批評書いて下さってね。だけども、「これは中世だから」っ

†西下経一　一八九八（明治31）〜一九六四（昭和39）国文学者。岡山県生まれ。東京大学卒。東京教育大学教授。著書に『古今集の伝本の研究』など。

て、『新古今集』御専門の峯村文人《ふみと》†先生にまわして下さったんです。また、峯村先生が丁寧に見て批評して下さったのね。それで峯村先生の所に行って、どういうふうに勉強したらいいかというようなことを、少しだけ教えていただいて。昭和三十一年か、三十二年の頃でしょうね。久松先生のことは、まだその頃全然考えてなかった。そのあとは、国会図書館に通って、その当時の根本的な歴史資料である『花園院宸記《しんき》』†を読むというのが、一番大きな勉強でした。

久松先生を訪ね、永福門院の全歌評釈に取り組む

久松先生の、江古田のご自宅を訪ねたのは、昭和三十七（一九六二）年の一月。初めお手紙を書いて、お返事いただいて、お電話して行ったんです。寒い日だったよ。一月の末で、霙《みぞれ》が降って。昭和三十六（一九六一）年の七月に、宮様がおかくれになって、私は小さい時から一番大切と思っていたものをなくしてしまって、泣いてばっかりいた。そうしたら主人が「そんな泣いていたって、宮様がお喜びになるわけじゃない。それより、好きな事をちゃんと勉強したらどうだ」と言ってくれたので。それで、「やはり久松先生に行くよりない」と思って、大決心をして今まで書いていたものを持って行った。その時に、「永福門院の歌の、全部の評釈をしなさい」とおっしゃった。そして、「和歌文学会†と、中世文学会†へお入りなさい」とおっしゃったの。

†**峯村文人**――一九一三（大正2）～二〇〇四（平成16）　国文学者。長野県生まれ。東京文理科大学卒。著書に『新古今和歌集』など。

†**『花園院宸記』**――一三一〇（延慶3）～三二（元弘2）まで、花園院が記した日記。

†**和歌文学会**―和歌文学研究の発達をはかることを目的に、昭和三〇年六月に創立。初代会長は佐々木信綱。『和歌文学研究』を発行。

†**中世文学会**―中世文学研究の発展を目指して、昭和三〇年に設立。機関誌『中世文学』を発行。

†**和歌文学講座**―夏期講座のこと。第一回は、昭和三七年七月一五日から一九日までの五日間、文京区大塚の跡見学園短期大学にて開催。昭和五七年まで続く。

和歌文学会は、年に五、六回例会があって、秋に一回大会があります。それに行くのと、それから又ちょうどその頃、一般向けに†「和歌文学講座」が始まったんですね。夏の三日間、一番暑い時に、しかもまるで冷房なんかない時で、汗だくだくになりながら。その代わり、当時有名な大先生方が代る代るお話しになって。それで、最終回はいつも久松先生。私にとっては、ものすごくありがたい勉強の場だったんです。

受講生は、学生もいれば、普通の人もいる。今みたいなカルチャー講座なんて全くなかった頃で、いつも満員。

先生の方は、†高木市之助や†土岐善麿《ときぜんまろ》、†岡崎義恵《よしえ》とか†加藤楸邨《しゅうそん》とか、その時たった一度お顔を見て、声を聞いたって先生が、いっぱいありますよ。もう内容なんかほとんど忘れたけど、それだけでも大変な事でしてね。大体、「こんな偉い先生のいらっしゃる所に、私が居ていいんだろうか」と。講座の時は、まだ普通の人たちがいっぱい居ますから、そうでもないけど、例会の時は、本当にそう思いました。小さくなって、ただうかがって、帰って来るだけという感じでした。

女性の研究者には、†関根慶子《よしこ》、†上村悦子《うえむらえつこ》、†森本元子《もりもともとこ》、伊原昭先生たちがいらして、今のようにどこへ行っても、若い女性研究者がいるという時代でもなかったし、久松先生も、「そのうち発表でもすればよい、この頃は女の方も発表な

†高木市之助―一八八八（明治21）～一九七四（昭和49）国文学者。名古屋市生まれ。東京帝国大学卒。著書に『吉野の鮎』など。

†土岐善麿―一八八五（明治18）～一九八〇（昭和55）歌人、国文学者。東京生まれ。早稲田大学英文科卒。明治四三年、第一歌集『NAKIWARAI』刊行。戦後の国字改革に尽力。

†岡崎義恵―一八九二（明治25）～一九八二（昭和57）国文学者。高知県生まれ。東京帝国大学卒。大正一二年東北帝国大学助教授、のち教授。著書に『日本文芸学』『美の伝統』など。

†加藤楸邨―一九〇五（明治38）～一九九三（平成5）俳人。東京生まれ。本名は健雄。東京文理科大学卒。水原秋桜子に師事する。昭和一四年第一句集『寒雷』、翌年には主宰誌『寒雷』を創刊。芭蕉研究にも打ち込む。著書に

さいます」とおっしゃる、その程度です。

跡見学園短大で、例会があった時かな。三人発表なさるはずのところが、一人急に具合が悪くなって、欠席なさったのね。「時間が余ったから、お茶でも」と言われて、私は「どうしようか、悪いから帰ろうか」と思って、まごまごしてたのね。でも、なんだか去り難くて。そのうち皆さん座っておしまいになって、久松先生のお隣だけが空いててね。森本元子先生が、「いらっしゃい」とおっしゃったの。でも、ぐずぐずしてたらね、「久松先生が上座で、ぐるっとまわって一番下座だと思ったらよろしい」とおっしゃったのね。それはもう、大変ありがたかったわ。お隣に座ったって、お話するわけでもないし、別に何てこともないんだけどね。でもそれだけで、ほんとにどきどきするほど嬉しいことでした。

初めての学会発表

初めて和歌文学会で口頭発表†したのは、昭和四十（一九六五）年の六月でした。

発表前は、誰にも見てもらわない。原稿作って練習して。その時、井上宗雄†先生が質問というよりも、私が永福門院を省略して、門院と言ったことを取り上げて、「今ここに杉崎重遠†先生がいらしてて、だから本当は杉崎先生がおっ

『加藤楸邨全集』など。

†関根慶子―一九〇九（明治42）〜九八（平成10）国文学者。東京生まれ。昭和一四年東京文理科大学卒。お茶の水女子大学教授。文学博士。著書に『中古私家集の研究』など。

†上村悦子―一九〇八（明治41）〜九九（平成11）国文学者。京都府生まれ。昭和八年日本女子大学校卒。日本女子大学教授。文学博士。著書に『蜻蛉日記の研究』『王朝女流作家の研究』など。

†森本元子―一九一二（大正元）〜九二（平成四）国文学者。東京生まれ。東京女子高等師範学校卒。相模女子大学教授。文学博士。著書に『私家集の研究』など。

†口頭発表―昭和四〇年六月一九日、第四七回研究例会「花園院の永福門院批判」。

†井上宗雄―一九二六（大正15）

しゃるところかも知れないけど、これは女院《にょういん》と言わなければいけない」とおっしゃったんですね。私は、何にも知らなくて、他の方も論文でそう書いていらしたから真似しただけだったので、「ありがとうございました」と言ったんですけどね。そしたら、そのしばらく後で、それこそ、この和歌文学会の夏期講座の時に、杉崎先生が「†門院という呼び名について」という題で、お話しなさったの。「こりゃあ、行かなくちゃ」と思って行ってね。そしたら、私とは名前をおっしゃらないけど、「ある女性研究者が門院と言っていたけど、それは誤りで、女院と言わなければならない」というお話だったのよね。だから、直ぐ控室に行って、「それは私でございます。一人で勉強していたので何にも知らなくて、教えていただいてありがとうございました」と言ったら、先生の方がびっくりして、恐縮しておしまいになってね、それからすごく仲良くなって。

杉崎先生は、中古、古今和歌集、後撰和歌集、拾遺和歌集……三代集がご専門で、『勅撰集歌人伝の研究』とか、その他に平安時代の貴族のいろいろな御殿の研究をなさったのね。だけども、何言ってもよく知ってらして、私が中世の最後の女流日記、†『竹むきが記』の話をしたら、「ああ、あれは私も昔若い時、むさぼり読んだもんだ」と言われて、びっくりして。

『竹むきが記』なんて、その頃はもちろん、今でもあんまり誰も知らないでしょ。そういうものもご存じなら、一方で芭蕉の研究も、やってらっしゃるの

〜 国文学者。東京生まれ。早稲田大学卒。立教大学名誉教授。著書に『中世歌壇史の研究』三冊など。

†杉崎重遠―一九〇二（明治35）〜 大阪生まれ。著書に『王朝歌人伝の研究』など。

†門院という〜―昭和四四年七月一三日、第八回夏期講座、杉崎重遠「和歌と歴史―門院という言葉」。

†『竹むきが記』―日野資名の女《むすめ》、名子の日記。貞和二年（一三四九年）成立。二巻。南北朝初期の乱に夫を失い、遺児を育て、家を再興する。

ね。昔の方は、そういうもんなの。全部やりながら、すました顔をして「自分はここの研究」という風にしてらっしゃるのね。今の人みたいに、専門の事はすごく詳しいけど、ちょっとそれを離れたら古今集も源氏もろくに読んでないっていうのとは違うのよ。

『国語国文』に論文が掲載

久松先生は、『心の花』†や『むらさき』†に、少しづつ私の永福門院の歌の評釈を載せて下さっていましたけど、ちゃんとした論文を活字にしたのは、†次田《つぎた》香澄《かすみ》先生のアドバイスです。

その頃、『玉葉和歌集』『風雅和歌集』専門といえる方は、次田先生お一人だったんですけど、日比谷高校の先生でいらして、そこへ息子が入学しましたものですから、お知り合いになって。息子は、あんまりご縁はなかったんだけど、私の方がつかまえちゃって、いろいろ教えていただいていたんですね。「論文書いても、発表する所がない」って言ったら、「あなたは学習院の卒業生じゃありませんか。学習院で出してくれないんですか」っておっしゃったのね。で、「男子の学習院と女子学習院とは組織がまるで違います」って言いましたが、でも、そうおっしゃるんだから、と思って、†松尾聰《さとし》先生に、学校の時の先生から紹介していただいて、行ったんですね。そうしましたら、「学習院の雑誌に論文

†**『心の花』**―短歌雑誌。佐々木信綱主宰の竹柏会で発行。一八九八（明治31）年創刊。

†**『むらさき』**―紫式部学会の機関雑誌として、昭和九年五月創刊（一九年六月まで）。月一回発行。戦後昭和三七年一一月復刊（年一回発行）。

†**次田香澄**―一九一三（大正2）～九七（平成9）国文学者。東京大学卒。二松学舎大学、大東文化大学教授。著書に『とはずがたり』『玉葉集風雅集攷』など。

†**松尾聰**―一九〇七（明治40）～九七（平成9）国文学者。東京帝国大学大学院修了。学習院大学名誉教授。著書に『堤中納言物語全釈』『徒然草全釈』など。

を載せるというのは、卒業生じゃないと駄目なので、私も教師ではあるけど、卒業生じゃないから、出せないんだ」とおっしゃったのね。その時に、『心の花』だとか、『むらさき』だとかに載せたものを、お目にかけたの。そしたら、黙って†『古文解釈のための国文法入門』という御本を下さったの。つまり、もっと文法を、ちゃんとやらなきゃ駄目だということ。とてもはずかしかったわ。だから、文法的に松尾先生に叱られないように、その後はその御本で勉強しましたよ。それで次田先生に、「こういうわけで、駄目だそうです」と言ったら、†『国語国文』を紹介して下さった。

『国語国文』はとても親切で、投稿するとまず受取が来て、「載るか載らないかは、改めてお知らせしますから、その時は校正よろしくお願いします」というのが来てね、その上で採用のお知らせが来るの。だから安心していられました。抜刷もちゃんと、お願いしただけ作って下さる。「永福門院の後半生―花園院宸記を通して―」（昭和四十一年八月）とか、「源具顕《ともあき》について―京極派揺籃期一歌人の考察―」（昭和四十三年十月）とか、普通なら載せて下さらないような、随分長い、思い出のある論文を載せていただきました。

†野間光辰《こうしん》先生が「岩佐美代子ってどういう人ですか」とおっしゃったとか。これは三十年ぐらいも後になって、当時編集の担当でいらした先生からうかがって、とても嬉しかったわ。だって野間先生っていったら、京都大学の近世文学

†**『古文解釈のための国文法入門』**―松尾聰著、昭和二七年初版、昭和四八年改訂版発行、研究社。

†**『国語国文』**―京都帝国大学（現・京都大学）国文学会の機関雑誌として、昭和六年一〇月創刊。月一回発行。

†**野間光辰**―一九〇九（明治42）～八七（昭和62）国文学者。兵庫県生まれ。京都帝国大学卒。京都大学教授。井原西鶴研究の権威。『定本西鶴全集』を編集。

の大家で、側にも寄れないような大先生でしょう。その方が、まるで専門違いの私の論文に目をとめて下さったなんて、夢のような事でしたからね。

　他に出す雑誌ないんですもの、私は。出身校ないでしょ。勤め先ないでしょ。だから、『国語国文』『国語と国文学』†『和歌文学研究』に投稿しては、掲載OKが来るのを、どきどきしながら待っているだけなんです。ずっとそうだったんです。それこそ、鶴見大学に来るまで。だから、何時か、何か女性研究者の仕事について、調査が来たことあるんですね。その項目の中に、「今までの論文に、レフェリーのあるのが幾つあるか」って。「レフェリーって何？　笛吹くの？」と、それくらい何も知らなかったのね。そしたら、審査があるかないかっていうことだって。それなら、私は全部審査がある。「審査がないのなんて、あるの？」というふうでしたよ。だから、鶴見大学に採っていただいて、何が嬉しいかって、『国文鶴見』†と『鶴見大学紀要』†と、毎年二本は、審査も何もなしに必ず論文が活字になるということ。こんな嬉しいことなかった。

†『国語と国文学』—東京帝国大学（現・東京大学）国文学研究室の機関雑誌として、大正一三年五月創刊。月一回発行。

†『国文鶴見』—鶴見女子大学（現・鶴見大学）日本文学会の機関雑誌として、昭和四一年三月創刊。年一回発行。

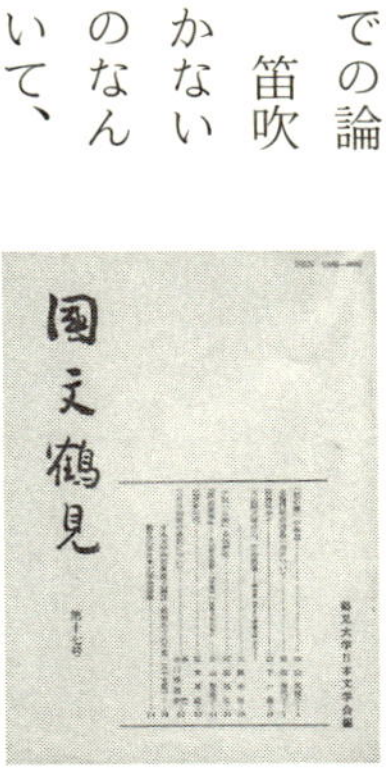

『国文鶴見』17号、初めての論文が掲載された。

†『鶴見大学紀要』—鶴見女子大学（現・鶴見大学）の機関雑誌として、昭和三八年一一月創刊。年一回発行。

第四章　なぜ玉葉・風雅・中世日記文学を研究したか

『玉葉和歌集』について

私が、「自分で満足できることは何だろう？」と思った時に、「やっぱり、永福門院と『玉葉和歌集』」というのが、一番だったんですね。

確かに、前言ったように、

花のうへにしばしうつろふ夕づく日入るともなしにかげ消えにけり
（風雅、一九九）

まはぎちる庭の秋風身にしみて夕日のかげぞかべに消えゆく
（風雅、四七八）

が、とても素敵だと思ったことは、もちろんあるんですけど、その時に永福門院についてレポートを書きましたね。そしたらば、ほんとにこの方が南北朝対立の大変な時に生きていた方だということがわかったんです。

その南北朝時代とは、戦前から戦争中はずっと、日本は天皇が万世一系で、それが外国にはないすぐれた所だと言っているのに、その天皇の系統が二つに分かれたというので、戦前は同時に二人の天皇がおられたと言ってはいけないことになってて、足利尊氏は逆賊である、南朝方の後醍醐天皇、楠正成、正行《まさつら》、だけがえらいと宣伝されていたわけです。

私も、それで感激してましたよ。だけど、反対側の北朝にいたのが、こういう立派な方で、その存在は社会的に正しいし、その立場で一生懸命生きていらしたのだ、ということに気がついたの。それは大変なことであってね。私はやっと勉強してわかってきたのではあるけれども、こんな重要な時代の、重要な事柄を無いことにして、誰も研究しないということは、おかしいと思ったんです。

そのころ、戦争で絶版になっていた古い本を新しく出したりしてね。国文学史関係の本、高いから買えないけど、本屋で立ち読みすると、みんなそこのところを、ぴょんと飛ばして、何もふれずにすましてるの。で、ちょっと義憤を感じて、研究しだしたという事情もありました。

それから、なんてってても歌がきれい。

木々の心花ちかからし昨日今日世はうすぐもり春雨のふる（玉葉、一三二）

なんてね、そんな歌、誰も今まで詠んだことないし、それ以後もないわけです。

「こういう歌が、どうして出来たんだろう?」と思ったんですね。それで、「まずは永福門院について、知ってることを全部書いてみよう」というのが、はじまりなんです。

歌道家系図

俊成—定家—為家—為氏—為世（二条家）……大覚寺統に接近
為家—為教—為兼（京極家）……持明院統に接近
為家—為相（冷泉家）……………鎌倉幕府に接近

皇室系図

（持明院統）
八八代 後嵯峨—八九 後深草—九二 伏見—九三 後伏見—北朝一 光厳—三 崇光—（伏見宮）栄仁親王—貞成親王—一〇二 後花園—一〇三 後土御門
後伏見—九五 花園
光厳—二 光明
光厳—四 後光厳—五 後円融—一〇〇 後小松—一〇一 称光- - -▶後花園

（大覚寺統）
後嵯峨—九 亀山—九一 後宇多—九四 後二条—邦良親王
後宇多—九八（南朝一）後醍醐—九七（二）後村上—九八 長慶
後村上—九九 後亀山- - -▶後小松

永福門院は伏見天皇の中宮さまです。伏見天皇は京極為兼という、定家のひ孫ですけれども、定家の息子の為家、為家の子供が三人いまして、為氏・為教、それからずっと離れて、冷泉為相《ためすけ》、その為氏と為教が仲が悪い。それが、その息子の為世と為兼まで続きましてね。わかりやすく言えば、為氏と為世は保守派であって、対して為教はそれ程でもないんだけれど、為兼はすごい対抗意識で革新派になったんですね。

それまでの和歌というものは、決まった通りの言葉を使って、お行儀よく詠んで、そのなかにちょっとだけ自分で工夫したところがあれば、それでよろしい。それ以上新しいことするのは、お行儀が悪くていけないとされていました。だけども、そんなの嫌だ、もっと自分の気持ちを表現したい、というのが為兼のおなかのなかに、あったわけなんです。

ちゃんとした、お手本通りの歌も詠めるんだけれども、自分の本心から出た歌が詠みたい、と考えている時に、皇室の方も南北朝のはじめに、持明院統と大覚寺統の二つに分かれて争うようになりました。

皇統の対立

後嵯峨院のお子さんが後深草と亀山と二人ありましてね、お母様は同じなんですが、その後深草を四つで天皇にして、後嵯峨院が院政をとっているんだけれど、後深草天皇が十七になった時に、やめさせて十一歳の弟の亀山を立てるわけです。後深草が悪いわけでも何でもなくて、大きくなってくると自分の意見が出てくるから、院政がやりにくくなる。だから、まだ小さい弟に皇位を譲らせて、院政を続けるのね。

後深草としては、不満であるところへもってきて、後嵯峨院がなくなる時、将来ご兄弟のどちらの系統を天皇にするか、決めずになくなってしまわれたのね。中に立った鎌倉幕府は困って、お二人のお母様に御意見をうかがったら、後嵯峨院のお気持ちは亀山の方にあったとおっしゃったので、亀山のお子さんの後宇多を東宮に立てて、のちのち、そちらの系統に天皇が行ってしまいそうになるわけですね。後深草の系統が持明院統、亀山の系統が大覚寺統。それ、今とおんなじことでしょ。次の天皇が愛子さまに行くか、秋篠宮さまの方に行くかという状態になったわけですよね。

後深草としては、ちょっと譲ってやっただけのつもりがそうなってしまったので、不満であって、「もう、やめて出家しちゃう」と言い出してね。それが、法皇になって政治にかかわるというわけじゃなくて、もう、世を捨てちゃうというような形でね。だから、幕府だって、それはちょっと困るというわけで、「それじゃ、後宇多の次には、あなたのお子さんを東宮さんに立てます」と。後宇多が天皇になり、二つ年上の伏見さんが東宮さんになったわけです。

だから、数年で天皇の位を渡してくれるとかと思ったら、なかなか渡してくれない。それをいろいろと交渉しながら、上手くいかないでいる間に、伏見さんは、東宮として天皇になったときにどうするか。言わば帝王学も考えたし、それから、この方は文学的にセンスのいい方だし、源氏物語が大好きな方ですから。東宮さんといえば、わりに暇なわけですから、勉強もすれば、歌も詠んだり、蹴鞠《けまり》もしたりと、楽しんでいたんですね。

東宮さんが十六のときに、為兼が二十七で、側近として出仕してくると、為兼は癖のある人ですけど、いわば、馬が合ったというのでしょうね。すぐ仲良くなりました。

新しい歌

伏見さんは、歌の才能のすばらしい方で、為世なんかが教えてくれるような、伝統的な歌なんて、なんでもなく、普通の言葉みたいに、すぐ出てくる方だったんです。そうするとそれじゃつまんないわけです。もっと面白いことしたいと思っているところへ、やっぱりそういうふうに思っている為兼が来た。

それで、意気投合して、新しい歌の試みが、東宮さんと為兼と、それから私の大好きな、源具顕《ともあき》。そのグループで勝手放題みたいな歌をつくりはじめたんです。それがだんだん洗練された形になって、京極派、玉葉・風雅という歌風ができてくる。

何が違うかというと、歌う材料は、今までとちっとも変わらない。だけども、自然でも、恋でも、古い歌のきまりきった言い方じゃなく自分で本当に見た通り、感じた通りを、すぐそのまんま言うのじゃなしに、いっぺんおなかのなかにしまって、よく熟成させてから出す。はじめは熟成できなくて、へんてこな歌なんですけどね、だんだん洗練されてきますと、とってもいい歌ができてくる。

ところが伝統的な立場からいえば、変な歌なんですね。昔からの歌の言葉と違うから、お行儀が悪い。だから攻撃される。すると一方は団結する。

社会的には、歌の家の人間とすれば、勅撰集の撰者になるのが、一番の名誉です。天皇に命令されて作るのが勅撰集ですから、為兼の立場からいえば、何が何でも伏見さんを天皇にしなきゃ、勅撰集の撰者になれない。和歌専門の家だといっても、傍系だからね。野心的な人でもありますから、持明院統の方に早く天皇の位を持って来ようとして、政治的にも活躍する。

伏見さんの方でも、自分のために鎌倉の北条幕府との間を往復してくれる、懐刀になって、政権とれるようにしてくれる人が欲しかったわけですから、ちょうどよかった。

それで、いろいろ活躍して、やっと十二年くらいして政権とったわけなんです。一方、大覚寺統の後宇多天皇としてみれば、次の政権欲しいわけでしょ。東宮さん立てたいわけでしょ。それにかまわず赤ん坊だけども、後に後伏見天皇になる方を、東宮さんに立てちゃうんです。それは、「もう将来こんな騒ぎを起こさないように、天皇は後深草の一系でいこう」という意思表示ですから、向こう様は黙っちゃいられない。

そういう対立があって、幕府を巻き込んで、幕府に支持されなきゃ天皇になれない時代ですからね。両方で、競馬といわれるくらい、東海道を使者が行ったり来たりして、交渉してますうちに、為兼は情熱家で、伏見さんのためにばかり夢中になるし、人間としては権威主義ですから、政治的にも問題が起こったわけです。幕府に対して、何かふくむところがあるというと、幕府は一番警戒する。その点を、ある事か、ない事か、同僚に讒言《ざんげん》されて、為兼は佐渡に流されてしまう。

伏見さんも、同調してたと思われてしまって、翌年、息子の、まだ十一の後伏見に位を譲らなくてはならなくなってしまう。それでも、伏見さんが院政をとれるかと思ったら、ほんの二年半で幕府から大覚寺統の方へ位を譲れと言われて、寝耳に水みたいな形でやめさせられてしまって、後二条という、後宇多のお子さんが天皇になったんです。

為兼が流されている間も、伏見さんの周囲の、為兼に共鳴して歌を詠んでいた人達が、為兼の主張を守って、歌合なんかで試行錯誤しながら、一生懸命歌を磨いていったんですね。

佐渡へ行きましたらね、——佐渡って行ったことある？　あそこはとても大きな島で、一種独特の、それだけで完結した世界。自然がきれいですし。為兼は、そういうところで四年位いる間に自然の移り変わりの美しさがわかったんだと思うんです。為兼は為兼で、自分の境地を生み出していった。

帰ってきて、歓迎の歌合「乾元《けんげん》二年仙洞《せんとう》五十番歌合」をやったら、為兼よりも、むしろ京都に残っていた人達の歌がすごくいいの。為兼の基本精神によって、ああでもない、こうでもない、と一生懸命詠んでいたのが、いい歌になっていたんです。おそらく為兼も、びっくりしたと思います。

新しい歌風が出来てゆく時というのは、すごくおもしろいのね。そのなかでも、やっぱり取っ付きやすいのは、永福門院だったんです。わかりやすいしね。たとえば、

うす霧の晴るる朝けの庭みれば草にあまれる秋の白露　（玉葉、五三六）

仙洞五十番歌合のなかの歌なんです。何でもないでしょう？　見えるようでしょう？　そして、こんな歌いくらでもあるだろうと思うのに、昔からの歌の中に、一つもないんですよね。

入相の声する山のかげくれて花の木のまに月いでにけり　（玉葉、二一三）

なんて、何でもないじゃないですか。今だってある景色でしょ。だけど、こんなこと詠んだ人いない、ということが、私には面白かったし、不思議だったんですね。それで調べ始めたわけです。

玉葉集の成立

京極派和歌の続きをいえば、いっぺん伏見さんの在位中に、勅撰集作ろう、という話になっていたんですけど、為兼が流されるし、伏見さんは退位するし、そのままになっていた。

後伏見さんも退位させられて、いつ皇位が持明院統にもどって来るか、わからなかったのだけれど、後二条さんという方は、ちょっと体が弱くて、在位八年ぐらいで亡くなられたので、後伏見さんの弟の花園院が天皇になられたんですね。だから、このチャンス逃してなるものかと、『玉葉集』を作ろうということになったわけです。そしたら対立派の為世は黙っちゃいられないわね。

伏見さんの在位中に計画したのは、永仁《えいにん》勅撰と呼ばれる幻の勅撰集で、中途で持明院統に政権がなくなったので実現しなかった集なんですけど、その時もさすがに為兼一人では押せなくて、表向き為世と飛鳥井雅有《まさあり》†と藤原（九条）隆博と四人を撰者にしておいて、裏で伏見さんと為兼が、つうつうで上手くやろうということになっていたんですけどね。為世は、次の後二条さんの時代に、

†**飛鳥井雅有**──一二四一（仁治2）～一三〇一（正安3）鎌倉後期の公卿、歌人。家業の蹴鞠で知られ、歌人としても活動。『飛鳥井雅有日記』、紀行『はるのみやまぢ』など。

『新後撰集』という勅撰集を一人で選んでしまった。ということは、もう撰者の資格がないと、伏見さんの方では思っているわけね。それで、為兼はどんどんことを進めてしまう。為世は怒って抗議をするんですけどね。為兼は、「あなたは、もう新しい勅撰集の撰者になった。前のは辞退したんだろうと認識している。撰者になりたければ申し込みなさい」といってね、両方で論争が始まって、正式な訴訟になるんです。「延慶両卿《えんきょうりょうきょう》訴《そ》陳状《ちんじょう》」という形でその書類が一部分残っていますけどね。それはもう、感情的な水かけ論にすぎなくて、結局為兼一人で勅撰集を作る。それで出来たのが『玉葉集』なんです。

　もうこれで万歳！のはずでしょう。でも、それでおとなしくは、為兼は出来ない人なのね。伏見さんに忠勤を抜きん出るのもそうだけども、自分も権力者になりたいんです。「春日神社にお願いしたことがある。その御報謝だ」と、興福寺で盛大なご供養をして、歌を奉納したり、蹴鞠の会を催したり。もう出家していましたから、まるで法皇のように、大変な権勢でそういうことをした、とこれはまた問題にならざるを得ないわけね。

　そのときまで、伏見さんなり、為兼を支持していた、当時の公家政界の大御所の†西園寺実兼《さいおんじさねかね》が我慢出来なくなって、「勝手な口出しをして、政治を乱す」と幕府に告げ口して、追っ払ってしまうわけです。今度は、六十三で土佐に流されてしまう。持明院統も旗色が悪くなって、数年で花園天皇も後醍醐天皇に

†西園寺実兼―一二四九（建長元）～一三二二（元亨2）鎌倉中・後期の公卿。一二九一（正応4）年太政大臣に。琵琶の名手で、和歌にも秀でていた。

譲位せざるを得なくなってしまう。そのときに、「文保《ぶんぽう》の御和談」といって、「花園さんが退位したらば、後二条さんのお子さんを東宮にして、後伏見さんのお子さんはその次に」という、持明院統としては大変不利な約束をさせられて、不満だけど、しょうがない。

風雅集の成立

伏見院はもう亡くなっていて、後伏見さんとそのお后様、その間に生れたお子さんで、のちに東宮となり光厳《こうごん》天皇となる方、弟の花園さん、それにお二人の義理のお母様に当る永福門院、この御家族が持明院殿《どの》という大きなお邸に同居します。そして、実父の後伏見さんより、むしろ叔父さんの花園さんが、光厳さんを将来の天皇として一生懸命教育するわけです。おばあさまの永福門院は歌を教える。為兼も十五六年も土佐にいて、やっと都近くに戻って来たけれども亡くなってしまう。皇位もどうなるかと思っていたけれども、後醍醐の東宮さんであった、後二条のお子さんが亡くなって、棚から牡丹餅で光厳さんが東宮になるんですね。そして後醍醐が元弘の乱を起こして、そのために廃位させられて光厳さんが天皇になる。それから先は南北朝の乱で、ごたごた大変で、歌集なんてわけにはいかなかったけれども、やっと、ちょっと落ち着いて、十六年後に出来たのが、『風雅集』なんですね。

そのときには為兼もいませんので、光厳さんが撰者になる。花園さんが後見人のような形で指導します。

玉葉の場合には、京極派がまだ出発したばかりだったので、京極派の歌ばかりではなく、古い歌もいっぱい入れて、「昔の人だって、こんなに京極派的ないい歌つくっているじゃないか」とデモンストレーションしたんです。『風雅集』ではそういう必要がなくなったので、歌集としては京極派らしさというのが、全体によく出ています。だけど時代が下るから、その分繊細になるのね。『玉葉集』の豊かさと、いい対照で京極派の特長を示しています。とても精神的に深い、いい歌があります。

二人の天皇

『風雅集』がやっと出来て、そのあとすぐに、観応《かんのう》の擾乱《じょうらん》と申しましてね、足利幕府のなかで内紛が起こって、尊氏と弟の直義《ただよし》と尊氏の息子の義詮《よしあきら》と、高師直《こうのもろなお》と、四人がくっついたり離れたりして戦います。そのたびに大義名分が必要ですから、南朝に降参したり、北朝に帰ってきたりね。「擾乱」と難しい字を書きますけれど、日本の歴史のなかで、擾乱、引っ掻き回したような、と名前の付いているのは、それ一つ。誰が味方で誰が敵やら、わからない。

そんななかで光厳さんもいっとき南朝に捕まって、それこそ拉致されて、吉野に連れていかれてしまって、北朝に天皇がいなくなるという騒ぎが起こってしまう。しょうがないから、光厳さんのお子さんで、三男で坊さんにするつもりだった後光厳を、義詮が後伏見さんのお后様に頼みこんで、むりやり天皇にしたりとか。そういうことがあるもので、明治の最末年、「南北朝正閏《じゅん》論」というのが起って、公式に光厳さん以降は天皇と認めない。北朝という正しくない天皇だ、となっているわけですけど、少なくとも光厳さんは、天下に認められた、ちゃんとした天皇で、認めないということは宜しくない。そして、その後も確かに南朝と北朝と二人天皇がいたというよりほか、いいようがないわけです。

戦争中に、万世一系で、北条幕府を滅ぼして天皇親政に返した後醍醐天皇が実にえらい、ありがたい、とたたき込まれていましたので、歴史はそんな単純なものじゃないということが、私にはとっても新鮮だったんですね。私は皇室関係に親しんでいたということもありまして、こういうことはちゃんとしなければいけないと思いました。ただ天皇を神格化して万世一系でいいわけじゃない。皇統が二系に分れて、おしまいには南北二人の天皇をかついで、全国的な戦争になった。それが歴史的に事実であったことは認めなくちゃいけない。

和歌の方だって、光厳さんは、晩年には歌をやめておしまいになるし、為兼の子孫はないわけです。それで大変不吉な悪い歌ということになって、絶えてしまうし、その上北朝関係の歌だから、触れたら危い、というので、和歌研究の上からもほとんど無視されて来たんです。でもやっぱり文学としてみたら、京極派の主張は正当だし、その作品がすぐれたものであることは間違いないんです。折口信夫・土岐善麿・久松潜一・佐佐木信綱、次田香澄といった方々が、推賞なさって、少しづつ知られて来たのを、それ専門の研究者としては私が全体的にまとめた、という事でしょうか。

女性日記文学について

『紫式部日記』や『和泉式部日記』は、好きで前から読んでいたんですよ。京極派をやるについて、久松先生のところへ伺った時にね、「永福門院のお母さんだったかも知れない人の日記がある」とおっしゃったんです。あとあとの研究で、お母さんじゃないとわかったんだけれど。久松先生という方は、それだけで何にもおっしゃらないのね。こっちも聞かないの。久松先生の前では緊張してしまって、「はあ、はあ。さようでございますか」って帰ってくるだけなのね。

それが、『とはずがたり†』のことだったんです。そのころ、初めて研究が進んできましてね。昭和十五（一九四〇）年に発見されていたんだけれども、南北朝前夜の話で、皇統対立が出てくる。また上皇の情事であると、その二つの

†**とはずがたり**――源雅忠の女、後深草院二条の日記。徳治元年（一三〇六）以後成立。五巻。恋愛・出家・旅の一生を赤裸々に描く。

為に戦前は研究が出来なかった。それが戦後可能になって、昭和二十五（一九五〇）年に初めて翻刻されました。その原文だけのものを借りまして、全部写したんです。

もう、写しながら涙がぽろぽろこぼれましてね。こんな、すてきな人がいたんだ。中世に、この時代に、すごく魅力的だし、文章は力強いし、きれいだし、その一生がかわいそうで、身につまされるというか。注釈もない状態で、じかに読んだんです。昭和三十七、三十八年ころです。

そのころ、玉井幸助†先生や長野嘗一《じょういち》さんが、雑誌に注釈を連載しはじめていらしたの。それを少しずつ読んだり、「ここの解釈はそれはおかしいんじゃないか」と玉井先生にお手紙出したり。玉井先生はとても喜んでくださった。

昭和四十一（一九六六）年に新しい注釈書が冨倉徳次郎先生のと、次田香澄先生のと、呉竹同文会というグループのと、三ついっぺんに出たんです。『とはずがたり』の研究が、その前後から盛んになって、中世女流日記の中でも、それだけが大変な人気作品になってしまいました。

京極派の研究しようと思うと、資料が少ないんです。だけども、女流日記『弁内侍日記』†『中務内侍日記』†『竹むきが記』がある。

『弁内侍日記』は、後深草の在位中のことですし、『中務内侍日記』は、東宮時代の伏見さんのところへ為兼が出仕して来た、その辺から始まって、伏見さ

†玉井幸助―一八八二（明治15）～一九六九（昭和44）国文学者。新潟県生まれ。東京高等師範（のちの東京教育大学）卒。『日記文学の研究』など。

†弁内侍日記―藤原信実の女、後深草天皇の内侍の日記。建長四年（一二五二）以後成立。一巻。幼帝内裏の楽しさを語る。

†中務内侍日記―高倉永経の女、伏見天皇の内侍の日記。正応五年（一二九二）以後成立。二巻。春宮時から即位へ、宮廷の文学的交友を描写。

んが天皇になってからのこともいろいろ書かれています。

それから『竹むきが記』は光厳院の即位前後ですね。元弘の乱の後、後醍醐が復活してくるあたり、建武の中興ね。そのあと永福門院が亡くなるところもありますし。だから、この頃の女流日記は、京極派研究の資料として、とてもいいわけです。だけども、読んでいるうちにそれだけじゃない事がわかって来ました。

内侍の日記

大体、中世の女流日記は、古くから有名な『十六夜日記』は別として、ほかのものは中古の女流日記の真似をしているだけで、つまらないものだという定評があったんです。

昭和二（一九二七）年に池田亀鑑さんのお書きになった『宮廷女流日記文学』という名著がありましてね。池田さんはとても好意的には見てはいらっしゃるけど、『弁内侍』に「微笑の文学」、『中務』に「個性の分裂と動揺」というキャッチフレーズをおつけになったんです。そこでとりあげられなかった『竹むき』には、玉井幸助先生が「賢母の記」と。もうそれで相場が決まっていて、以降の研究はそれをなぞるだけだったんです。そこへ『とはずがたり』が出まして、定評を引っ繰り返したんだけど、それは『とはずがたり』だけの特殊性である、として、ほかの日記の見直しには進まなかったんです。

だけども、よく読んでみるとそうじゃない。『弁内侍』『中務』は、内侍の日記でしょ？　内侍というのは公務員なんです。宮廷のなかで、ちゃんとした役割を持ってて、忙しい職務です。天皇の身のまわりのお世話、天皇とお公卿さん達との間の公文書の取次ぎ、方々の神社のお祭へのお使い、三種の神器や宝物類の取扱いなんかね。事務的に熟練した、キャリアウーマンです。

一方、紫式部とか清少納言は、中宮づきの女房で、公務員ではなくて、お里方から付けられたプライベートな女房なんです。それは全然違う。平安時代のプライベートな女房は、自分の御主人を盛り立てて、お后様方の中でも一番上の中宮様にしようと一生懸命なわけです。そこで、お公家さんたちと風流な歌のやり取り、恋愛遊戯のようなことをするのも、お勤めのうちなんです。人気を博して、自分の御主人の方へ人望を引き寄せようとね。

だけども、中世になりますと、院政をするために、天皇が子供になってしまうんです。大人の天皇は邪魔ですから。そうすると、中宮様といったって、お飾りでね。あっても子供同士とか、ずっと年上とか。だからお后様同士の争いもないし、奉仕する女房達も、お公家さん達と恋愛遊戯をして天皇の関心を引き付けようという必要が、なくなってしまうんです。

『とはずがたり』は、院の女房ですから話は別で、恋愛が主題ですが、それでも男女間の恋愛観も、変わってきましてね。平安時代のような、風流な自由なものでも、なくなってきてるんです。

中世になって、内侍が日記を書き始める。それは、中宮様じゃなくて、天皇を盛り立てようという気持ちです。『弁内侍』のときは、後深草天皇は子供ですから、四つで天皇になっちゃうんですから、その内裏を楽しく盛りあげるというところに、弁内侍の日記があるわけです。だから、短くて、記録的で、文学じゃないと言うけど、そうじゃない。星新一†のショートショート†をご覧なさい、と私はいうんですね。短いということは、短くしか書けないんじゃなくて、長く書けば書けることを、ウィットに富んだ、エッセンスだけを、ほんの二三行、四五行で書く、そして歌で落ちをとる。そういう文体を弁内侍が創造したんです。

『中務』になりますと、これはまた秀れた東宮さんのもとで、みんなが楽しく仲良くやっている。天皇になられて、おめでたいのだけれども、天皇になられれば、東宮時代とは、ちょっと違ってきて、みんな公務が忙しく、仲のいい友達ばかりともいかなくなる。即位なさって以降のところは、おめでたいとしながらも、東宮時代が懐かしいというから、「分裂と動揺」というのよね。だけど、そんなの当たり前じゃないですか。今が楽しければ、それでいいというのではなくて、その一方で失われた昔のものを懐かしむというのは、当然のことで分裂でも何でもない。

†星新一―一九二六（大正15）～一九九七（平成10）小説家。東京生まれ。東大農芸化学科卒。母方の祖父は人類学者小金井良精、祖母は森鷗外の妹喜美子。ショートショートの第一人者として知られる。

†ショートショート―short short storyの略。短編小説よりもさらに短く、意外なアイディアに満ちた小説。

女性史と日記

『竹むき』は、「賢母の記」だというんですけど。それは、夫である西園寺公《きん》宗《むね》を、建武の中興のあとで、後醍醐天皇に対する謀反を企てたといって、騙し討ち同様に殺されてしまって、その後生まれた息子の実俊《さねとし》を、一生懸命に育てて立派にする、そういうお母さんの記ですから、たしかに「賢母の記」ですけど、でもほんとはそうじゃないと、私は思うんですね。公宗への愛情がなかったら、これは出来ないことです。

それから、女性史的に言うと、今まで婿取り婚で、お婿さんが女性の家に入り込んで、その援助を受けて出世していくというのが普通の状態であったのが、逆転して、嫁入り婚になって、女性が単身で男の家にお嫁入りして、そこの家の一員になって夫の家のために尽くすのが当然になるという、ちょうど婚姻史の変わり目。そういう時代に、妻としての女性の新しい生き方を必死に切りひらいた人の日記なんです。私がそれを発見したのは、いずれお話しします、高群逸枝さんの『日本婚姻史』のお陰なんですけどね。

そう考えると、中世の女流日記が非難されること何にもない。時代が変わり、環境が変われば、文体が変わってくるのは、当たり前なんです。いくら中古女流日記がすぐれていても、いつまでも、平安朝までの調子でいいわけはない。

それを考えずに、頭から中世女流日記はだめだという。その辺のところをね、やっぱり私、義憤を感じるんです。

第五章　夫の死・国会図書館勤務

夫の急死

厚生省は、昭和十三年にできたお役所で、もう日中戦争がはじまっていましたから、国民の福利厚生のためのお役所なんて、陸軍省・海軍省なんかにくらべて、まるで影が薄い。「厚生大臣」と言ったら、「伴食《ばんしょく》大臣」なんて言われたような。皆がお食事するのに、お相伴で食べさせてもらうくらいの資格、権力しかないって。「厚生省なんて、何する所?」というような感じでね。そのうちに、戦後は公衆衛生が大事という事があったけれども、落ち着いてくれば、やはりお医者様は儲かる。だからといって、むやみに、力のないお医者様を作るということではいけないというので、医科大学を作るのにかなり長い間厳しく制限してました。そのために、お医者が、どれくらい入り用かというような試算を、主人は初めのうちやっていたんですよ。それと病院管理の問題が一番の担当でしたけど、お医者が儲かるとなればね、医学部卒業して、厚生省に来る人ないわけです。事務官として来るのは、法学部を卒業して来ますよね。でも医学部卒業して技官として来る人は、少なくなったんですね。それで、後に続く人がいない状態でね。いろんな責任が、少数の人にかかって来てしまったのね。主人は臨床医†ではないから直接人の生き死にに関係する仕事ではないけど、やっぱり国の医療を管理するという重荷はあったと思います。神経の細い人でもありましたし。非常に忙しくて、主人はなにも言わなかったけど、結局全部自分で背負ってしまった形で、いわば労災死、過労死ですね。ですから突然死なれて、私も困ったことは困ったんだけどね。

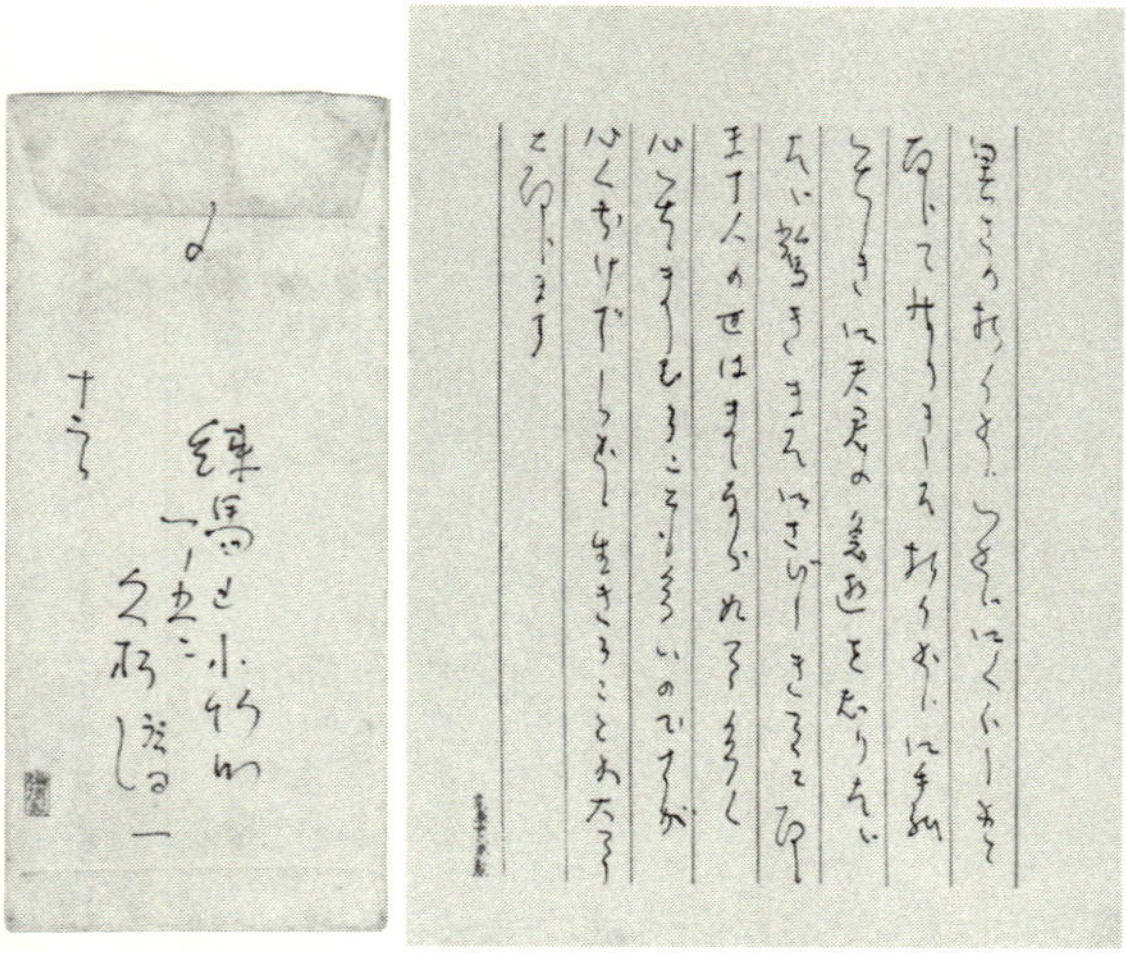

久松先生の筆蹟。昭和47年夫死去の時のお手紙。

　昭和四十七（一九七二）年の八月三日。暑いこと、暑いこと、大変でした。私が四十六歳、上の子供が大学出てドイツに留学していました。下のが大学二年でした。主人は五十歳。どうしてだか、五十になるの、すごく嫌がってた。「そんなの、いいじゃない」って私言ったんだけ

†臨床医―実地に病人の診断・治療をする医師。

ど。「五十なんて、何でもないじゃない」って言ったんだけど、すごく嫌がっていた。なぜだかわかんない。虫が知らせたというんでしょうね。

その夏も、和歌文学会の夏期講座があったのね。主人が亡くなったばかりでも、私は休まずに行きました。だって、本当にね、それがあったから私は生きていられたと思うのね。それが私の逃げ場だったんです。その間だけ、何も考えずにいられた。勉強しててよかったと思いました。

久松先生も心配して下さって、†久保田淳先生にお話しになって、『†契沖《けいちゅう》全集』の仕事とか、中世文学会の会誌の手伝いとか、させて下さいましたけどね。そうしているうちに、前に話しましたが、伊原昭先生から、国会図書館の非常勤職員の仕事を紹介していただいたの。それが昭和四十八（一九七三）年の夏。七月に入って、昭和五十七（一九八二）年三月までの九年間勤めました。

国会図書館の非常勤職員になる

初めね、短期の非常勤ということで七月、八月勤めまして、一箇月仕事がなくて、十月からまた続いたんです。その頃は機械化の初めでしてね、『和雑誌目録』って、覚えてる？　†国会図書館にあった、赤いこんな厚い目録ね。あれを作るのに、コンピュータで編纂するということになったんです。それには、今までのカードで整理していたものを、全部データ票にして、コンピュータに

†久保田淳―一九三三（昭和8）～　国文学者。東京生まれ。東京大学名誉教授。著書に『新古今和歌集全評釈全九巻』など。

†『契沖全集』―全一六巻、久松潜一監修、岩波書店、一九七三～七六年。契沖は、江戸前期の国学者・歌人。

†国会図書館―国会議員の職務の遂行に役立たせるとともに、国民に対し図書館奉仕を行う国会付属の図書館。一九四八年設置。国内発行のすべての図書の納本をうける。国会議事堂わきにある。

入れなきゃならないから、そのデータ票書きに人手がいるというわけで、非常勤を沢山雇ったんですね。

非常勤職員は、昭和二十四(一九四九)年頃、戦後じきに、どこの官庁でも人手が足りないというので、少し安い賃金でパートの人を雇うことが、ずっとあったわけです。いまだにあるけど。そのうちにその人達が慣れてくると「本職員にしろ」という運動が起こるわけですし、図書館でもある時期そうしたことがあったわけです。その時、いろいろごたごたしましてね。懲りたものですから、もう絶対に本職員にはしないという形で、新しく非常勤制度を作ったんですね。

日給月給で、一月に十八日勤務。十八日ということは、専任の職員の四分の三を越えないという決まりがあるわけですね。国会図書館は三カ月契約で、それで一遍切るという形だけとって、一年は勤められる。一年経ったらば、首切られるけれど、でも大体はまた続くの。他の官庁はそうではなくて、一年勤めて三月三十日で首切られて、また四月一日から雇われるのね。初めは、そんなこと何にもわからないから、「とにかく働かしてもらえるの、ありがたい」ということで入りました。

目録、索引作りから調べ方を学ぶ

初めは、整理部の新聞雑誌課に入ったんです。新聞や雑誌が、毎日来ますでしょ。それを受け入れて、分けて、雑誌には一冊ごとに函架《かんか》番号をつけるの。それは、日常業務であるけれど、私ともう一人の子と二人、ほんとはデータ票書きのはずだけど、なかなか仕事がまわって来ないので、そんな手伝いとか、今までたまっていた資料の整理とか、そんな事もいろいろしました。そこに二箇月いて、十月から今度は電子計算課という、コンピュータで仕事を始めたばかりの所に入ったの。それはとても面白かったですよ。何しろ、まだ「コンピュータで漢字入力ができるようになった」って大自慢だった時代ですからね。今のような小さなものじゃなくて、冷蔵庫みたいな大きな機械が、大きな部屋一ぱい並んでいましてね、そこに入力した目録のデータをアウトプットして、それを校正してました。時々、原因不明で故障して、またなぜかわからずに直ったりね。その度に変な誤植が出て振り回されて。「コンピュータで何でもできる」という事と、「コンピュータでも、できない事もある」という事と、両方を実感しました。

ここの仕事が半年位で終わった後は、『明治期刊行図書目録』を編纂するところへ入りました。これは、明治百年†を記念する事業として、昭和四十一（一九六六）年から始めて、ちょうど本篇が完成する所だったんです。そして次に

†**明治百年**——一九六八年一〇月二三日に明治維新百年を祝う明治百年記念式典が日本武道館で開催。

その目録の『書名索引』を作るということになったわけです。これが、私たちの当時のメインの仕事ね。目録から本を捜すための索引。

これがまた大変でして。雑誌目録と違って、全くの手作業です。まずね、当然書名を五十音で並べますね。だけども、この時代のものは、読みが難しい。しかし本篇に出ている表題なら、一応読めているはずですね。だけどその本に含まれている小さい書目まで全部、索引では副出したの。私がやったのは『大蔵経』†。その中のお経の名前全部を一つ一つカードにとって、読みを調べてつけるの。一人で一夏かけてやりました。お経だから、読みだって難しいわけ。出来たものを、五十音に並べ変える。そしてそれを既に五十音で並んでいるもののなかに、挿入してゆく。でも『大蔵経』は、まだよかったのよね。『仏書解説大辞典』がありまして、捜せば読みは出て来るんです。

ものすごく困ったのは、一つは芝居の脚本の外題《げだい》。

国会図書館非常勤職員時代『明治期刊行図書目録』編集の非常勤メンバー

近松とか、黙阿弥とか普通のものはいいんですよ。そんなのは知ってるし、知らなくても、ちょっと調べれば出て来るから。だけどその時代には、†勝諺蔵《かつげんぞう》とか、†金沢竜玉《かなざわりゅうぎょく》とか、そういう人がいましてね。その時その時の、芝居の座付の御用作者で、新作をどんどん作ってるの。だから一回位しか上演しなかったり、聞いたことのないものが沢山ある。また読みが凝っていましてね。まあ、黙阿弥のものだったら「天衣紛上野初花」（河内山）が「くもにまごううえののはつはな」だって事は、芝居好きなら常識ですがね、「戌歳里見八熟梅」が「あたりどしさとみのやつぶさ」で、ちょうど戌の年に上演した八犬伝の芝居だなんて、誰にもわかりゃしませんよ。その式のが幾らでもありまして。それは、江戸の洒落ですから、それはそれでとても面白いんですけどね。そういうのも当てずっぽうじゃいけない。典拠のある読みをしろというわけです。

　でも難しい字なら何か変わった読みだろうと考えますがね、「門松宝雙六」、これには参りました。誰が見たって「かどまつ」でしょ。だけど現物の読みは、「まつかざりおたからすごろく」だからねえ。「ま」の所に並んでいるわけですよ。「きゃー、配列ミスだ」ってって調べると、「まつかざり」。何べんそんなことやったか、わかりません。それでもいろんなトゥールを使って必死に調べて、ほとんど全部に「典拠のある読み」を見つけましたよ。ただそれをルビとして索引に示してほしいと言ったんだけど、作業が大変だからだめ、と言われ

†『大蔵経』―仏教聖典の総称。経蔵・律蔵・論蔵の三蔵のほかに、それらの注釈書を網羅した叢書。

†勝諺蔵―歌舞伎作者。三代ある。初世は河竹黙阿弥の前名。二世は河竹能進の前名。三世は二世の子で明治一一年三世を継ぐ。

†金沢竜玉―歌舞伎作者。三世中村歌右衛門が兼ねた作者名にはじまり、二代まで続く。

て、もとのカードに記入しただけで終ってしまったのは残念でした。一種の文化資料としてとても面白いと思うのだけど。

それともう一つ困ったのが、明治期の近代小説。例えば、「青梅」なら、「あおうめ」なのか、「おうめ」なのかで違うでしょ。それから「行水」と書いてあって、「ゆくみず」だか、「ぎょうずい」だか、わかんないでしょ。書庫へ飛んで行って、本文読んで調べる。本文のなかにルビが付いていていたり、文章の具合でわかるわけです。

小野俊二さんのこと

一番面白かったのはね、小野俊二さんという一番上の方は、恐いと評判なんだけど、面白い方でね。いろいろ教えていただきましてね、カード持って行って、「これ何だか変なんですけど」って言ったら、ものすごく叱られるのね。「†諸橋《もろはし》漢和辞典を見たか、他の目録は見たか、あれには何と書いてある、あれには」と、こう矢継ぎ早に言われるのね。だからもう、聞く前に全部調べて持って行く。そういう教育されました。他人に疑問を呈する時のお作法の教育ですね。

そうやってますうちに、面白いのが出て来まして。これ「銀釵」は、「かんざし」という字です。音読みだったら、「さい」、あるいは「さ」なんですけど

†**諸橋漢和辞典**―漢学者諸橋轍次（一八八三―一九八二）が大正末期から三〇年以上をかけて編著した『大漢和辞典』全一二巻、索引一巻のこと。

ね。現物見ると「ぎんかん」なんです。「ぎんかん」というのは、芸者さんの挿す簪は、「ぎんかん」と普通言うわけなんです。内容は芸者さんの小説で、ちゃんとルビも付いている。そうすると、こっちに又ね、「銀釵」があったんです。こっちは「ぎんさ」というルビが付いているんですね。こういうの、いわゆる「泣き別れ」と言って、同じ字面なのに別れている状態。それで、面白いなと思ったんだけど、知らん顔して、それぞれ別の所に入れておいたんです。別っていったって大したことない、すぐ側のページに並ぶだろうと思うかもしれないけど、間に「近畿」とか、「金銀」とか、「銀行」とか、いろんな書名が入るから、二ページ以上も離れちゃってるのね。そうしたら、校正刷りを小野さんが難しい顔して見ていらして、呼ばれたんです。「これとこれと別れているのは、どういうわけだ」って。「現物を見ましたら、これは『ぎんかん』、こちらは『ぎんさ』とルビがございましたから、このように入れました」。そしたら、「『ぎんかん』か、『ぎんかんざし』ではないのか」とおっしゃるのね。「『ぎんかん』でございます。花柳界では、そう申しております」。このおじさんに、なんで私がこんな事教えるんだろうと思いながら、すましてそう言ったのね。小野さんは真面目な顔して、しばらく考えて、「うん、よろしい」と言って。

それからもう一つ。これは索引ではなく本篇の方ですが、伝記類は書名でなく、まずその主人公の人名をゴチック文字で示して、その下に書名が並んでいる。その中に、「青山先行」という人名の下に、『先考行状』というのがあったのね。それは普通名詞で、亡くなった父親が「先考」です。母親だったら「先《せん》妣《び》」。それなのに、「先考さん」、それもまた誤植して、「先行さん」という人の名前になっているの。だから、小野さんの所へ現物を持って行って、「これは違います」と言ったら、「『先考、名は延于《のぶゆき》』と書いてあるじゃないか」とおっしゃる。「いえ、先考は、亡くなった父親という意味でございまして、†父親の名前は延于だったと言っているのでございます。ですからゴチックの人名は『青山先行』ではなく、『青山延于』としなければいけません。」と。そんなことで、私が居ると役に立つ事もあったんです。

毎年三月になると呼ばれてね、「又来年度も来て下さい」って、言われるかどうかって心配があるわけです。昭和五十一（一九七六）年、まる三年勤めた頃に、私は「もう歳だから首切ろう」ということになったらしいのね。部長さんの所に皆で呼ばれて、そう言われた時に、女の子たちが皆でね、全然言い合わせたわけでもないのに、「岩佐さんは、いろんな事よく知ってて役に立つのだから、切らないでくれ」って、言ってくれました。本当にありがたかった。だから、そういう若い人たちへの恩返しに、私は後で非常勤運動をやったわけです。

†**父親の名前**―青山延于（一七七六〜一八四三）は江戸後期の儒学者、歴史家。水戸藩士。延于の長男は延光《のぶみつ》で史学をよくした。

『法令沿革索引』の編集

その次に、「調査及び立法考査局」の法令課に行った。これは、一番国会に直結した、法律作りにかかわる所ね。仕事はまた目録作成。『日本法令索引』といって、現在生きている法律、省令、政令については、いつ制定されて、何年に改正、現在に至っているという索引は、すでに出来てたんですね。それに続いて、廃止、または効力が無くなったものについても、整理しとこうというので、その、『法令沿革索引』というのの編纂を、私が入る前から長いことやっていたんです。そこにいた小池恵子さんという、同じ非常勤の人が、私が『明治期』の仕事が終って首切られるといけないと言って、引っぱってくれたの。結局それが、『日本法令索引〔旧法令編〕』という冊子として完成したのは、昭和五十八（一九八三）年、私が辞めた後でした。

例えば、「国家総動員法」[†]なんてものがあるわけでしょ。そうすると、それがいつ出来たか、いつ改正、いつ廃止と、ずっと追いかけて調べるわけ。調べ方は、『法令全書』というのが、ありましてね。毎年出た法律法令がまとめてあるものがあるんです。その他、いろいろなツールで調べるわけです。ちゃんと廃止で終わるものもあるし、それから、廃止じゃないんだけれども、効力が無くなることがあるわけです。親になる法律が廃止されれば、その下の法令はみんな効力が無くなるのね。それが失効。公布されて、それっきりうんともす

†**国家総動員法**―日中戦争に際し、人的及び物的資源を統制し運用する広範な権限を政府に与えた法律。一九三八年公布。四五年廃止。

んとも行方がわからない、なんだか知らないけれども、幾らなんでもこの法令は無くなっただろう、という時は、実効性喪失と、そういうことにするの。

調べてて一番面白いのは、明治十八（一八八五）年十二月に、大宝律令以来の太政官制度を廃止して、近代国家としての内閣制度が出来る時。それから、終戦の前後。国の出来る時と、滅びる時と、法律もいろいろ揺れ動いて、ほんとに面白い。ましてやあなた、その滅びる時なんてのは、我々実際に生きていたわけですから。この法律に支配されて生きていたわけですから。当時はそんなに詳しく知りませんでしたから、「物資統制令」†なんて、こんな以前からやっていたのかっていうような感じで、もう腹が立つともなんとも。

「配給統制規則」なんていうのは、みんなアメリカと戦争はじめる前、昭和十五（一九三八）年位から出て来てますね。そうすると生活と直結してますから、私なんか実感としてわかるでしょ。綿製品でしょ、毛製品でしょ、ステープル・ファイバー†なんて知らないでしょ。スフという、ずるずるの変な布地。鉛や亜鉛、ゴム、人絹、石炭、こんなに何もかも統制するほど不足してて、これで戦争しようというんだから、酷いもんですよ。父が、「法律というものは生活から遠いものではない、生活に直結したものだ」と言ったのが、この仕事をしながら、よくわかりました。この仕事は、辞める時までやっていました。

明治期刊行物の事でも、法令関係の事でも、わからなければ、すぐレファレ

†物資統制令――一九四一（昭和16）年一二月一六日公布。

†ステープル・ファイバー――羊毛の代用化繊。日中戦争で産業構造が軍需生産中心に転換されたための綿製品の不足を補った。強度が弱く当時は粗悪品の代名詞となっていた。

ンス室に調べに行くでしょ。その頃は、まだ国会図書館の、一つの部署にずっと長く居て、専門的にとても詳しい神様みたいな方が、何人もいらっしゃいましたから。だからその方の所に行ってうかがうことで、偉い方と仲良くなったりもしました。もう私が辞める頃には、ぐるぐる配置が変わらなくちゃいけなくなって、そういう神様みたいな方は、いなくなってしまいましたけれど。

非常勤職員の待遇改善運動にとりくむ

法令課に居れば、面白い、法律や人権にうるさい人がいるわけでね。私達の仕事のチーフは伊藤宏さんという、元気のいい、とても愉快な人で、いろいろおしゃべりするうちに、非常勤も自分の権利を主張しなくてはいかん、ということになるのね。特にまだ学生運動†の余韻も残っていた頃でしたし、組合運動も盛んでした。非常勤も賃上げ運動をしよう、待遇改善しようとか、だんだんなってきたわけです。

日給を十円でも上げて欲しいということが、一つありますね。それから、ある程度勤めたら、有給休暇が欲しい。勝手に首切られない保証が欲しい。身分証が欲しい。身分証、本当に欲しかったのね。何にも私が私本人だと証明するものがないんだから。それから、バッヂがありましてね。非常勤と職員では、色が違うのね。職員のバッヂだったら、国会に入れて、食堂でご飯が食べられ

†**学生運動**—一九六八（昭和43）年から全国的に起こった大学闘争のこと。授業料値上げ反対運動と、ベトナム反戦学生運動など。

るのね。ご飯が食べたいとは言えないから、部署によっては、国会へ出入りすることもあるのだから、同じバッヂにして欲しいとか。それから交通費が欲しい。初めは、みんな恐かったのね。それは当然そうです。もう明日から来なくていいと言われるかと思うもの。実際、面と向かって、「来たい人山ほどいて、履歴書これくらいあるんだ」というような事、言われますから。だから、恐かったんだけど。

非常勤は初め組合に入れてくれなかったの。それを、組合のなかで同情的な人がいたりして、入れようという事になったんだけど、我々としては組合に入るということが、まず一つ大変な決心でした。それから、「お偉いさん」と交渉する。ビラを配る。小池さんは私の娘みたいな年代ですが、すごくしっかりしてよく出来る人で、人権意識なんていうものは彼女に随分教育されました。彼女に出会わなかったら、私の社会に対する考え方は今と随分違っていたと思います。ずっと仲良くしていましたのに、つい最近、白血病で亡くなってしまって、とても悲しい思いをしました。彼女と二人相棒でやろうということになって。昭和五十二(一九七七)年からです。

やっぱり、若い女の子たちは、館長とか、部長とか、偉いと思うわけじゃない。でも、私だったら、別に何ともないわけでしょ。歳だって同じ位のものだしね。そして、お偉いさんといったって、憚《はばか》りながら、私は娘の時、皇后さまの代理の皇后宮大夫の前で、卒業の御礼《おんれい》を申し上げたり出来たんですから、その恐さに比べたら何でもないわけ。それだから、首切られそうになった時、助けてくれたお礼にやりましょうと思って、交渉の時、ぺらぺらいろんな事、言ったわけです。だって、館長なんて話にならないんですもの。最近少し変りましたが、当時は衆議院と参議院の事務総長が、定年になると、かわるばんこに館長に来る。だから何にも知らないわけ。「書庫へ行ってみたら、お嬢さんが、えいっと本の沢山入った重そうな箱を持ち上げたんで驚いた」とか言っているわけです。だから、そんなの恐くないし、交渉しまして、賃上げは少しずつ少しずつ上げさせまして。最後に一日三千円ちょっとか、四千円近くまでいったかな。初め？　千八百円位？　交通費は取りました。それから、有給休暇も取って。身分証も取って。身分証、私が辞めてからだったかな。私は貰わなかったと思う。バッヂは駄目だった。厚生年金は、その頃からあったんです。だからいまだに、わずかですけど、上乗せして年金が貰えますよ。

それから、他の役所の非常勤と共闘出来ないかと、小池さんと二人で、弁護士の所へ相談に行ったりしてね。行ったら初め「娘を連れた離婚の相談だと思った」と言われて。議員を紹介して貰ったりしたけど、結局他のお役所とは、勤務や待遇の形態が違うのね。前に言ったみたいに、こちらは三箇月契約、ほかは一年契約とかね、他の部署には厚生年金がないとかね、いろんな食い違いがありまして、うまくいかなかったんです。

非常勤集会は、お昼休みにしました。なかなか来たがらない人を勧誘したり、大変で。二十人から三十人位。でもまた、それもいろいろな人がいますしね。職員も、それは皆さんとても親切で、働きやすい職場ではあったけれど、いい人たちであるとは言っても、あんまり運動すれば今度は逆差別だと言われるのね。職員と同じ仕事していると言うと、嫌がられるしね。でも、実際してるんだもの。だから、「もうそれじゃあ、そんなに仕事しなさんな。日給分だけすればいいから」と若い人には言ったりしましたけど、自分も含めて、非常勤だからこれしか出来ないと思われるのも悔しい、と思うから、やっぱり必要以上にやってしまうんです。そんな事をしていて、人との関係や、交渉の仕方を勉強しました。

非常勤運動のパンフレット

これはね、非常勤運動がかなり成果をあげて来て、だけど非常勤職員も、組合で支援してくれる人も毎年入れかわるし、我々自身、権利を取ると以前の事は忘れてしまうから、きちんと歴史を残しておかなくちゃ、って小池さんが言い出して、お昼休に二人で一生懸命工夫して作ったパンフレットの一部です。ザラ紙に、今のように便利じゃない組合のコピー機で沢山コピーして、非常勤

国立国会図書館
非常勤職員のあらまし

1978年11月

国立国会図書館非常勤の会

国立国会図書館の非常勤職員の実態
'78.11

人数	昼間	70人	長期 62人 短期 8人
	夜間	17人	
		87人	（対定員内職員比1割強）
勤続年数	3年以上	20人	
	1年〜3年未満	26	
	1年未満	19	（短8人含）
		65	（不明者、夜間は除く）
勤務形態	長期……3ヶ月更新、1年契約。継続雇用希望者には退職強要しない旨約束あり。 短期……産休代替、臨時アルバイト		
勤務日数	18日/月	47人（上限18日とされている）	
	18日未満	15	
	不明	28	
勤務時間	昼間	8時間労働	
	夜間	3時間労働	

注：全の非常勤職員を主に対象とした。

業務内容　　1978、10月調査

全国書誌機械編纂のための入力用データシートの作成	10名
雑誌記事索引作成のための入力用データシートの作成	9
和逐次刊行物（新聞雑誌）の目録・入力データの作成	1
国会会議録索引・法令沿革索引の編纂	4
調査業務機械化のための準備作業	2
外国法令資料の加除	4
図書館協力・ISDS（国際逐次刊行物データシステム）の作成	5
憲政資料の閲覧・出納業務と目録整理	5
学術文献録音テープ作成・貸出サービス（視力障害者用）	2
図書・新聞雑誌出納・整理	7
庶務の業務	4
その他	

＜夜間＞

閲覧サービス（図書・新聞の出納・納本業務）	17

日給

3500円
※76年度より
3年以上勤続
40歳以上
修士卒
} 少額加算

	日給	予算単価
73	1850円	1460円
74	2200円	1750円
75	3000円	2320円
76	※3240（3300）円	2550円
77	3300（3350）円	2750円
78	3550（3600）円	2930円

期末手当

年間7日分＝24,100円
他の手当は一切なし

	年末(3日)	年度末(3日)	計
73	4日分	4日分	14,800円
74	6日分	6日分	26,400円
75	3.5日分	2日分	16,500円
76	4日分	3日分	22,680円
77	4日分	3日分	24,100円
78			

交通費

77年度より見合い分として一律に200円支給、241円以上の者には段階を作って少額を上乗せしている。

1日にかかる金額／年度	0〜240円	241〜500円	501〜700円	701〜900円	901円〜
77	200円	240円	270円	300円	
78	200円	240円	280円	320円	※360円

※例えば1日901円以上かかる人には360円しか支給されない。

有給休暇

年休
病休
生休
忌引休
} 全くなし

	夏季休暇	年末年始休暇	年間合計
73	5日	0日	5日
74	5日	0日	5日
75	6日	2日	8日
76	6日	3日	9日
77	6日	2日	8日
78	6日		6＋?

但し、夏季と年末年始に計8日あり。

退職金

1〜2年　2日分
2〜3年　3日分
3〜5年　5日分
5〜7年　7日分

□年度より勤続年数によって上記のように支給。しかし、実際は「予算の都合」で有給休暇にされた例が半数を上回る。

産休

77年度に原職復帰の権利を取る。但し無給である。

保険

健保・厚生年金・雇用保険あり。共済組合には加入できない。

にも本職員にも、随分一ぱい配りました。すっかり忘れてたけど、たまたま出て来たらいろいろ思い出して……。やっぱり記録ってしておくべきものね。とてもなつかしくて、小池さんの亡くなるちょっと前だったけど、コピーして送ってあげました。遠くにいてお見舞にも行けなかったので、どうでしたか、喜んでくれたと思うけど。今では本当に大切な、彼女のお形見になってしまいました。

朝日新聞のアルバイト

あ、面白い話あるんだけどね。法令課に行ってからのことですけどね。電子計算課の時お世話になったコンピュータの専門の人で、私をかってくれていた人がいたの。彼女が、「朝日新聞で記事索引を作る仕事があるから行かないか」と言ってくれたの。何人かの人が新聞の一面ずつを受け持って、毎日の記事の中で索引取るべきところを抜き出して、原稿書いて幾ら貰うっていうような。家で新聞読んで、原稿作って月に何度かの集まりに持って行けばいいんで、難しくもなんともない。専任になってもいいっていうんです。

兄の友達が朝日新聞に居たから聞いてみたのね。そしたら、「あんなもの、もうすぐ止めるんだから、行っちゃ駄目だ」って言うの。要するに、そういう作業はもうコンピュータにしようというので、システムが変る時ですよ。

だから、専任なんてことは、初めから考えなかったけれど、お小遣いは欲しかったから、すぐに止めになるつもりでいいからと思って行ったんです。それが、十月頃。方々の良い所の奥様たちが、何人かと、男の人が一人位居たと思うけれど。

二、三箇月過ぎて、お正月に偉い方が御馳走しますというのね。私は、「はぁ」と思った。だけど他の方は気が付かなかったらしい。よく働くから御馳走して下さると思ったらしいんです。当日になったら、なんかお偉いさんが、ずらりと並んで、「ご苦労であったけれども、これこれだからもう止めます」という話だったの。でも奥様方、皆さんね、「大変有意義な仕事に参加させていただいて、名誉に光栄に思います」と言うだけなのね。それで私、「これで帰ったら、組合の連中に何言われるかわかんない、ひとつ言ってやれ」と思ったのね。

で、丁寧に、「私は来たばかりで、何も言う資格はないんですけれど、他の方々はおっしゃりにくいだろうと思うから申し上げますけれども、ここにいらっしゃる方、皆様、ご立派な奥様方で、何も生活費の足しにするとかいうことではないと思いますけれど、月々こういうお金が入って、それが二年、三年続いてらっしゃるんだったら、お稽古事にお使いになるとか、お孫さんのお小遣いになさるとか、なさっていると思います。ですから、そちらのご都合でお止めになるんでしたら、私はもちろん要りませんけれども、二年、三年お勤めの方には、その年数に応じて、何らか有って然るべきだと思いますけど、如何《いかが》でしょうか」と言ったのね。

そうしたら、お偉いさんが何か言うより前に、奥様方から、総すかん。「意義ある仕事に携わっておったのに、退職金をよこせとは何たる事を言うか」とおっしゃるのね。「そんなら何も私はかまいません」とそれで帰って来たのね。そしたら、何人もの方から電話が掛かって来て、「家に帰って夫に言ったら、『そりゃ、その人の言うのがもっともだ』って。『なんでそこで一緒になって交渉しなかったんだ』って言われたけど、どうしましょう」って。「どうしましょう」って言われたって、私は何もいただこうと思ってないので、それだけのことでね。そしたら、誰が交渉したのかわからないけど、後から全員に均等に二万円だか、なんだかくれました。私はわずか二、三箇月勤めて、二年も三年もの人と同じだけ貰いました。

だから、専業主婦というものは、世間を知っているようでやっぱり知らない。私もそうだったけど、図書館で教育されてやっと一人前になったと思いました。それから、「じきに止める」なんていう内部情報を持っているのは、大事なことだと思いました。まあ、今ではこんな話はお笑い草ですけどね。昭和五十年代の知的な奥様の勤労感覚はそんなものだったんですよ。

着物の話

洋服で育ってきたのに、着物に変えた理由はね、一つには、まだ勉強始めてそんなにならない頃、宮内庁の書陵部で資料の展示があったのね。行きたかったけど、足を捻挫して靴が履けなかったのね。だけど行きたいからと思って、着物着て、草履はいて行ったんです。そしたら橋本不美男《ふみお》†先生が、毛虫が蝶々になったみたいな顔なさったのね。とっても面白かったの。「男の人って、こういうもんだな」と思ったのね。そういう文庫に行く時、全然こっちは肩書も何にも無いわけでしょ。書陵部へは、何回も行ったからわかって下さるけど、他の所へ行って、「本見せて下さい」と言う時に、「何者だろう？」と変な顔されるわけですよ。でも、着物着て行くと、まあ少しは人品《じんぴん》がよく見えるんでしょうか、態度が違うという事に気づいたのね。そんな便利な事もあったし、一つには主人が亡くなった時にね、今までとおんなじ格好するの、嫌になったんですね。

そう思っている所に、丁度石油危機†でね。「省エネだ」と言って、国会図書館は、そういう時すぐ政府の言うこと聞くんですね。だからね、暖房は落とすわ、おしまいには、書庫の冷房まで落として、「虫が出た」と言う事も、あったんですけどね。はじめは冬でしたから、寒くて寒くて仕様が無いのね。それで着物着たんですね。はじめは防寒用。そしたら、本当にね、人の目が違う。

†**橋本不美男**―一九二二（大正11）～一九九一（平成3）国文学者。東京生まれ。宮内庁書陵部図書調査官、早稲田大学教授。著書に『院政期の歌壇史研究』『王朝和歌史の研究』等。

†**石油危機**―一九七三（昭和48）年10月第四次中東戦争が勃発した影響で、日本でも石油危機が起き、エネルギーの一〇パーセント節約がうたわれた。

その頃はまだ着物を着慣れてはいないけど、見慣れてるんです。母はもちろん、周りの人みんな着物でしたからね。お芝居も見ているから、着物を着た時に、どういう所作をすればいいか、ということはわかっている。着方も大体わかっている。だけど、洋服だったら、おしゃれをどうするかって、教えてくれる人がいないんだからわかんない。自分も自信がないわけ。だから、おしゃれは縁がなかったから、洋服を選ぶ時もめんどくさくて、下手で仕様が無かった。

それとその頃は、洋服が年輩の人にまで、こんなにも普及する直前でね。おそらく製造元ではまだ売れると思って、反物《たんもの》を沢山持っていたんですね。ところが、もう売れなくなってきたからね、デパートでも、安い反物がいっぱい出るようになったんです。昭和四十八年、四十九年頃。だから私、その時作った着物、今でも着てますけどね。千円以上の反物、買ったことない。自分で縫う。自分で縫えなかったら、着物着やしません。うちの学校は運針《うんしん》、ちくちく縫う。真っすぐ縫う。それ、すごくやかましかったんです。真っすぐなんか、なかなか縫えないしね。嫌で嫌で仕方なかったんですけど、でも、それ散々やらされたんですね。だから、針持つこと、面倒くさくない。袖口でも何でも昔は「四つ留めだ、なんだ」と言って、先生がうるさかったのですけど、要するに、ほころびなければいいわけですから。寸法だって、その時にその時に測って縫えばいいんだからね。簡単に縫えますよ。真っすぐ縫えばいいんだから。二日で縫えますよ。楽しみですよ。

反物でも、ほかの持物でも、何屋の何でなくちゃいけないということは、全然ありません。焼けたらもう本当に、何にも要らなくなりました。『方丈記』†の無常観なんて、当り前の話よ。何事も間に合えばいいという精神で、ここまで来てしまいましたから、そういういいかげんなのは宜しくない事は、よくわかっているんですけれども、欲しくない。好きも嫌いも、若い時代は戦争で物も無いし、あるようになれば、こっちにお金が無いしね。だから洋服選ぶの、一番嫌だったわ。アクセサリーも持ってない。指輪も持ってない。ウェディングリングどころの騒ぎじゃなかったからね。とにかく、お金がなかったのよ。

†方丈記―鎌倉初期の随筆。鴨長明著。仏教的無常観を基調に、人生の無常を述べた作品。

第六章　大学教員時代

立教大学で非常勤講師として和歌史を教える

一番初めは、立教大学の井上宗雄先生が、一年間（昭和五十三年）研究休暇でお休みなので、その間の非常勤講師として、和歌史と和歌の演習をしてくれというお話だったんです。学部の授業だけど、演習の方は院生も来たんですね。だけど私、父は大学にお勤めしていたわけだけれども、自分は大学行ったこともないし、大学の授業なんて一体どうするものか、全然知らないわけよね。講義の方は、見当つくにしても、演習って何するのだかわからない。「演習」っていったら、「陸軍大演習」位しか、知らないわけ。で、結局、自分の専門の玉葉集、風雅集は非常に特殊ですからやれないし、新古今集はなさる方、沢山いらっしゃるし、難しいしね。というので、千載集をやったんです。

千載集は、私好きな集だし、新古今のように、そんなに凝ってないし、中世の和歌の基礎だと思ったの。千載集でも、ただ訳すだけではなく、どの言葉が新しいか、『国歌大観』の索引を引きまくって、見てゆくようなことをしてみたら、何とかなるんじゃないかと思ったわけね。そのとき、中村文《あや》さんと川村

†千載集（千載和歌集）―平安時代後期の勅撰和歌集。編者は藤原俊成。七番目の勅撰集。

†『国歌大観』―万葉集・二十一代集・新葉集および史書・日記などの中の和歌の集成およびその索引。一九〇一年〜〇三年刊。

裕《ゆう》子さん、そのお二人が大学院生で、いつも来てくれたんです。そうすると何となく心強い。助けてくれるから。そのお二人に休まれると、大変困るの。だから、そのお二人が、最初の学生で、しかも恩人、というような感じですね。

立教は一年だけで、その後非常勤の話が、一、二回あったけれども潰れてね。そのなかには、頼んで下さった先生からお聞きしたんだけど、話をしたら、某有名な先生が、「それは美人か」とおっしゃったというエピソードがあってね。それをうかがったのは和歌文学会のあとの、何人かで「ちょっと一杯」っていう時だったけど、その時に、私は「ワッハッハ」と笑って、「それじゃあ、頭からアウトですね」と言って、皆さん笑って、それでおしまいだったんだけれどさ、後で考えてみたら、そんなさばけたようなふりしないで、「その時に何とおっしゃって下さいました」と開き直って聞けばよかった。惜しい事しちゃったと思ったけどね。

鶴見大学文学部助教授になる

後でうかがったんですけども、鶴見大学では間中富士子†先生が定年が近いということで、中世の研究者を探していたんですね。昭和五十四（一九七九）年の『むらさき』に、次男の結婚話と絡めて、芭蕉の連句の解釈についての私の考えを書いたんです。池田利夫†先生が、ご覧になって、もう子供が結婚したの

†間中富士子―一九一三（大正2）〜　国文学者。茨城県生まれ。日本女子大学専門科国文学部、東洋大学卒業。一九五三年に鶴見女子短期大学助教授。一九八四年鶴見大学を定年退職。著書に『慈鎮和尚及び拾玉集の研究』など。

†池田利夫―一九三一（昭和6）〜　国文学者。神奈川県生まれ。慶應義塾大学文学部卒、同大学院修了。鶴見大学文学部日本文学科創設時（一九六三年）から、定年退職までの三九年間鶴見大学で教える。著書に『源氏物語の文献学的研究序説』『更級日記浜松中納言物語攷』など。

なら暇だろうということに、まず最初はなったらしいんです。それで昭和五十五（一九八〇）年の熊本での中世文学会で『中務内侍日記』について発表するというので、見物にいらしたらしい。その時は知らなかったけど、池田先生、そんなにいつも学会にお出になる方じゃなかったのにね。

具体的に連絡の来たのは、昭和五十六（一九八一）年の夏前、六月位かしら。いきなり池田先生から電話がかかって来て。私は当然非常勤の話だろうと思ったの。そうしたら、「専任で来い」っておっしゃるから、びっくり仰天して、「そんなの出来ません、出来ません」って言ったのね。夢にも考えていませんもの。そうしたら笑って、「あなたの事は、私立探偵こそ使わないけれども、みんな知ってる、わかってる」って。「だけども今、国会図書館の仕事の途中で辞められません」と言ったのね。そしたら、「そんなことないでしょ。決めなさい」って。「履歴書送って下さい。今度の教授会に出して決めるから、みんなその気になっているから」って。

やはり私としては、この前話した『法令索引』の仕事があったし、それも非常勤運動も中途やりかけで、仲の良い小池さんをほっぽって自分が就職するというのは、辛かったのね。だけども、そんなこと言ってもいられないということでね。私はそれまで、非常勤講師の話があっては、みんな消えちゃうからね、もういいやと思っていたんですね。国会図書館だって、いつまで勤められるかわからないけど、勤められるだけ勤めて、後は又どうにかなると覚悟を決めたら、鶴見大学の話が来たのね。世の中って、そういうもんですよ。

楽しかった大学生活

鶴見大学†の学生の印象は、退職する時に「はじめて見た新入生は、みんなジャガイモみたいだと思った」と言ったら、その頃の人に恨まれたけど、それは悪口じゃない、畠から掘り上げたばっかりの、きれいな新ジャガの感じでね。本当に素朴だと思いました。おしゃれじゃないし、素直だしね。

その時の日本文学科の専任教員は、池田利夫先生（中古文学）でしょ。間中冨士子先生（中世文学）も、一年ご一緒だったんですね。それから、岡本準水先生（国語学）と大屋幸世先生（近代文学）、山下一海先生（近世文学）、田口暢穂先生（中国文学）、貞政研司（少登）先生（書道）、清水康行先生（国語学）、そしてご一しょに入った坂本育雄先生（近代文学）。私より後でお入りになったのが、土井清民先生（上代文学）、高田信敬先生（中古文学）、小野正弘先生（国語学）、古田東朔先生（国語学）。先生方と日本文学科の合同研究室でお話しするのが楽しくて。大学とはこんなに楽しい所か、と思いましたね。

その頃は研究室も二人部屋でね、はじめは貞政先生、あとでは山下先生とご一しょ。学生がご相談に来たりすると、悪いから合同研究室へ行くでしょ。そ

†**鶴見大学**—曹洞宗の本山総持寺を母体に、一九六三年四月開設。初代文学部長は、久松潜一。学科は、日本文学科と英米文学科から出発。横浜市鶴見区。文学部は、一九九七年まで女子学生のみ。

うするとほかの先生方もいらっしゃるし、非常勤の先生方もいらっしゃる。皆さんすごい物知りで、一言何か言うといろんな事教えて下さる。辞典も資料も棚に一ぱいで、すぐ引っぱり出して調べる。貞政先生の書道だの、池田先生・高田先生の文献学だの、まるで知らなかった世界だし、田口先生・清水先生・高田先生・小野先生なんてお若い方々なのに、昔のプロ野球や落語の話がツーカーで通じる。そのほか皆さん、大議論をしながら仲がよくて、授業が終ればお酒。これは池田先生に随分教育されたけど、不肖の弟子でとうとうだめだったわ。

「国文学概論」で婚姻史の話

何しろ、大学って所で勉強も何もした事がなかったのに、いきなり「国文学概論」の講義をしろと言われたのにはほんとに困ったわ。大屋先生に、自分の流儀でやればいいんだって励ましていただいて、高群さんの『日本婚姻史』をテキストにして、文学と結婚の話をしたのよ。毎年、一番苦労した講義だけど、一番楽しかったわ。

はじめの頃は学生もほんとにウブだったのねえ。「結婚に歴史があるなんて知らなかった」「先生が、セックス、セックスって大きな声で言うからはずかしかった」なんて言われて。「私は女ばかりの長女だから、卒業したら郷里に帰って結婚して家をつぎます」って迷いもなく言う人もいたし、みんな、卒業してちょっとお勤めしてから結婚して専業主婦になるのが当り前、って空気だったわ。でも講義のはじめには、「こんな勉強、どうして？」って反応だったのが、一年の終りには、「とても面白かった、これからもずっとこの講義を続けて下さい」って言ってくれるので、とてもやりがいがあった。

ところが、十年近く続けているうちに、世の中の方が変って来たの。「不倫」って言葉がはやり出した頃からだわ。セックスなんて何でもなくなって、反対に、「婿取婚が嫁入婚になって、江戸時代になると女性の権利なんてなくなった」っていうあたりは、今までは暗黙の常識で、その辺はアッサリ通りすぎてたのに、「そんなに人権無視されてたのか、知らなかった」って反応が出て来たんで、びっくり仰天よ。あわてて「†心中天網島《てんのあみじま》」のおさんの話なんか付け加えたけど、でもこれだけ、女性の地位が上って来たのかって、感慨無量でしたね。

和歌や女流日記の講義や演習もいろいろしたけど、一番思い出が深い、また自分でも勉強になったのはこの講義でした。

†心中天網島――浄瑠璃。近松門左衛門作。紙屋治兵衛の女房おさんが、夫の愛する遊女小春の身請けの金を作るため衣類を質入れし、自分は身を引く。

ポスターで釣られた日本文学会

鶴見では毎年春と秋とに「日本文学会」の講演会をやってましてね、代る代る話をする、また外部の講師をお招きするというので、これもまた楽しみでした。その時は貞政先生がとてもステキなポスターを、いろいろ工夫したデザインで作って下さるのでね、話をするとそれがいただけるの。それが嬉しくて、講演を引受けたりしましたよ。そのポスターは、あとで貞政先生がおまとめになった、『見る・日本文学会』という御本の中に、全部色刷りで入ってます。見ると、いろんな事思い出すわ。亀井孝先生とか、目加田誠先生とか、学界の大長老の先生方に来ていただいたり、広い教室の床一ぱいに紙をひろげて、貞政先生が実際に書を書いて見せて下さったりね。平成四（一九九二）年には文学部創立三十周年記念で、有職文化研究所の仙石宗久先生と一門の方々に、十二単や束帯、子供の装束のお着付を、鶴見公会堂の舞台で実演していただきました。束帯のモデルは貞政先生。童直垂《わらわひたたれ》の寸法に合うモデルがなかなかなくて、やっと見つけた金髪で青い目のハーフの坊やが、あんまりかわいくってみんなが笑ったのですっかりはにかんじゃって、とっても面白かったわ。

大学院創設・鶴見大学退職前後のこと

鶴見大学では、池田利夫先生が文学部長、私が日本文学科長の時に、「大学

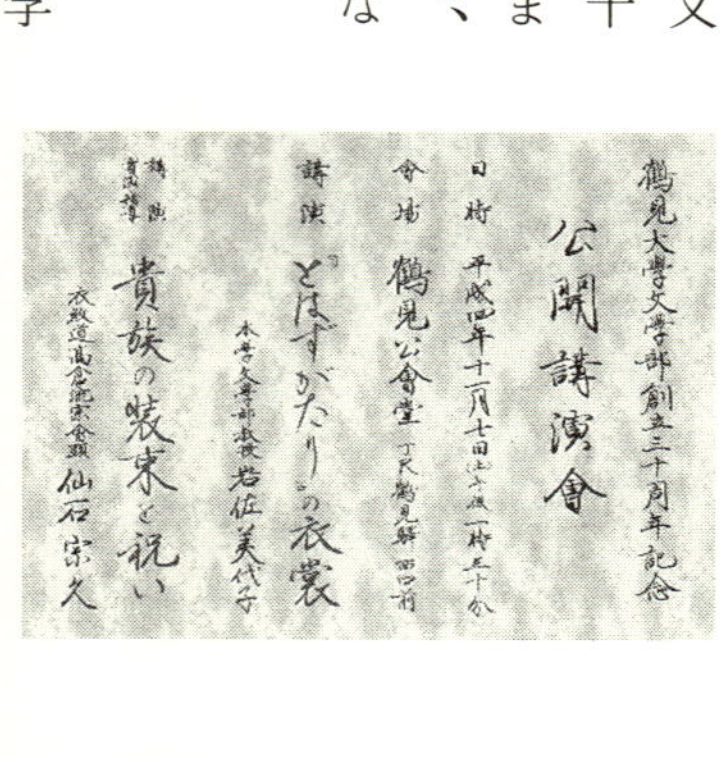

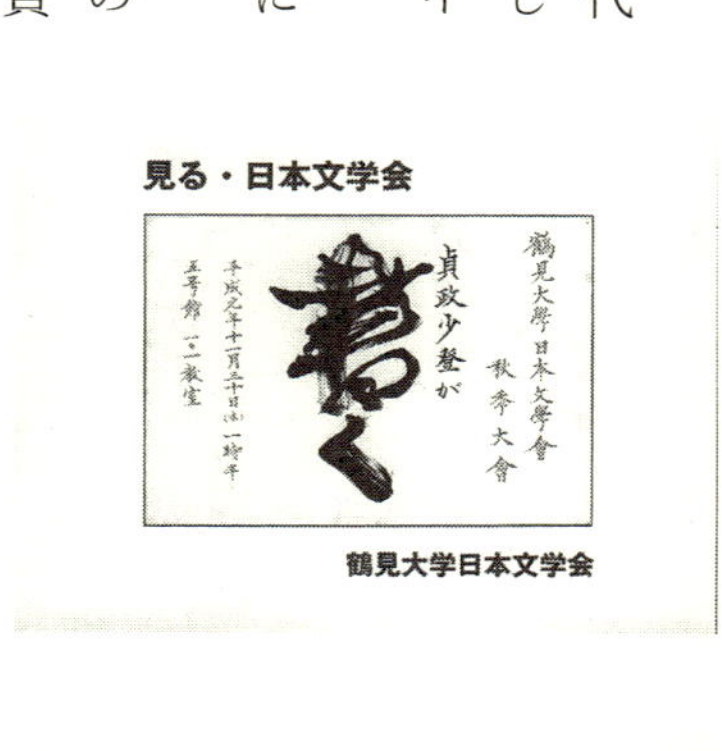

院を作ろう」ということになって、私は池田先生のあとにくっついているだけだったけど、ともかく平成元（一九八九）年に修士課程ができました。続いて博士課程も作りたかったんだけど、ちょっと間があいて、今度は私が文学部長で、平成六（一九九四）年に博士課程を作りました。今度も池田先生のリモコンではあったけど、そうばかりも行かなくて、文部省との交渉やお役所向けの文書作りは随分やりました。その時の経験が、あとで話すけど、秦さんの訴訟の時に役に立ったんだから、世の中、おかしなものね。

大学院ができて嬉しかったのは、今まであんまりポピュラーじゃないのでできなかった、自分の専門の玉葉風雅あたりの話ができるようになった事と、社会人や、ほかの大学の卒業生が入って来て、おとなのおつきあいができるようになった事。中でも、今野鈴代さん・山田喜美子さん・山西明さんのお三方は、もう立派な御年配なのに、ちっともえらぶらずに若い人達にとけこんで、しかもみんなを自然にまとめて下さいました。

ただ残念なのは、せっかく修士・博士を出した頃には世の中が変ってしまって、皆さんなかなか就職口がない事。それは本当に申しわけなくて、気が痛んでいます。皆さん、「そんな事ない」って言って下さるけどね。

後期課程は三年間なのに、古田東朔先生と私は定年で、二年で止めなければならなかったのね。池田先生は、昔からはっきり、特別な待遇の人は作らない

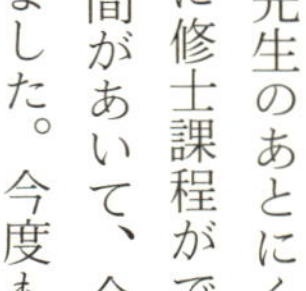

束帯姿の正三位貞政卿

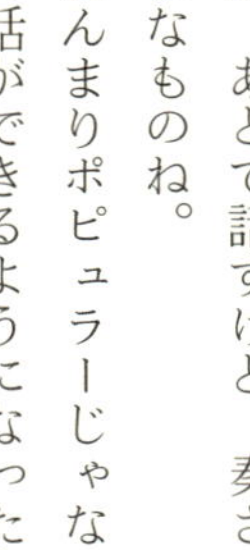

青い目の殿上童

御方針を通していらしたので、どなたか後任の方をと探していらしたんだけど、文部省の方から「そんな事しないでも、今いる人を一年長くおいとけばいいじゃないか」と言われたので、二人とも定年を一年延ばしていただいて、平成九（一九九七）年三月に退職しました。

一番はじめ、就職したとき池田先生が、「あなたを採ったのは、学生の教育ということもあるけれども、研究をして欲しいんだ、だから論文を書きなさい」とおっしゃったんです。嬉しかったから、『国文鶴見』と『鶴見大学紀要』とに、退職するまで毎年書きました。それは、私の誇りです。

退職まで、嫌な思い出が一つもなしに過ごせたことは、ありがたいことだと思いました。その後は何より自由になったのが嬉しい。「ねばならないこと」が、いっぱいありましたからね。それが無くなったことが、非常に嬉しかった。まだやりたいことが、いっぱいあるから、それをやりたくて仕様が無かった。

おかげ様で退職後も元気で、時代にもジャンルにもかまわず好きな研究をして、活字にしていただけるし、調べ物は鶴見大の図書館が勝手に使えるし、若い人達とはいろんな研究会でおしゃべりができるし、こんな楽しいありがたい事はないと思って、なるべくこれを長続きさせるように、身体に気をつけています。

第七章　セクハラ裁判支援

「清泉女子大学セクハラ事件裁判」を支援する

清泉女子大学の二次セクハラ事件というのはね、平成九（一九九七）年四月から、当時の三年生三十何人が、教職課程担当の非常勤講師の先生から個人的関係を持ちかけられて、いろんな形のセクハラを受けていたのね。その先生は以前からそういう事していたけど、教員資格取得にかかわる事だからみんな泣き寝入りしていたのを、その学年の学生達は勇気を出して大学に訴えたの。その時、相談に乗って支援して、その年度限りで問題の講師を退職させたのが、国文学の非常勤講師の秦澄美枝さんだった。これが「一次セクハラ」ね。そうしたら、翌十年三月頃から、大学の有力な女性教授が、研究室でも、また学生一般への講義の中でも、「秦さんが学生を扇動して、ありもしないセクハラ事件をでっち上げて、有能な先生の首を切った」と繰返し発言して、秦さん個人の人格や研究業績まで非難した。大学当局も一応はその教授に口頭で注意したけど、他の教員まで巻きこんで誹謗中傷がエスカレートして行くのを放置してその年度限りで秦さんを雇止《やといどめ》にしてしまった。これが「二次セクハラ」です。

今まで一次セクハラの裁判申立てというのは沢山あって、でもなかなか勝てなかったのを、それから派生した二次セクハラで、セクハラをした当人だけじゃなく、大学当局の管理責任と運営責任を、しかも全くの一個人が追及して、二審まで行ったけど、とうとう勝訴したというのは、この事件がはじめてで、画期的なものだったんですよ。その判決で文部科学省を動かして、今後そういう事のないよう、清泉女子大に強い指導をしていただいたという事でも、大きな意味のある裁判でした。その全部のいきさつは、秦さんが、『魂の殺人―清泉女子大学セクハラ事件―』（WAVE出版、平成十三年）・『二次セクハラ清泉女子大学裁判―大学の責務と文部省セクハラ規程―』（社会評論社、平成十七年）・『男女共生社会の大学―文部省セクハラ規程から大学評価へ―』（社会評論社、平成十九年）という三冊の著書の中で、詳しく書いています。

私はたまたま縁があって、「秦澄美枝さんを支援する研究者の会」の代表者という形で、平成十二（二〇〇〇）年以来この裁判にかかわりました。それは思いがけない成行きでそうなってしまったんだけど、法学者であった祖父や父の志を継ぐ仕事でもあったわけだし、秦さんのその間の苦労には及びもつかないけど、私としても今までにない、いろんな体験もし、知見も身についた事件でした。

訴訟・支援の発足

秦澄美枝さんが、和歌文学会に入って、研究発表でも始めるかという頃、彼女は早稲田の大学院特別研究生になって、少しお友達が出来た位で、わりとポツンとしていたのね。私も、和歌文学会へ入った始めの頃に、誰もお話する人もいなくて心細かったから、その気持わかるから、ちょっと声かけて、仲よくしたのが始めなのね。

彼女の研究は、もともとは新古今なんだけれども、歌の詞というか、テーマというか、それが集によって何が多いか違う、その変化を、八代集全部順を追って調べてたんです。そのやり方が、新しいし私の和歌研究の態度ともつながると思ったから声かけたんだと思います。それが、昭和六十年頃。学会の地方の見学の時に、一緒に歩いたり、その程度でしたけど。そのうちに、論文書いたり、発表したりする、相談に乗るようになったのね。彼女は個性の強い人ですから、論文も考えはいいんだけど、もっていき方がまずいところがあったりするものですから、かなりうるさく言ったんです。そうしている間に、清泉女子大の事件が起こったわけです。

訴訟を起こしたのが、平成十二（二〇〇〇）年六月なんですね。その前に文部省（現・文部科学省）に相談に行って、文部省から大学に対して指導してくれたけど、清泉関係者が出したと思われる生命の脅迫状が秦さんに届いたので、文部省から「裁判」という示唆を含む指導をいただいたんですね。その中で文部省は「これは秦先生と学生と二つの問題が解決して最終的に一つの解決なのです」と秦さん自身の問題も大切にしてくれたんです。それを受けて秦さんたちは、支援の先生方とも協議を重ねた末、大学側の秦さんに対する名誉棄損という形で訴訟に踏み切ったんですよ。「新聞に謝罪広告を出し、賠償金一千万円を支払え」と。一方学生達の方は、人権擁護委員会へ救済を申し立てるという形にしました。

訴訟することに決めた時、秦さんと早稲田大学で一緒で、今は教授になっている兼築信行さんが、事務局長になって、支援の会を作ろうということになったんです。その時はまだ、私は関わっていなくて、和歌文学会で兼築さんに会った時、「秦さん大変ね。あなた大変だけどよろしくね」と言ったんです。そうしたら、その晩すぐに電話がかかって来て、「『秦澄美枝さんを支援する研究者の会』の代表になってくれ」と言うんです。私もちょっと困ってどうしようと思ったんだけれど、考えてみると、もう鶴見大学も辞めていたし、私が何しようと誰も迷惑かかる人はいないわけだし。そして、時間もあるしね。だから、「やりましょう」と引き受けたわけです。もちろんなかなか難しいことはわかってましたけれど、最後まで放り出さずにやろうと、その時すぐ思いましたね。

一審の判決は請求棄却

国文学関係の研究者たちが、思いがけないほど一致して支援して下さって、それは本当にありがたかったですよ。皆さん、「そんな酷いことがあるのか」と応援して下さったのね。それは、やはり皆さんが、学生を持っているからね。学生を応援しなきゃという気持ちでいらしたと思うんです。偉い先生方が、署名も積極的に集めて下さったし、一口千円で沢山カンパをして下さったしね。

でも、一審の判決は原告の請求棄却、つまり、一審では負けました。理由は何かというと、学生たちの証言を、実名を出せないから、匿名で出した。弁護士は「実名で」と言ったんだけれど、我々としては、学生のプライバシーの問題で、名前を出すわけにはいかない。だから、インキャメラ方式といって、陳述書原本に名前を出して、名前があるということを主席の裁判官が確認して、その上で実名を黒塗りにして消して、相手側に渡す。そういう方式でやって、裁判官も認めて、「証拠として採用します」と言ったんですね。だけども、「もう一度はっきりその点を確認して下さい」と弁護士に言ったんだけれども、「もう必要ない」と、弁護士は確認しなかったんですね。一番の原因はそれで、証拠不十分だということで、棄却になったんですね。

その前から、弁護士とは揉めまして。つくづくわかったんですけど、弁護士というのは、土地の紛争とか、お金がどうとか、離婚がどうとか、決まり切ったことならば、やり方が出来ていて、それに当てはめていけば書類が書けるんだけど、こういう今までなかった、個人が大学をセクハラと名誉棄損で訴えるというのは、判例がなくて出来ない、わからない。それでも弁護士としてのプライドなり、主義主張なりがあるわけだから、クライアントのことはかまわずに、自分の主義主張でやっちゃうんですね。それで衝突して大変だった。裁判官や、向こうの弁護士とより、こっちの弁護士との揉め事の方が、ずっと多かったんです。

私は今までの経験で、困った事を自分で解決してきて、身に染みて思っていたのはね、何によらず困った時に、一番欲しい人は、まずこちらが、「こういう風にして下さい」と言ったら、その通り正確に早くやってくれる人。それともう一つは、黙って入り用な時に、お金を出してくれる人。それからもう一つ言えば、何でも文句言わずに、「そうかそうか」と聞いてくれる人ね。

だから私、それに徹したの。中でも一番大変だったのは、三番目の件。秦さんから、ご飯食べている最中に電話かかろうと、夜中に電話かかろうと、「今ちょっと」と言わないで話を聞きました。どんな事でも、「それはそうじゃない」と言わないで、「そうかそうか」と言って聞いて。向こうが言うことに対して、反対したり、私の勝手な意見を言わないで、とにかく聞いていること。だってね、彼女の事件でしょ。一番よくわかっているのは、自分なんですよね。

こんな複雑な事件でね、こっちはそんなに頭に入っちゃいないわけですよ。彼女が一番よくわかっていて、一番真剣に考えているわけだからね、私が何か言うことないわけです。ただ、本人が口に出して言うと、自分でその間に考えがまとまる。なんにも私が言わなくても、最後に「ああそうか、こうすればいいんだわ」と向こうが言うんです。そこまで聞いてあげる。それが、一時間以内では駄目。絶対、一時間と四分。一時間四分聞いてあげればそこまで行く。これは秦さんに限りません。私の所に電話してくる人、ふしぎだけどみんなそうです。無責任なようで、実はとても疲れる仕事ですが。

もちろん、兼築さんはじめ、支援のスタッフは何人もいて、それぞれの受持ちをチームワークよくこなしていたんだけど、私は一番ひまだから、弁護士の所へ彼女が行く時には、ある時期から出来るだけ必ずついて行きました。

私の役はね、にっこり座っているだけ。秦さんから「今日はこれこれ言って下さい」と言われたら言いますけど、後はにこにこして座っている。秦さんは最初はおとなしかったけど、ちゃんと言わなければ駄目だとわかったから、かなりきついこと言うんです。そうすると、お年寄りがついているんだから、「まあまあ」と間に立ってなだめると、向こうは思うでしょう。でも、それを絶対言わない。応援もしないけど、にっこり座っている。それで、「私は彼女に賛成です。証人として、ちゃんと今日のやり取りを聞いてますよ」という圧力を、黙って示すんです。そういう役だと思って、その態度を貫きました。

弁護士の所には、毎週のように行きました。週に二度の時もあった。かなりきつかったわね。裁判の時も、もちろん行くわけです。公判じゃなくって、「協議」といって、準備の打ち合わせみたいなことがある。原告と被告を別々に呼んで、普通の事務室みたいな所で、代わる代わる裁判官が「和解したらどうですか」とかそういうようなことをね、内々のような形で相談することがあるんですね。その時は、外で待っているわけ。何十分かかるか、何時間かかるかわからないのを、辛抱強く待っているわけね。

支援した理由

やっぱり、私だって法律家の娘ですからね。父は最終的には、最高裁の判事やりましたけれど、自分自身としては、そんな裁判官にも弁護士にもなるつもりもなかったけどね。だけど、女性の弁護士を沢山作らなくちゃと考えて、明治大学女子部†を作ったんですね。それで、最初の女性の弁護士を何人も出しました。だから、正直のところ、かかわった女性弁護士達の質の悪さには、今がっくりしていますけれどね。

私が一番腹が立ったのは、清泉女子大がこれだけの騒ぎになっても、先生方が誰も、秦さんや学生達を助けなかったということですね。それは先生方にも、

†**明治大学女子部**—明治大学専門部女子部は、一九二九年（昭和4）に開校。久米愛、三淵嘉子、中田正子ら、女性の弁護士を出した。

いろいろ事情はありましょうけれども、表立って協力はどなたもなさらなかった。それは酷いと思ったのね。

上告し二審判決で勝訴する

一審で棄却された後、上告するよりしょうがない。今でも、秦さんと二人で言うんですけど、「もうあの時が一番つらかったね」と。だって、なんていったって負けたんだから、それを引っ繰り返せるかわからないわけですし、お金もない。しかも弁護士との関係がめちゃくちゃになってね。その時たった一人、村重先生という方が良い方でね。この方の事務所に行った時だけ、笑って帰ってこられる。ほかの人の事務所に行った時は、もう暗澹として救いも何もない。それが一番つらくて。でも、何しろこのまんまじゃ、引き下がれないというので、控訴しました。

そうしましたら、学生がね、卒業して何年か経てば、大学との関係も薄くなるし、「秦先生を負かすわけにはいかない、名前を出しましょう」と言ってくれた子が、二、三人いたんですね。判決を分析しまして、被害にあった学生の名前を出すことが一つ。それから、秦さんの悪口を言っている証拠のテープを、一審の時も出して、一応聞き取れます、ということではあったんだけれども、隠し撮りでしたから充分な証拠にならなかったんです。だから、それを日本音響研究所のノイズリダクション処理で、ちゃんと聞こえるようにお願いしてね。それに又随分なお金がかかったのよね。

それで、一審の時にカンパお願いしたのに、もう一度研究者、支援者の方々に、今度は一口壱万円お願いしようということになって、秦さんも私も、そんな勝手なこと言って集まるのかしら、駄目だろう、と思ったのね。だけど、集まったの。ありがたかったですね。世話人になって下さった方には、もっと何口も出して下さいと言って、皆さん出して下さいましたよ。もうそれは一生懸命、そのあとからいろいろの形で御返礼していますけどね。

二審が始まったのが、平成十四（二〇〇二）年の六月。だけども、二審というのは、始まったら一遍で終わっちゃうということが多いんです。今までの証拠を見直して、判断を下しますというので、一遍で判決というのが非常に多い。それだからね、そうさせないために、新しい証拠をいっぱい出したの。一方からいうと、この一審の判決は、はじめ勝たせるつもりだったのが、何だか訳がわからなくなって棄却した風に読めると。つまり、いろいろ証拠はあるのに、匿名だから証拠不十分と突っ返した。好意的に解釈すれば、名前さえ出せば勝てますよというサインであるかもしれないという解釈もある、だから希望が持てないわけじゃない、と言って下さる方もあってね、それで力をつけていただきました。

二審の時は、私もストレスでね。夜寝てから口の中がこわばるのね。秦さんから電話がかかって来ても、うまく口が動かない。あの時が一番つらい時でしたね。彼女も私も。

平成十五（二〇〇三）年の十一月。二審の判決。一審で請求棄却であったのを改めて、「大学側は秦さんに対して二百万円の賠償金を支払え」という判決が出ました。一千万円の賠償を請求したら、普通判決で認められるのは百万円なんだって。だからその点では、随分大学側に厳しい判決だったわけですね。しかし「謝罪の広告を出せという請求は棄却する」ということでした。この判決に不満だったら、最高裁に上告出来るわけですね。だけども、最高裁で受け付けるかどうか、非常に難しいところでね。最高裁がやるのは、憲法判断ですから。そこまでいくかどうかわからない。とにかくこっちは勝った。上告するならば、清泉の方なんですけどね。清泉の弁護人も、「これは上告しても無駄だ」と言ったそうです。一週間期限があるわけです。その間に上告しなければこれで決定ということ。それで、これで決まったわけです。

文部省のこと

役人というのはおかしなもので、自分が一生懸命作った法令は可愛いのね。法令が成果を上げれば自分のお手柄になる、ということもあるけれども、それよりやっぱり感情的に可愛いのね。それは主人も厚生省にいて、多少法令作りにも関わったから、私はそれを見ていたからわかります。ちょうど、このセクハラについて相談しに行った時に、文部省では「文部省におけるセクシュアル・ハラスメントの防止等に関する規程」（平成十一年三月三十日文部省訓令第四号）というのを作って、教育機関でのセクハラ防止をきっちりやろうと思って、腕まくりしていた時だったらしいのね。だから文部省も一生懸命やってくれたんだと思うわ。

私が支援を引き受けた時から、一つ心配だったのは、清泉はあまりにも自浄能力がないから、セクハラ規程のような良い訓令で文部省からきっちり行政指導をしてほしいけど、それが先例のようになって、きちんと自治運営のできている大学にまで不必要な介入をされてはいけない、という事。それは充分用心してはいたんですね。でもそれは、感心しました。文部省もよく心得ていて、私学にせよ、なんにせよ、大学の自治ということをよく考えて処置しろということを、再三、清泉にも言ってくれたようです。

学生達も最初は、「清泉が無くなって欲しい」とまで思っていたようでしたけれども、最終的には、「清泉がこれでいい大学になればいいんだ。後輩たちがこういう嫌な思いをしないようになればいいんだ」という建設的な方向に、みんなの思いが固まったようで、それもよかったと思いました。

まあとにかく、これで判決が出まして、「めでたしめでたし」にはなったんだけども、我々はそれだけじゃ済まないわけね。つまり、清泉が良くならなければ済まない。だから、文部省に行って、「この通り判決を持って参りました。だから清泉に指導して下さい」と陳情書を出したんですね。この判決で清泉の内部が変わるかどうかということはわからない。自主的にやれるくらいなら、今までにやっているはずですから。向うは二百万円出せばそれでおしまいと思っているわけです。それで済まされちゃいけないと思って。陳情書出しても出さなくても、指導はしますと文部省は言ったんだけれども、でもやろうということで陳情書を出しました。

その趣旨は、高裁が認めた、清泉管理者の「管理責任違反」に加えて、「改正男女雇用機会均等法」（平成十一年）で定められた、組織全員の「安全配慮義務」という新しい考え方を導入して、清泉当局の「安全配慮義務違反」までを認めさせ、改善させて下さい、という事でした。そして、結局一年文部省が大学を指導して、とうとう大学側がこの問題についての報告書、責任者の処分、二件の違反についての謝罪と今後の方針を示した文書を文部省に提出して、平成十七（二〇〇五）年のお正月に、「ありがとうございました」と文部省にお礼に行って、やっと終わったの。

五年かかった。長かったですね。でもそれで私の方がね、ストレスで身体を悪くしたら馬鹿馬鹿しいでしょ。だから、秦さんには言わないけど、弁護士の所に行こうと、裁判所に行こうと、秦さんと「さよなら」と言って別れたら、その途端裁判の事は全部忘れることにしたの。じゃなくちゃ身体がもたない。裁判支援中も研究はしていて、『光厳院御集全釈』（風間書房、平成十二年）、『宮廷文学のひそかな楽しみ』（文藝春秋、平成十三年）、『源氏物語六講』（岩波書店、平成十四年）、『永福門院百番自歌合全釈』（風間書房、平成十五年）、『内親王ものがたり』（岩波書店、平成十五年）、『風雅和歌集全注釈』（笠間書院、平成十四、十五、十六年）など刊行しました。我ながら感心しましたよ。この仕事があったから、身体も心ももったようなものです。本当にね、私にとって勉強はいつも逃げ場です。

第八章　高群逸枝《たかむれいつえ》さんのこと

高群逸枝『森の家日記Ⅳ』昭和二十六（一九五一）年七月

三十日　はれ　朝六時のラジオで穂積先生の逝去（二十九日）を知り驚きと悲しみに沈む。わが業ついに先生のご生前に成らず。弔電をささげ、平塚、竹内、市川女史、×教授に手紙を書いて悲しみを訴えたが仕事も手につかず。

八月一日　はれ　昨夜絶食。穂積先生葬儀時刻に遥拝。

父と高群逸枝さん

高群逸枝†さんと父は直接お会いしたこと、一度もないんです。それこそ、お家に籠もりきり†で研究していらした方だからね。父が家族法、特に離婚法に興味を持って、三行半《みくだりはん》（離縁状）の研究なんかしていたから、そういうことでお問い合わせがあったりして、文通だけでのおつきあいだったのね。

「高群さんというのは、偉い方だよ」と、よく言っていました。「たかむれさ

†高群逸枝—一八九四（明治27）〜一九六四（昭和39）　詩人・女性史研究家。熊本県生まれ。詩集に『日月の上に』（大正10）、研究書に『母系制の研究』（昭和13）など。

†家に籠もりきり—高群逸枝は昭和六年三七歳で女性史研究に

ん」て名前が珍しいじゃない。それに、父が子供に向って「偉い方だよ」と言う事なんてあんまりないから、印象に残ってました。昭和十三（一九三八）年に『母系制の研究』が出た時、その購入募集に一番先に申し込んだのも父だったそうです。今まで見たこともない、枕になりそうな厚い本でね。それが届いて来た時、父がつくづく見て、「高群さんも、もう少し売れる本作ってくれれば、楽なんだがなあ」と言ったのね。びっくりして、とても腹が立ちました。父ともあろうものが、「売れる本書け」とは何事だと思ったのね。「よろしい。そんなら私のお小遣いためてあげよう」と思ってさ。その頃、お小遣い一月五十銭。今の五百円玉に似てるけど、銀貨だからもう少し立派な感じ。思っただけで、意志薄弱で実行はしなかったけど、その義憤は今でも覚えています。

やはり、十二歳頃の印象というのは、高群さんに限らず、すごく強いですね。その頃は、父は家ではとても大きな机で仕事をしてましてね。机の反対側では、母が縫い物したりなんかしてまして、その隣に姉と私が座って、絵を描いたり遊んだり。父はそういうたちでね。書斎はちゃんと祖父の立派なのがあるんだけどね。そこでは仕事をしないで、家族のなかで、ごちゃまぜのとこでするのが好きだったの。だから一段落すれば、「お茶」ということになって、そういう時にそんな話をするわけ。

高群さんの後援者で、生活面や、健康面の面倒も見てらした竹内茂代《たけうちしげよ》さんも

入ったとき、研究に専念するため、面会謝絶、門外不出、一日十時間以上の勉学の鉄則を作り実行した。

よく存じ上げていて、この方はよくうちにもいらしたし、「しげよ」じゃなく、「もよさん、もよさん」とお呼びしていました。

その後、『招婿婚《しょうせいこん》の研究』（大日本雄弁会講談社）資金として、父が推薦して「服部報公会」とか「啓明会」という財団から助成金を出していただきました。一万枚ものカードを取りながら、中途で調査方法の誤りを発見して、全部破棄してやり直す、というような大変な苦心の御研究で、刊行されたのは父の亡くなった二年後、昭和二十八（一九五三）年でした。

昭和十五（一九四〇）年にお出しになった『女性二千六百年史』†（厚生閣）は、「国策に添った、便乗したもの」と戦後に非難されましたけどね。それを言ったら我々みんなそうなんです。そういう事しなかったら、研究する事も生活する事もできない。皇室関係の結婚のあり方、非常に大事な材料なわけでしょ。でも、それをうっかり言うことができない。もう、憲兵が来ていろいろと聞かれたり、大変だったんですからね。それをカモフラージュするためにも、こういうことしなきゃならなかったしね。実際問題としてね、天皇制のもとにあったわけですから、高群さんだってもちろん皇室を尊敬していらっしゃいましたよ。当時の国民として、当然のことで、嫌々やむを得ずじゃなくてね。それじゃなきゃ、戦争に皆行かないじゃないですか。もっと反戦運動でもしますよ。それが出来なかったのは、天皇制というものが、皆のなかにたたき込まれて、そ

†二千六百年―皇紀二千六百年のこと。日本の紀元を神武天皇即位の年を元年として起算。昭和一五年は皇紀二千六百年にあたるとされ、記念式典や行事が開催された。

れに反対したら「非国民」だしね。「天皇陛下のため」と言われたら、もう何も言えなかったもの。今批判するのはやさしいけれども、そんな簡単なものではなかったんです。そういう意味では、真面目に皇室を尊崇《そんすう》してもいらしたわけだから、敗戦の時は打撃だったと思いますけれども、一方では「これで新しくなれる」という気持ちもあったわけですね。

それで最初に、『日本女性社会史』（昭和二十二年、真日本社）が出来るわけです。この時も、父に戴いたのを、とっちゃって読みました。もう、新鮮でしたよ。全部わかったわけでも、なんでもないけどね。婚姻史のざっとした見取り図を書いて、古代から、明治から、戦前、戦後、これから、という見渡しを書いてらっしゃるわけですから。「新しい時代になった」という感激をもって、お書きになる方もお書きになったし、読む方もそうだったんですね。それは、素敵でした。

『日本女性社会史』に感銘

私がすごく面白かったのはね。まず、結婚にいろんな形があるということね。決して女が男の家にお嫁に行くのが昔からのスタンダードな形じゃない。そして母系氏族制が先にあって、おくれて家父長家族制が成熟して来るということ。それに関連して、姓氏の問題ね。氏と名字の問題ね。なんで藤原氏ばっかり、

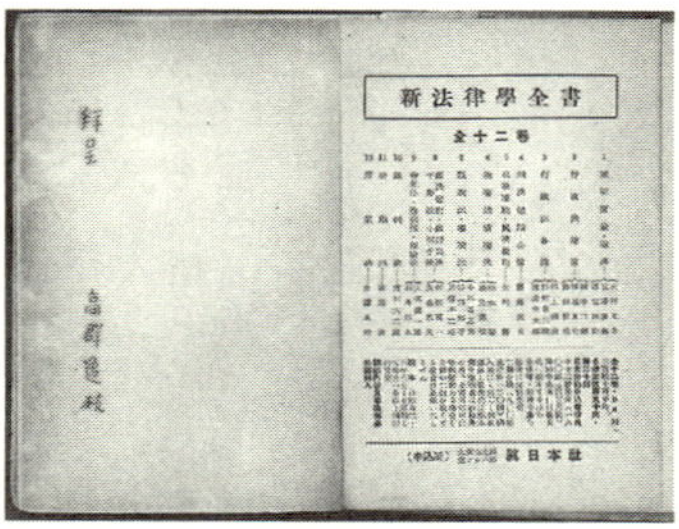

あんなに沢山あるのか。「源平藤橘《げんぺいとうきつ》」†といいながらね。ずっと昔は「蘇我」とか「物部《もののべ》」とか、もっと沢山あったわけでしょ。それが、結婚によって、祖変ということが起こって、より大きな氏の方に祖先を変えちゃうという現象が起こる。それで一番勢力の強い藤原氏が一番多くなる。そう言われれば、よくわかるのね。

それから、家を幾つも持ってて、結婚すると親の夫婦と子供の夫婦は、絶対に同居しない。初めは男の家から、女の家へと通う。女の家の方へ住みつく。それから後で、自分の家に連れて来るとか。そういうシステム、とっても面白かった。それが武家社会だと、どういうふうに変わってゆくか。室町あたりで、「婿取り婚」から「嫁入り婚」になる。初めてそういう事を知って、面白かった。妻は自分の財産をちゃんと持っているとか、夫婦でも氏が違ったら、お墓は別とか。『招婿婚の研究』の基礎になるもの、みんなここに入っている。簡略な形ではありますけれど。『招婿婚の研究』よりも、私は『日本女性社会史』で先に勉強した。

家の父はね、明治の男性ですからね。建前としては、女性の権利、婦人参政権†が大切だし、女性の法律家がもっと出なくちゃいけないと考えも言いもし、実行もしましたけれどね。家庭内ではそうは行きませんで、娘は従順、お嫁に行ったら貞淑であらねばいけないし。一種、やっぱり社会の指導的立場といい

†源平藤橘―奈良時代以来その一門が繁栄して名高かった四氏。源氏・平氏・藤原氏・橘氏の称。

†婦人参政権―日本では、一九四五年一二月の選挙法改正で初めて認められた。

ますか、良き家庭の見本みたいなつもりでいたわけですよ。だから娘に変になってもらっては困る。そういう教育の仕方です。

姉と私とは、陰でよく話しましたよ。「父や祖父がいくら偉くったって構わないけれど、せめて『穂積』という名前じゃなくて、『山田』とか『田中』とか、そういうのだったらよかったのにねえ」って、つくづく二人で言いましたけどねえ。「穂積」じゃ、目立って目立って仕様が無い。だから尚更、父も警戒するわけですね。私達は当時知らなかったけど、社会的に名の知れた人のお嬢さんが、ちょっと目立った事をすると、すぐスキャンダルをでっち上げて、赤新聞†にのせる、と脅迫する、そんな事もあったんですから。

姉なんか気の毒だったんでね。姉はちゃんと大学行って勉強したら、私よりずっとよく出来た人だしね。気持は強いし、いろいろ出来たと思うんですよ。それが学校卒業して結婚したのが、時代としてね、戦争最末期のちょっと前の、まだ古い習慣の残っていた、一番悪い時だったんですね。私はむしろ、戦争で目茶苦茶になっちゃって。そしたらば、ある意味、父より私の方が強いわけですよ。だって、ご飯作るんだって、父には出来ない。母には出来ない。私がするわけですから。防空壕へ大事なもの持って逃げる時でもね。父は暗い所を、上手く歩けなかったりするものですから。私は、えばりはしなかったけれどね、実際問題として、ちょっと実力を見せたところはあったんでしょうね。私のこ

† **赤新聞**――赤味をおびた粗悪な紙を使った、スキャンダル中心の低級な新聞。

と、「甘ったれで、大きくなってからは大人しくって、やさしいお嬢さん」と父は思っていたわけです。そうしたら、そうでもないというところを、見せたことは見せたんですね。その代わり、敗戦の前にもう結婚しちゃってましたから、戦後、大学へ行く訳にもいかなくて、残念といえば残念でしたけれど、仕様が無い。

そういうわけで、父にも矛盾するところはありました。考えれば、父の思う通りに、教育されちゃったというところは、確かにありますけれどね。でも私は、時代的に、それだけではなく、うまく擦り抜けた。その点、姉より幸せだったし、ずるかったと言えば、ずるかった。とにかく、高群さんのこと、素敵だと思って、自分もできればそんな仕事したいと考えていました。

高群さんの研究の大きさ

在野で女の学者、†上代《じょうだい》たのさんとか、立派な開拓者はいらっしゃいますけどね。それは、やっぱり専門学校に入って勉強なさった。高群さんの場合は、そういう所ではなしに、詩人として出発なさったけど、ご自分の必要から研究に入らざるを得なかったわけですね。それと、一番高群さんの大きいのは、「女性史」「婚姻史」という、今までなかったものを、作っちゃった。その功績です。†吉岡弥生さんとか、そういう方々は、医学というような、既製の学問体

†上代たの―一八八六（明治19）～一九八二（昭和57）　英文学者　島根県生まれ。日本女子大学校卒。アメリカ留学を経て、一九一七年日本女子大学校英文学部教授。平和運動家としても活躍。五一年「婦人国際平和自由連盟」日本支部会長。五六年日本女子大学第六代学長。

†吉岡弥生―一八七一（明治4）～一九五九（昭和34）　医者・女子医学教育者。明治三三年東京女子医学校を創設。

系のなかで、女性としての地位を築いたということでしょ。でも、高群さんは、無い学問を作っちゃった。しかも、それは社会的に見て、時代的にも、むしろ批判され排斥されるような内容。その上、戦争末期の「非国民」と言われかねないような空気のなかで、そういう研究なさったこと、一番大きいと思いますね。ですから今、「いろいろ間違っている」とか、「使った資料に偏りがある」とか言うけれども、それは仕方がない。パイオニアは、小さな傷があるのは、仕様が無いんです。

高群さんのお仕事の、一番大きなことは、女性の歴史のなかで、氏族の問題がどうやって個人の問題になって行くか、氏の中で尊重され、保護されていた女性がどのように孤立してゆくか、夫の家のなかに取り込まれて行く過程の問題、それは又財産と関わってくる。これまで、女には財産無いと思っていたけど、それどころじゃない。女こそ、財産、形としての家、それを持っていて、管理して、だからこそ男もまた寄ってくるわけね。そういうことを、はっきりおさせになったということですね。

私の持っている『日本婚姻史』（昭和三十八年、至文堂）には、母にあてた高群さんのお葉書がついている。「拝啓　ごきげんよくいらっしゃいますか。小著『日本婚姻史』おめにかけました。いつも、故先生のご学恩を感謝しております」って。父の亡くなった時には、一日研究を休んで追悼して下さった。一

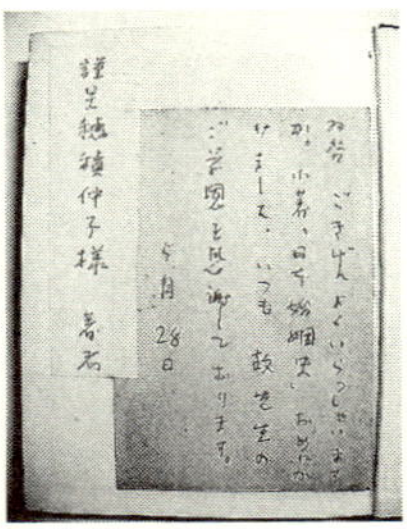

日十時間勉強することを義務にしていた方が。それは本当に大変なこと。本当にありがたいことだと思います。また、それをお支えになったご主人、橋本憲三†さんも、本当にご立派な方だったと思います。いつも主人が揶揄《からか》っていましたけど。「高群さんの、だんなさんみたいになってやろうか」って。

詩人の魂を持って研究した高群さん

高群さんは、はじめ詩人として出発なさった。詩人の魂を持って研究したから、これだけの研究が出来たんです。研究といえども、生き物ですから、研究だけしていればいいというものではない。少なくとも文学の研究は……。でも科学だって同じだと思いますよ。想像力がなくっちゃいけない。実験をこつこつやっていれば、何か見つかるかも知れないけど、飛躍が無いでしょ。まず仮説を造る能力がなくちゃいけない。それに添って研究した時に、何が大事かを見抜く力がなくちゃいけない。ただ、並べただけじゃ駄目なんです。詩も結構ですけどね、これだけの研究したら、詩人よりもっとすごい。高群さんは、詩的な魂を持って研究してますから、これだけのことができたんです。自分のなかに押さえられないものがあるから、詩になるわけでしょ。でも詩を書いているうちに、詩では解決出来ないような疑問が出てくるわけでしょ。それをわかりたいがために、研究したんです。

†**橋本憲三**—一八九七（明治30）〜一九七六（昭和51）平凡社編集者。熊本県生まれ。一九三一（昭和6）年高群逸枝が女性史研究を志した時から、編集者として、夫として、物心両面を支え続けた。

私なんか、それには及びもつかないけど、永福門院の歌を教えていただいた時に、「こんな、当たり前みたいな歌、いっぱいあるんじゃない？」と思ったのに、それがあまりに無い。「こんな当たり前なことを、こんなやさしい言葉で、なんでもなく詠んでて、それがこんなにいいというのは、どういうことだろう」と思ったから研究したんですね。そしたら、段々広がってしまった。

高群†さんの詩「学問はさびしい」をどう思うか

それは、そうですよ。私だって最終的には研究対象の作者が、「よく読んでくれた。その通りだ」と言ってくれるだろうという、それだけが目的ですよ。結局、作者のためにやっています。作者が喜んでくれたら、それで満足です。だってね、それぞれみんな読む人には、主義主張があるわけでしょう。それに添わない場合は、人は非難もするでしょうし、非難するわけにもいかなければ、無視する。私の場合には無視が非常に多いわけだけどね。褒めていただければありがたいけど。だけど、そういうことが嬉しいんじゃなくてね、結局自分が「作者の本当の気持ちにどれだけ迫り得たか」、「私の解釈で初めてこの文章が正しく解釈できたんじゃないか」と思えたらそれでいい。それは、ある意味では淋しいとも思うけれども。

†高群逸枝の詩―「書斎日記」（一九四六年）に記された詩
「学問と花」
学問はさびしい
途中で一二ど世間の目にふれる
　こともあるが
すぐ雲霧のなかに入る道
この道をこつこつゆけば
路傍の花が「わたしもそうです
　よ」という
春はなずなの花が
秋は尾花がそういう
（『愛と孤独と』一九五八年、理論社、に収録）

田辺繁子さんのこと

父の所へよくいらしていた田辺繁子†さんは、法律家。父が、「女性の法律家、育てなくちゃいけない」と明治大学女子部を作ったんですね。その最初の卒業生で、後では専修大学の、偉いところまでいらした。田辺平学さんという、建築家の先生と結婚なさってて、お子さんもいらした。

　この方がまた面白くてね。御主人のことを、昭和十年代、家にいらしてお話しなさる時、「平学さん、平学さん」っておっしゃるのね。御主人をそんな、名前でお呼びになる方、当時めったにありませんでした。ほっそりして、とても綺麗な方でした。それで、なんだか新婚の頃に、御親戚の方が訪ねてみえたら、『二階で平学さんが、赤い襷《たすき》かけてお掃除をしてた』と笑い話になった」ってね、おっしゃったんですね。そういう方がいらっしゃるというの、一つの御夫婦の見本でしたね。

†田辺繁子―一九〇三（明治36）～八六（昭和61）　法学者。京都生まれ。同志社大卒。穂積重遠に師事して、マヌ法典を研究。専修大学教授。著書に『マヌの法典』（訳著、昭和25）など。

第九章　宮様のこと

四つの時から勤め人

初めて国会図書館に勤めた時にね、それまでまったくお勤めした事なかったでしょう。だから、こっちは、びくびく、おどおどしてたんだけどもね、職員の人から、「今まで、奥さんだけしていた人のようじゃない」と言われたのね。「どういうわけだろう」と思って、思い当たったの。焼ける前だから、十七、八の時だと思いますけどね。母の箪笥の中に、巻いて赤い紐で結わえてあるものがあって、開けたら、一番初めに宮様のお相手をする時の辞令だったんですね。四歳の頃の私の名前で。多分その夏に葉山の御用邸にお相手に上がる時に、その辞令をいただいたんだと思います。

それまで、私は宮様のお相手といっても、宮様は幼稚園にはいらっしゃらなかったけれど、たまたま同い年の女子学習院幼稚園の子を、新宿御苑や御用邸にお呼びになってお遊びしたその続きで小学校から、たまたまご同級になっただけなんだと、思っていたわけですよ。だけども、そうじゃなくて、「私は辞令が出てお勤めしてたんだなあ」と初めて思ったんですね。

　ほかのお友達の心の中までは聞いてませんけれど、お友達の中でも私は、「宮様に対するお勤め」という気持ちが、とても強かったんですね。なぜそう思ってたのか、その意味が、その時初めてわかったの。

　そういう経験がありましたから、図書館でそう言われた時それを思い出して、「なんだ、それじゃ、私は四つの時から勤め人だ。ただの家庭の奥さんじゃないの、当たり前だ」と思ったのね。いろんな意味で、ちょっとふっ切れたというのがありましたね。「こんな幼年時代、少女時代を過ごしてきたのは、いったい何だったんだろう」と思っていたのが、「そういう意味があったんだ。仕事を仕事として、その時から意識してたんだ。それが今役に立っているんだ」とそういう事に気がついたんでしょうかね。

　先生方からはね、「宮様とご同級で、非常に光栄である」ということを、年中聞かされてましてね。宮様のいらっしゃる所じゃ言えませんから、ご病気でたまたまお休みとかいうと、ネジ巻かれるのね。そういう時に私はずっと、「光栄だなんていったって、望んでそうしたわけじゃない」と思っていたんですね。望んだわけではないけど、私個人に与えられた役目ではあったんだと、その辞令を見た時はじめて気がついたの。

　小さい時からの役割だったから、お行儀作法とか、「これをしてはいけません、これを言ってはいけません」なんて事を、何にも教わりはしなかったけど、始めっから見様見真似で身についていたし、今日に至るまで、自分の都合を一番先にどうしても考えられなくて、人の事を思って遠慮しちゃう、まわりに一番いいように気をつかう、という習性が身についてしまった。それはね、中途から身につくものではないし、意識して身につくものでもないし。

それは宮様でも同じ事で、高貴の方は生まれながらにして、「みんなが頭を下げるもの、ご自分は尊い方だ」ということが、そういう自覚と、それに伴う自然な威厳とが、生活の中でそういうふうに育ってきた方でないと身につかない。だから、自然にそういう形で育っていらしたんだけど。

御教育方針

学校にお上がりになる時に、まずそもそも、「学校にあがれば、宮様といえども一学生としてお扱いする」という方針を、初めから立てたんですね。ですから先生方へは、ご自分から先にお辞儀をなさらなくちゃならない。それを大変厳しくお躾け申し上げた。他のお躾もあったんだけど、これが一番難しかったと聞いていますね。

それはそうでしょうよ。それまで、両陛下と大宮様（貞明皇后†）以外には、ご自分から頭をお下げになる必要がなかったんですもの。高慢だとか、えばっているとか、そういうことじゃなくて、そういう習慣が全くなかった方ですか

†貞明皇后―一八八四（明治17）～一九五一（昭和26）　大正天皇の皇后。東京生まれ。九条道孝の四女。名は節子。華族女学校中等科修了。明治三三年結婚、大正元年皇后、昭和元年皇太后。

らね。でも宮様は短い間にちゃんとそれを身におつけになって、先生方にはもちろん、我々に対してだって、ごく普通の友達のようにしていらっしゃるんだけど、こちらの方が自然に頭が下がってしまう。それは、多分今の方にはわからないことでしょうけれど、それに相応《ふさわ》しいだけの資質を持ってらした。それでなければ、やっぱりそこまでいかない。

当時の御教育方針は、一番御長女ということで、「この方をちゃんと躾けなければいけない。そうすれば、あとの方は自然とついてくる」と考えた。そういう意味で、すごく厳しいお躾でもありましたよ。前に言いました、「お友達の中にもお仲良しやお気に入りを作っちゃいけない」という教育も、上に立った方はそうじゃなくちゃいけないんですね。でないと、気に入られた人が幅を利かすとか、周りが妬《ねた》むとか、あるいは又そのお気に入りに取り入る人が出来るとか、いろいろな弊害が出来るんですね。

それは、一番大切な事ですけど、御本人にしてみればお寂しかったと思いますよ。私、それを考えますと、本当に残念。おかわいそう。宮様もこちらも、気持ちを両方で押さえる訳ですね。本音を出す事ができなかった。友達同士の間でも、宮様の事について、あんまり言わない。今でもほとんど言いません。

宮様ご自身は、「私はどういうわけだか、こういう尊い身分に生まれてしまった。その私に対して、皆が一生懸命よくしてくれてる」という事に対する責任はすごく感じていらっしゃいましたね。いつか、そういう事を教室でおっしゃって、我々に感謝して下さって、みんな感激して泣いてしまった事がありました。残念ながら私はその時北組で、直接その場にはいませんでしたけどね。

学校卒業なさってから、御結婚なさるまでの間、三番町の所に、宮内省の分室という普通のお家みたいな、わりに外の空気も入ってくるような所にいらして、お嫁入り修業をなさったんですけど、お出掛けの予定があった時、侍従さんにね、「あの自動車どうしたのかしら。なんかずっと前から、エンジンふかして動かしてるけど、故障したのかしら」とおっしゃったんですって。それで、侍従さんが、「そうじゃありません。いつでも宮様のお出掛けの時には、故障とか具合の悪い事があったらいけないから、ずっと前から何遍も何遍も動かして、試運転をしているんです」と申し上げたら、「あら、そう」とおっしゃって、考え込んでしまわれたって。おかくれになってから後の、追悼文集の中に書いてありましたけどね。それだって、御所の中にいらした時には、端近《はしぢか》じゃないから、ご存じなかったけど、お気づきになればちゃんとその意味を深くお考えになって、まわりの気づかいの、おわかりになる方だったんですね。

宮様も御立派だったけど、我々もよくやったと思いますよ。今みたいに、マスコミがうるさい時じゃなかったけどね。それでもやっぱり、少女雑誌なんかで取材に来たりする事もないわけじゃなくて、「照宮さまのお友達」とか、グラビアに写真出したいというような形で、いろんな接触はありました。でもみんな必死になって断った。嬉しいなんて思わない。とんでもない事だと思ってました。

日常の話題に困る

「これはお話ししていいんだろうか、悪いんだろうか」とね、日常の話題に困りましたね。だって、「あそこに行きたい。これ欲しい」とおっしゃっても、思うようにならない方だという事、こちらもわかっているでしょ。ですから、「日曜日に、あそこに連れて行ってもらって面白かった」とか、「宮様、この本お読みになった？」とか、言えないのよね。言ったっていいのかもしれないのよ。でも、私はいけないと思った。「そう言ったら、おかわいそうだ」と思ったのね。実際には、言ってもよかったのかもしれないし、言った人もいたのかもしれないけど。そうすると、話題がないのよね。黙っているのも悪いんだけれども。何もお話しする事なくて困ったし、またあんまりぺちゃくちゃおしゃべりしているとね、先生が「どういうお話し、してらっしゃいました？」と後からお聞きになる。それは先生も、もう大変ですわ。

でも、我々も先生のおっしゃる通り、よくやったと思うよ。それを、「光栄だ、光栄だ」と言うばかりで、一言も認めて誉めてくださらなかったのは、私非常に悔しかったのね。宮様がおかくれになってから後の、クラス会の時に、お見えになった先生に思い切って、「私共も随分一生懸命お勤めしたんでございますから、先生から一言お礼をおっしゃっていただきたい」と申し上げましたよ。そしたら、「みんなも随分大変だったけれど」とおっしゃったけど、でも、「ありがとう」とは、おっしゃらなかった。

卒業の時に、皇后様から、御自身デザインあそばしたお手箱いただいたけどね。そんなものいただかなくてもいいから、皇后様に「今まで娘と仲良くしてくれて、ありがとう」と言っていただきたかったと思いましたよ。皇后様から、おっしゃるわけにはいかないけれどね。皇后宮大夫《こうごうぐうだいぶ》という方がいらしたわけですから、その方から、一言そう言っていただければ、もうそれで報いられたのにと思いましたよ。

そのお手箱いただいた時はね、みんなを霞ヶ関離宮に呼んで下さいまして、お食事したり、遊んだり、一日したんですけどね。その時こちらからも皇后様に、めいめいが詠んだ歌の短冊を献上する、という事があったの。卒業の世話役の委員が四人、私も入ってましたけど、その場で先生にいきなり呼ばれて、「献上品の言上《ごんじょう》と、賜わり物を拝領するお礼とを、皇后宮大夫さんに申し上げなさい」って言われたの。「そんなの、いやだ、いやだ」って四人で、おっつけっこしてね、とうとう私が押しつけられて。

ところが悪いことに、その時の大夫さんは、広幡さんとおっしゃってね、児玉の本家の跡取り娘のお婿さんのお兄様。私から見たら一番年上の立派な大人のいとこ夫婦が、「番町の鬼」なんて言って怖がっている方だと、話に聞いていたのね。本当は、やさしい方だったらしいんだけど。実際に見ても、顔が真っ赤で怖そうな方なのね。だから怖くてね。それは、ただ顔が怖いだけじゃないんです。そういう所で失敗したら、まず第一に宮様の恥。学校の恥。クラスの恥。そして、私はともかく、私の家の恥。親類続きで知れることですもの。そこまで考えるんですよ。だから、怖くて、怖くてね。そして、友達と「献上と、拝領と間違えちゃったら大変ね」と騒いでたら、本番で「拝領」のところを危うく「『け』と言いかけた」とか言ってね、後ろで友達が青くなったりしましたけれどね。

まあ、そういうようなこと、十七歳の小娘で何とかやったりした経験が、後でものをいいましたよ。誰の前でも怖くない。失敗したって自分一人でしょ。背負っているもの、何もない。ほんとに、あの時の事思えば、何にも怖くないと思いましたよ。それは得難い経験ではありましたよ。

宮様は夏休みのはじめ、一週間か十日位、葉山の御用邸にいらしてね。それから那須にいらっしゃるんです。その間一日おきにお相手して、それで、御用済みになるんです。女官さんたちが、那須にいらっしゃる準備をしていらっしゃる気配がすると、「ああ、うれしい」と思いましたよ。それは四つから十一ぐらいまでの間、葉山に避暑に行く習慣の数人だけが、そのお勤めをしました。後はお妹宮様方も大きくなられたし、自然に止めになりましたがね。

宮仕えの経験と文学研究

例えば、身分関係、人間関係の感じ方が、そういう経験なしに民主主義で育った人たちとは、違うわけですね。敬語一つだって、「今の敬語、何て変なんだろう」と思う事が、他の方より敏感ですしね。なぜその敬語はそういうふうに使うのかと、生活の中で自然にわかっていましたもの。

お宮仕えの心理というものは、想像と、実際に体験したのとでは、これはもう違うのは当たり前。自分より身分の高い方、それが心から敬愛出来る方であれば、その方の前に出たら自分は無い。自分を無にして奉仕できる。そういう気持ちになる。無理にそうなるんでもないし、おべっか使うわけでもない。「君に忠」とかいうことじゃない。本当にそういう気持ちになれるんですね。それはまた、一つからいえば、ご主人の方が、それだけ優れた方だから。それは本当に幸せだったと思いますよ。

清少納言も、定子がそういう方だったからこそ、『枕草子』というあれだけのものを書いたんですね。それがほんとに実感としてわかるというのは、確かに私の研究の基本になっていますね。

女子学習院で受けた教育方針

それは、一般的な生き方の問題。基本的な事。「嘘は言ってはいけない」「約束は守らなければいけない」。そんな事、口で言われたというわけではないんだけどね、それを当たり前の事に育ちましたからね。友達みんな、戦後結婚して他の世界の人とつきあうようになったらね、平気で嘘をつく、平気で約束破る、びっくりしちゃう。怒るより先にびっくりしちゃう。みんなそういう経験してますよ。

東宮大夫としての父の仕事

それはね、東宮大夫になったのが八月の十日でしょ。十五日の終戦の詔書の時に、日光にいらした東宮様の所に上って、最初の仕事が、お側に侍立して、放送をうかがって、その詔書をご説明申し上げるという事だったんですね。

その当時はアメリカが天皇制をどう扱うかわからないでしょ。一方では、終戦反対という軍の勢いのいいのが、東宮様を取りに来るという噂があったんですね。だから、それに対処するのだって、父は長官ですからね、それこそ東宮様のお身代わり拵えて、日光から山を越えて東北に逃げるなんて、本気で作戦まで立てましたよ。幸い、そんなことにはならなかったけれども。それ位大変な事でした。

東宮様をお教えするにしてもね、帝王教育なんて、父はそういう意味の教育者じゃないでしょ。父にできる事といったら、人格教育、それも父自身がそれで鍛えられて来た、論語に基づく儒教的教育しかなかった。だけども、親ではない、奉仕者である役人の立場ですから、全部任されて、それで一貫するというわけにもいかないんです。もちろん、いろんな方面からの批判もあるし、天皇だって人間宣言†を遊ばした以上、人の親として御意見、御希望はあるわけです。激論したこともあるそうですよ。

父がこういう役割に選ばれた理由は、私の想像ですが、第一に終戦処理。あんな悲惨な事になるまで戦争を止められなかったのは、アメリカが天皇をどうするのか、天皇制をどうするつもりか、わからなかったからでしょ。

だから、戦争を止めるについては、少なくともアメリカが否定しないような人物を、次の天皇の教育に当らせますという態度を見せる事が大事だったんでしょうね。リベラルで穏健と、一応海外でも評価されているということでね。

皇室・宮内省向けには、昔から、皇后様や大宮様（貞明皇后）に、時局の解説や教養的なお話しを申し上げていたし、お正月の御講書始の講師も勤めましたし。

†**人間宣言**――一九四六（昭和21）年一月一日、天皇、神格化否定の詔書。

同時に社会の中では、東大前法学部長、男爵という肩書があって、しかも社会教育に熱心で啓蒙的な仕事もいろいろしている。あの人ならと承認されるような人事ということもあったと思います。父が東宮大夫になるという記事を新聞で読んで、「あ、これで戦争が終るな」と思った方もあるそうですよ。

それにその後、公職追放があって大変だったでしょ。父だって、実は随分戦争協力的な事を言ったり、書いたりしてたんだからね、パージになっても当り前のとこだったんだけど、でも比較的その危険が少ないと見られていたかもしれません。細かい内情は全然知りませんけれど。

日本の天皇制とは

結局昔から、象徴なんですね。天皇機関説†が正しいんです。とにかく、天皇がなくちゃまとまらない。指導者層がまとまらない。ということは、やはり国民もまとまらない。いくら左大臣と右大臣が喧嘩してても、その上の存在として天皇がいればね、何とかまとまっていく。

もちろん、天皇は絶対中立のはずです。そして、私《わたくし》がなくて、公《おおやけ》だけのはずのものです。どうしたって政治の場では、いろんな意見が対立して衝突するわけですから、最後に集約して落ち着かせるためには、公平無私で中立だと、誰もが納得するような人、というか、人と言うと人格がありますから、そうじゃ

†**天皇機関説**―明治憲法の解釈として、国家の統治権は天皇にあるとする説に対して、天皇は法人としての国家の最高機関で、統治権は国家にあるとする学説。美濃部達吉らが唱えたが、一九三五年国体明徴問題がおこり、国体に反する学説とされた。

なくて、機関ですね、人の形をなしている。それが必要だったわけですね。

ですから、天皇には自由がない。人間だったというけどね、私生活はないわけなんですからね。だから、それが窮屈で嫌だから、上皇になって、子供を天皇にして、いろいろ画策するという事になるわけですね。天皇だったら、本来的には、そういう画策できないわけなんです。画策したらば、騒ぎが起こる。後白河、後鳥羽、後醍醐、みんなそうでしょ。

終戦の時に、天皇制なくさなかったのは、残念な事だったと思います。それは、アメリカの方だってね、日本の中を上手くおさめるためには、天皇を担ぐよりしょうがなかったんだし。それで、上手くやったんですし。そうじゃなかったら、日本がどうなったか、わからない事はわからないけどね。だけど、それくらい荒療治しなけりゃ駄目だったの。だから、いまだに戦争責任で揉めているでしょ。どんなに辛くても当時の時点で天皇の戦争責任をはっきりさせるか、それをうやむやにして、いつまでも後遺症を引きずるか、どっちがいいかということですよ。少なくとも、昭和天皇は退位すべきでした。やめて、坊さんにでもなるべきでした。何ていったって、昔の天皇は、責任は負いましたものね。退位したり、流されたり。

皆さんご存じないけど、南北朝時代、後醍醐天皇と対立する北朝の天皇になられた光厳院なんて、ご自分で始めた戦争でもないのに、さんざん苦労なさった末、出家して戦没者の霊を慰めるために方々行脚なさった末、丹波山国の常照皇寺、今は枝垂桜で有名ですが、その淋しいお寺で、ただの一人の山寺の坊さんになって、おなくなりになったんですよ。他人から責任追及されたんじゃなく、自分の良心に聞いて、責任を果たされたんですね。

結局、戦争にみんな行ったんだってね、「天皇陛下のため」と言われたら、誰も嫌だと言えないわけね。それを強いて嫌だと言えば、罪九族†に及ぶ。親兄弟から、親戚まで、ひどい目に合うんだから、それは言えません。だから戦争に行ったのであって、国のためと言うけれども、具体的には天皇陛下のため。そうして、それを嫌だと言うと、世間が怖いから、行かざるを得なかった人、沢山あります。

「戦争反対どうしてしなかったの」と言われるけれど、出来なかった。親、兄弟みんな巻き込むという事は出来ませんよ。それでも反対した人は偉いけれどね。それをしなかったといって咎められても、「それじゃあ、あなた、あの時代に生きていたら出来ますか」って言ったら、出来ないでしょ。

天皇、そしてご一家は、お幸せかといったら、そうじゃないんですから。ただ国のためにおいてあるだけなんですから。基本的人権はおありにならないし、止めたくてもその自由もおありにならない。御生活だって、決して贅沢じゃいらっしゃらない。個性も発揮できないで、したいことはできず、公式的に御立

†九族―自分を中心として先祖・子孫の各四代にわたる親族。高祖父・曾祖父・祖父・父・自分・子・孫・曾孫・玄孫の九代。

派、と認められるような人格だけが要求される。

実は、そんなに極端にまで天皇を祭りあげてしまったのは明治以降でして、それ以前はもっと人間的でいらしたんですよ。

明治以来、天皇を神格化したおかげで、戦争に負けても、総理大臣はじめ、みんな「結局は国のためにしたことだ」、「天皇のためにしたことだ」、「俺に責任ない」。じゃあ、天皇に責任負わせて止めさせるか。それもしない。責任みんなどこかへいっちゃって、一億無責任体制になってしまうんですね。その結果は、結局一番下の人がひどい目みて泣き寝入り、ということになる。

その体質は、天皇が人間宣言なさった今でも、結局変わっていないと思いますよ。私はもう、今後は天皇制をなくさなければ、日本人は成長しないと思っています。それがとてもとても大変な事はよくわかってますけどね。

そりゃ一方では、『源氏物語』、『枕草子』、あんな立派な文学、文化を生んだ社会、また宮様のような方がお育ちになった社会を、素晴らしいとは思いますよ。でもそれは、天皇・皇室に準ずるような、公家社会・華族社会というものが、ちゃんと機能していた時代のことでしてね、そういう中間地帯がなくなって、身分的に天皇だけが突出してしまわれた現代を考えますと、もう無理に継続することはないと思いますね。もし存続したいのなら、国民がもっと大人になって、むやみにアイドル視するかバッシングするか、その二つしかないような今の風潮を改めなければ、本当にお気の毒だと思いますよ。抗議する事も反論する事もおできにならない方々なのに、人権問題じゃありませんか。

公の存在であるのに、なぜ宮廷文学がすぐれた文学作品になるのか

あら、だって宮廷こそ当時の一国の文化の中心じゃないですか。国が複雑な構造になってない時代には、一極集中で、富も知識も情操も一番の上層社会に集まるの当然でしょ。そういう所で生れる文学がすぐれた作品になるなんて、当り前の事じゃありませんか。

勅撰集なんて国家的大事業で、公であればこそできる事でしょう。印刷、出版なんて事のなかった時代に、当時第一人者の撰者が勅命によって秀歌を集める。プライベートな私家集や私撰集とはわけが違います。散文作品だって同じことよ。トップクラスの文化人達が喜んで読んで、しかも貴重な紙や墨を使って千年も手書きで写しついで伝わるなんて、日本の宮廷文化がどんなにすばらしかったか。公的な存在が形式的なもので、人間の真実を伝えてない、私的告白こそ真の文学だ、なんて考えているとすれば、それは近代の私小説礼讃の影響で、とても偏った考え方ですよ。

第十章　若い方に伝えたいこと

現代の日本古典文学研究者に求めるものは何か

好きな事をしなきゃ駄目。それから、細かい事を調べるにしたところが、今はコンピュータで全部出てくるから、それ全部並べちゃう。でも、それでは研究じゃないんですね。全部並べて、その中からぐっと睨んで、「これだ」というのを抜き出して示さなくてはいけない。平らに並べただけじゃ駄目。見抜く眼力が必要。そのためには、入り用な時だけ、コンピュータで出てきたの見てるだけじゃ駄目で、しょっちゅう、しょっちゅう、歌なら歌、源氏なら源氏、読んでなきゃ駄目。それも一つじゃなく、いろんな時代のものを読まなきゃ駄目。

万葉の方は万葉。古今の方は古今。その後を研究しないでしょ。後の時代のいわゆる古注釈†で、「これをどう解釈してるか」ということは、なさいますけどね。後の歌を見ない。後の歌を見てゆくと、古今集のこの歌を取ってる作品があるわけでしょ。それを見ると、取った時に、この人がこの歌をどういう意味に解釈したかが、わかるわけです。それは、古注釈よりもっと役に立つ。本

†**古注釈**―近代以前の注釈、または国学の成立以前の注釈。

歌に取った段階で、その人の解釈がわかるし、それが勅撰集に入っているということは、評価されたということになるし。それは、歌の言わんとすることが、周りの人に共感された、当時の共通理解が、わかるわけなんですね。そうすると、結構「現在のこの注釈、変だよ」というのがありますよ。

　みなさん「古注釈、古注釈」っておっしゃるけどね。それだって、昔の学者がわかんなくなったから、付けるんですからね。違う所もある。その時力になるのは、後の歌人がどういう解釈で、その歌を取っているかということなんですね。そういうことを、全部見なければいけない。と同時に、それだけじゃなくて、何しろ知識がいっぱいなくちゃいけない。そのためには、乱読より他ない。いろんなものを読む。「研究のネタにしよう」なんて思わないでいい。楽しく読めばいい。そして、心に残ったことが、どこかで役に立つ。

　小さい時から、無闇矢鱈に早く読む。面白いと思ったら、繰り返して読む。そういう習慣がついてましてね。父が「谷崎†がいい」とか、母が「寅彦†の随筆いいねえ」とか、言うだけなんです。そうすると私は、「何だろう」と思って読んでみる。だから私は寺田寅彦の随筆にも非常に影響受けてます。それから、芝居でしょ。落語でしょ。馬琴とかね、浮世風呂だとか、ありとあらゆる変なもの読んでいた。それが全部集まっていろんな時に、「あ！　こうじゃないかな」ということになるんですね。

†谷崎潤一郎―一八八六（明治19）～一九六五（昭和40）小説家。東京生まれ。主な作品に『刺青』『痴人の愛』『春琴抄』『細雪』など。

†寺田寅彦―一八七八（明治11）～一九三五（昭和10）物理学者、随筆家。東京生まれ。夏目漱石の門下生。随筆集に『冬彦集』（大正12）など。

現代の若手研究者に必要なことは何か

センスが無かったら、文学の研究は出来ません。今は資料がものをいうし、コンピュータで操作、分析すれば簡単だから、それなりの所までは行くんです。でも資料だって、沢山集めるだけじゃなく、その中でこれはいいと断言するだけのセンスはいるわけです。文学作品を他と比べて、これがいいと、そして、なぜいいかと他人に納得させられるだけの論を上手に言えるセンスは、また別のものです。一方、論ずることも難しいけど、他人の論文を認めるのも難しい。この論文はいい、と責任をもって言える。それも一つのセンスよね。なかなかよく調べてある、というのは誰でも言えますよね。丹念に調べてあると。だけど、その先が、創造的な、文学的な論まで持って行けるか、というのが、今の時代の研究者に一番難しい所ですね。

沢山読むこと。古いものから、新しいものまで。ジャンルを問わずね。まず、文学を好きでなきゃ。好きであって、若いうちに沢山読んで、覚えていること、絶対必要なのに、今それが出来てないと思うんです。だから、早くどんどん読むこと。それから、わからないことを恐れないこと。今、何でも○と×で答えるから、わからなかったらいけないわけですね。だけど、そんなに昔からのものが、わかるわけないじゃないですか。夏目漱石だって、時代が変わって行くからわからないこと沢山あるでしょ。それをいちいち細かく説明していたら、切りがないし、つまんなくなっちゃう。とにかく、わかんなくても何でも、無理やり読む腕力。それが必要なんです。

「読書百遍義おのずから通ず」というけど、その読書とは、目で読むんじゃなくて、朗読、口で読むんです。昔の読書というのは、そういうものです。目で読んだっていいけど、もっと有効なのは口に出して読む。そうするとその呼吸で、どこで切るかがわかる。ここで切るのと、ここで切るのとでは、意味が違って来る、おかしいなと思って、そこからわかってくることがある。そういう、実際に自分で口に出して読んで、それをまた自分の耳で聞いて、自分で体でわかるということが大切なんです。

「この道一筋」といって、一つのこと一生懸命やっているのが、いいように思われがちだけど、そうじゃない。沢山読むことを、やった上で、この道一筋にならないと。だって、歌一つ取ったって、万葉、古今集からの流れがきて、千載、新古今があるし、その先に玉葉、風雅があると、みんなそういう歴史がある。だったらば、ずっと読んで来ないとわからない。昔の人は、それやってるんですから。それで作っている歌を、一つの集だけの知識で解釈しようとしても、無理なんです。それも、いちいちこれは、何なんですかと調べてるんじゃ間に合わない。ぴんとわからなければ。今の人は、「ぴん」がないのね。

『国歌大観』でも、ＣＤ―ＲＯＭで検索すれば類歌いっぱい出てくる。今は、それを全部並べるのがいい研究のように思われているけれど、そうじゃないのね。そのなかの、これだっていうのを、一つ見つけること。その眼力が、沢山のものを読んでいれば、自然に身につくんです。

歌の常識として花なら花には、きまった性格がある。桜なら待たれて咲いて、アッという間に散る。藤なら春の末に、松にからんで波のように咲きかかる。それを引き継いで、それをうまく使ってちょっと新しく言っている場合もあるし、その常識を引っ繰り返すことが面白くて、それで成り立っている歌もある。ちょっとずらしているというのもある。ものの言い方の一つ一つに、歴史があるのですから。それをどう利用しているかわかると、それにはまらない新しさもわかってくるということ。

私が、「京極派の特異句」というのを研究したのは、それなんです。京極派の歌は、景色や気持としては当たり前で、「こんなの幾らでもあるんじゃない?」という歌、多いんです。特殊な歌もあるけど。それなのに、何でもない当り前の歌が、私にはどうしてこんなにいいと思えるのか。といったらば、要するに、その当り前の事を、今までの人が当り前の言葉では言ってなかったということがわかったんですね。それまで幾らでもあったような、花の歌、月の歌だけれども、今までの人たちが、全く言わなかったような形で歌う。それはとっぴな、奇抜な言葉じゃなくて、普通の会話の中の、平凡な言葉。それまでは昔からの歌言葉をうまく利用して、それで歌の風情というものを作り出していたのを、それを一旦白紙にして、対象を自分、目で素直に見て、そこに自然に生れて来る言葉で歌う。それが、京極派の新しさだったんですね。そういう事がわかって、やっと私、京極派がどうしていい歌なのかがわかった。

読者として、楽しんで読めればいいのだけれど、もう古典は今の読者には読めなくなってきているわけでしょ。だから古典作品を、研究者は、一般の読者にわかるように、やわらかくして教えると。そこまでいかなくちゃ、駄目なんですね。そのためには、一遍は理論的にきちんとつめて、専門家を納得させなくちゃいけない。その上で、普通の文学の好きな人に、面白いなと思わせる。それは一番難しい事ですから、大変ですけど。

それと、やっぱり、ちゃんと生きてないと駄目だということ。いろんな事、経験した方がいい。勉強だけしてないで、自分と同じような人達とばかり付き合わないで、世の中の沢山のものに触れてみる。私が言うのはおこがましいけれど、それでもこうして思い出してみれば、なんだか、私みたいな者でも生きて来たなかで、いろんな事して来ているわけね。勉強一筋では、少なくとも文学の研究は駄目なんです。それにしても、そんなに何もかも自分で体験出来るわけじゃないでしょ。そしたら、それを補うのは、沢山いろんなものを読めば、そのなかで追体験出来るわけでしょ。何でも自由に、面白いなと思って追体験出来るだけの、柔軟な感性と想像力。それにまた、生きているなかで、自分も思いがけない時に変な体験をして、あっ、そうかとわかったりね。きちんと生きて、生活のなかで文学がわかっていかないとね。

「マイナーな作品を研究する」ということ

アカハラ†というけれども、私自身はそれを感じたことはほとんどない。そりゃ、ないことはないですよ。この前話した、「それは美人か」と言われたとかね、国会図書館だって「非常勤の癖に」とかね。そんな小さな事はありましたけれど。私は組織にも何にも属してなかった。研究対象が他の方と競合するものではなかった。それから、歳を取ってから、学界に入っていったということもありますね。だから、出身校や研究対象の関係でせり合う事もなかったし、若いからと馬鹿にされるということはなかったわけですね。あとは、そうね、小ちゃい時からね、末っ子で、馬鹿にされつけてましたから、他の人をみたら、みんな偉く見えるんです。初めは学生だって偉く見えましてね。鶴見に来て、やっと自分より下だという感じがするようになった位のものでね。

そういう点で、私自身はアカハラというようなことについては、自分が傷つくことはほとんどなかったと思いますね。それは、皆様のお陰で有り難かったと思います。ただ、自分で気をつけたのは、和歌文学会へ入った初めの頃は、

†アカハラ―アカデミック・ハラスメントのこと。大学でのいやがらせや、差別的な扱い。特に昇進、研究、配置に絡むもの。

まだ女の先生方というのは、大抵独身でね。戦争も終わって幾らもしてない頃でしたから。戦争さえなければ、結婚は出来たかもしれないけど、男がいなくなったから生活を支えるために諦めてね、弟さん、妹さんのために、教員になったとか、そんな身の上話いちいち聞きませんけれど、そんな方も多かったと思うんですね。そこに入っていくの、私すごく気が引けたのね。

　だって、「結婚して、子供もあって、女としての幸せ全部持っていながら、なんでこんな所まで入ってくるの」と思われるだろうと思ったのね。そんなこと言われたことないけどさ。だから、家のこと何にも言いませんでした。子供がどうこうとか、そういうこと、絶対言わないように気をつけました。早く帰らなければならなければ、「子供が病気で」なんて言わないで、黙って消える。それだけであって、自分に夫がいたり、子供がいたりということは、自分からは絶対に言いませんでした。周りからも、言われたことなかったし。

　アカハラと言えるかどうかわかんないけれども、やっぱりね、研究の上でマイナーなことをやっていると、メジャーなことやっている人は、どうしてこんなに、えばっているんだろうと、いつでも思いますよ。そんなこと言ったら失礼だし、御本人たちはそう思ってらっしゃらないだろうけれどね、私から見ると、そう思えるのね。

　『源氏物語』だとか、『新古今和歌集』だとかいえば、これはもうすばらしいものだって、みんなが思うわけじゃない。だからその上に乗っかって話すればいいわけでしょ。だけども、『玉葉』『風雅』なんか誰も知らない。日記だって『蜻蛉日記』だとか言えば、文句なしにすごい作品だという所から始まるんだけれども、『中務内侍日記』だとか、『竹むきが記』だとか言ったらね。「皆さん、お読みになった事、ないかもしれませんけれど、こういう理由で、大変いい作品なんです」とまず言わなきゃならないのね。

そして、中古の日記について発言すると、「中世の研究者の言うことだから」と知らん顔される。無視。「横から口出すな」という感じ。だったら、「お前の説はこういう所が駄目だから成立しない」と言って下さればいいんです。だけど、そうじゃなくて無視なのね。これ、一種のアカハラだと思いますよ。

『源氏物語』は、私はやるつもりもあんまりないし、遠慮もしていたけれども、随分変な解釈がまかり通っているところもあるし、それで少しずつ物を言いはじめたわけですけどね。

『源氏物語』の話をするんだったら、楽よ。「この作品は、こういうわけでこんなにいいんです」という必要ないんですもの。「『源氏物語』です」といえば、わかるんですもの。

『玉葉』『風雅』なんて、大変なのよ。本当に話ししようと思ったら『万葉集』から始めなくてはならない。歴史の方でいえば、少なくとも†承久《じょうきゅう》の乱から始

†**承久の乱**—一二二一（承久3）年、後鳥羽上皇が鎌倉幕府の討滅を図って敗れ、公家勢力の衰退、武家勢力の強盛を招いた事変。

めなくてはならない。そして、おまけに南朝の悪口言わなければならない。まあ、悪口と言うわけでもないけどね。少なくとも南朝が正統というわけではないということ、言わなくちゃならないでしょ。近頃は平気になりましたけれども、後醍醐天皇の批判をするのは、相当覚悟がいりますよ。だって、そんなもんだったんですもの、昔は。

「女の視点で見る」ということ

それからもう一つ。これは男の方の感覚の問題ですけどね。『†十六夜《いざよい》日記』の中の†阿仏尼《あぶつに》の有名な歌に

わが子ども君に仕へんためならで渡らましやは関の藤川

これは、古今集の

美濃の国関の藤川絶えずして君に仕へん万世までに（一〇八四）

を踏まえて、「私の子供たち、つまり為相《ためすけ》、為守《ためもり》が朝廷にお仕えする、そのためでなかったならば、どうして私が訴訟のための東下りなんかして、関の藤川

†『十六夜日記』―鎌倉時代中期の紀行。阿仏尼の著。訴訟のため京都から鎌倉に旅行した時の作。

†阿仏尼―?～一二八三（弘安6）鎌倉中期の歌人。藤原為家の後妻になり、為相（ためすけ）、為守（ためもり）を生んだ。著作に『十六夜日記』『うたたね』『夜の鶴』『乳母の文』など。

を渡ったりなんかするだろうか。わが子のためでなかったら、こんな辛い旅なんかしないのに」と母性愛を示した大変立派な歌だということに、昔からなっているんですね。

ところがこれが、一般に読まれているこの流布本《るふぼん》よりも、もっと古くて、もっと正しい本文を伝えていると思われる九条家本で見ると、

わが子ども君に仕へんためならば渡らましやは関の藤川

になっている。これだったら、「子供達が朝廷にお仕えする、そのためだったらば、関の藤川なんか渡ったろうか、渡りはしないのに。（子供のためではなく、亡くなった夫、為家の遺言を果たすために、私は辛い旅に出て、今、関の藤川を渡るのだ）」という意味になって、全然母性愛の歌じゃなくなっちゃうのね。「関の藤川」というのは、関ヶ原を流れる小さな川ですけど、定家・為家の家にとっては、代々「藤川百首†」という難しい題で百首を詠む大切な歌枕です。子供のためなら旅に出る必要ないのに、夫のために旅立って来たらば、図らずも夫の家に縁の深い、関の藤川を見ることができた。これ、すごい感動だと思うのね。でも、男の方にはなかなかわからない。「やっぱり『ためならで』の方がいいんじゃありませんか」とおっしゃる方が多いの。「子供のために母親が犠牲に

†**藤川百首**―定家が晩年に官位の停滞をなげいて、四文字題の述懐百首として詠んだものという。二条家において、詠風の骨目として重んぜられ、その題は難題として詠歌修練の目標にされた。

なってこれこれする」というのならわかるのね。でも、「妻が死んだ夫のためにつくす」というのはわからないのかしら。「だってあなた、奥さんがあなたのために、亡くなった後でも、あなたの志を継いでくれたら嬉しくありませんか？」と言いたいんだけどね。男の人たち、そういう感覚じゃないのね。どこまで行っても自分は子供なのね。お母さんに甘えたい。でも母親なんて、そんなに美化されるものでもない。多分に利己的なところもある。そのへんが男にはわからないのね。

学界はやっぱり男の研究者が主ですから、女の視点で見ることがなかなか難しいし、そういう先生に教えられると、女でも男性視点の従来説が正しいかと思うようになるんですね。だから新しいことは、なかなか言いにくい。アカハラとは言いませんけれども、その辺のことは感じています。

和歌文学会のはじめの頃なんていうのはね、まだ昭和三十何年代というと、戦争の後遺症が残っていましてね、戦争から帰って来て、研究が出来るようになって、しかもいろんな所の文庫が、今まで公開して下さらなかったのが、資料を見せて下さるようになって嬉しいという気持ちが、もう皆さんにあって、大学大学で固まるなんてこともなくて、研究者の人数も少なかったけれど、みんな仲が良くって、気持ちよかったものなんですけど。だんだんそうじゃなくなって、一つの大学だけで固まって。それから、先生の説と反対の説を、言いにくくなってきてね。それが、今、国文学が面白くなくなってきている、一つの理由じゃないかと思うんですね。勉強する、研究する喜びよりも、何しろ生活のため、いい所へ、いい大学へ就職するという世の中になってきましたしね。研究者人口は増えるばかりだし、就職先はないし。そういう傾向はとても心配です。やっぱり、研究というものは、楽しくあるべきだと思うんですよ。

現代の女性研究者を見ていて感じること

あんまり若い方のことは、わからなくなってきているから、もう今の方は夫に遠慮することもないかもしれないけどね。でも一般的に、奥さんが社会的に活躍すると、結構御主人のジェラシーというのはあると思いますよ。ジェラシーとまではいかなくても、女の人は夫の感情に対して敏感ですから、先回りして自己規制するということは、無きにしもあらずだと思います。それを考えると、社会が狭いから研究者同士の結婚が多い訳だけど、本当はね、違う社会の人と結婚した方が、私はいいと思いますね。

私もね、主人は理屈っぽい人でしたから、専門は違うけれど、「どうもそれはおかしいよ。言っていることがよくわからない」とよく言われましたよ。研究の面でね。だから、そう言われないように一生懸命考えました。違う目で見てくれる人、違う社会があるということを知ってないとね、小さい社会に固まってしまうだろうと思います。

私の場合、その場その場で、状況に流されて来てしまったわけだけど、それなりに勉強だけじゃなしに、いろんな体験をしてきたことが、どんなに役に立っているかわからない。それは、いろんな文章のうちに隠されている意味を読み取る上でね。文学ですから、ただ文法どおり訳せばいいというわけではない。

今の人達は読み方が足りない。いろんなもの見て、いろんなこと知っててほしい。この道一筋ってのは、絶対駄目だと思うのね。つまらないこと知ってていることが必要なんです。特に国が、常用漢字から仮名遣いまで決めてね、小さい時から、それ以外バツになる、そういう社会ですとね、世の中にはいろんなことがあるんだってことがわからなくなる。仮名遣いにだって、いろんな仮名遣いがあるし、字だって、それこそ異体字もあれば、当て字もいろいろある。定家仮名遣い†から、近世近代を通って、現在のような形に統一されるまでには、いろんな試みをしているわけです。そういうこと承知してなくちゃならない。

それから、豊かな人間生活がない。研究者のみならず、一般的に言ってもね。

今の若い方の生活を十分知ってるわけじゃないから、失礼かもしれないけど、家庭生活ったって、昔のようにゆったりしてないわけでしょ。ご飯だって皆勝手に別々に食べて、テレビ見て、ケータイ見て、ゲームして、コンピュータたたいて、会話だってメールだし、お母さんが一方的に小言を言って。お父さん

†**定家仮名遣い**—「を」「お」、「い」「ひ」「ゐ」、「え」「ゑ」「へ」三類八字に関する仮名遣いを藤原定家が平安後期の仮名文献などをもとに定めたもの。中世から江戸時代にかけて歌人などの間で広く用いられた。

も子供も、「ウー」とか、「アー」とか、返事するだけで。若い人が働くうえにはやむを得ないんだけど、保育所へ行けば、やっぱり画一的な教育になるしね、帰って来たら、お母さんもくたびれている、子供もくたびれているでね。夕食の後で、お父さんとお母さんが世間話や困り事の相談しているのを、聞くともなしに聞いていたりとか、そういうことが一つ一つ重なって、人生の上にも、文学の理解にも役立つと思うけど、そういうことがなくなってしまったんですね。昔だったら、家によって、それぞれ生活が違った。それから言葉遣いも違ったし、物の考え方も違った。「誰さんのおうちはこうだ」なんてうらやましがると、「よそ様とうちとは違います」って、頭から叱られちゃう。それが当り前だったんですよ。今は皆、もう画一的にテレビなり何なりの考え方に統一されてしまって、ちょっと違えば笑われたり、馬鹿にされたりする。いろんな違うことがあってこそ、豊かな世の中なのにね。

もう一つ。わからないということは、悪いことじゃない。わからないこと、当たり前なんです。わからなくてもいいから、本物を読む。それである時、「ああそうか、こういう事か」と自然にわかったら、それは忘れませんよ。それが大事。今のように手っとり早く、ハウツーものばかりが発達するというのは、文学的にとてもつまらないことだと思いますよ。

現代の女性は、無理に結婚しなくてもよいと考えるか

そりゃ、ごもっともだと思いますね。だって、結婚したら束縛されるもの。学校卒業して、社会に出て生き生きと働いていらしたら、こんな楽しい事ないと思いますよ。そういう時、結婚という決断を、自分でしなくちゃならない、というのは、大変な事ですね。私なんかまるで無責任に、親の言いなりに結婚して、結果的に幸せだったんだから幸運と思うよりほかなくて、えらそうな事は言えないんだけど。でも生物学的に言えば若いうちに結婚して子供を作るのが自然だし、そうとすれば働きながら無理せずに子供も育てられ、年取った親の面倒も見られる社会を、みんなで作り上げて行くよりほかありませんね。きれいごとを言うようだけど、世界にはそういう国もありますでしょう。自分達でそういう社会にする事をめざして、チャンスは逃さずに結婚する勇気も必要です。御縁という事もありますから、他人が何とか言える事ではありませんけどね。

一方で、女は夫や子供のためにつくすもの、それが美談、という古い考えもやめてほしいのよね。

人間は、個人で生きることを基本にすべきか

そうです。そうです。本当に最後自分一人になった時に、持っているものがなかったら、それこそ悲惨ですよ。怖くて私、そういうこと出来ない。祖母や母を看病して思いました。「いくら『いい奥さん』であり、『お母さん』であっても、それだけじゃ駄目だ。これだけは自分のものというもの、持ってなくちゃ駄目だ」とね。

子供なんていうものはね、離れて行くもの。離れてゆかなきゃしょうがない。そういう点から言いますとね。今、「旦那はどうでもいいけど、子供だけ欲しい」とおっしゃる方いますけどね、私は「旦那さま」だと思う。だって、全然別に、知らない所で生まれて育ったのに、結婚して一生、独身の時より長く過ごすなんて、すごいことじゃないですか。私は主人が大事だし、主人より大事なものない。子供なんて、「勝手にしてくれ」ってもんですよ。めんどくさいばっかり。そりゃ、小さい時は、可愛いですよ。ですけどね、それだってねえ、泣けば困るしね。素直に育つかと言えば、そうもいかないこともありますしね。心配はするしね。

私は主人が病気がちであったこともありますし、主人が元気でいてさえくれれば、何にもいらないと思いました。それでも、死んじゃうわけでしょ。一方私はどうするかといえば、主人と一緒に死ぬわけじゃないでしょ。そりゃ、「死んだほうが楽だ」と思ったことだって、ないわけではない。けれども、生きてるから、生きてるより仕様が無い。必死になって生きてくうちに、こういうふうになっちゃったので。考えてみれば、主人は私を解放してくれたんだと思います。悪いけど、今居ても大変だ。御老夫婦で、助け合っていらっしゃるの見ればね、美しいとは思いますよ。だけど私、そこまで出来るかしら。だって、元気だった人が、よぼよぼするの、見るのも辛いし。

私の研究上のお友達で、割に早く御主人をお亡くしになった方も、その間にはご自身多少の研究はしてらしたにしても、奥様でね。お亡くなりになってから始めて、今、大学の先生になって活躍してらっしゃる方がね。「申し訳ないけど、一人がこんなに楽しいと思わなかった」って。もちろん、それだけの苦労や経験したから、今楽しいんですけど。結局、人生はある程度偶然の積み重ね。そこでどうやって生きて行くのか。その時その時、最善を尽くすより仕様が無い。そして、最後は一人で死ぬ。

一人で生活すること、それはもう、本当に楽しいですよ。何しようと思うまでですもの。今まで私、気兼ねばっかりして暮らしていましたから。いえば四つの時から、気兼ねして暮らしていたんですもの。今は誰にも、何にもそんな必要はない。お掃除は嫌いで困ったんだけど、息子夫婦が呆れて、今の家に引越した時から、週に一度ヘルパーさんを手配してくれまして、あとは食べるものだって、好きなように出来ますし。寝るんだって、起きるんだって。だから本当に今が一番幸せな時だと思うとね。これを出来るだけ引き伸ばそうと思って、やっぱり体にだって気を付けますしね。

健康管理について

まず第一に、祖母が目が見えなくなって落ち込んでしまった。それ見てますから、目が見えなくなるって、すごく怖いわけですね。二十年以上前、眼医者さんに行きましたら、私が幸せなことは、右と左と視力が全然違う。0・1と0・8。小さい時からずっと眼鏡かけてました。近視と乱視のね。老眼になって、近視が治って、老眼鏡かけても、あまり工合良くないので、診ていただいたら、「あなたは、右の眼で近くを見て、左の眼で遠くを見るから、眼鏡いらない。便利な眼だ」って言われたのね。五十何年かけていた眼鏡外しましたら、とってもいい気持ち。感激しました。白内障がちょっとある。「目薬をさしなさい」と言われて、それをずっとさしています。年に二度検査していただいて、別に進んでいません。

一人で病気しても困りますし、主人が始めたことだし、年に一度、人間ドックは、ちゃんと行っています。十数年前に、「腫瘍マーカーがちょっと高い」と言われたので、いいお医者様見つけて、健康診断に月に一度行っています。

健康法は、朝お湯を沸かして、足湯をする。八分間、深さは踝《くるぶし》位まで。血行がよくなるのね。毎日やると身体がなまけるから、一週間のうち、四日やったら、三日休む。これは十何年続けている。そういう、お金がかからないで、長く続けられることだけしています。

現代の若い女性へ

今、若い女の方は自由で幸せみたいに見えるけど、ここまでになって来るには、いろんな時代があったんだし、その各時代で女の人が、一生懸命生きて来たから、今の時代があるんだという事、わかってほしいし、でも、どれ位わかっているのかなと思いますね。

たとえば今、結婚したら籍を入れて、女の人の方が姓を変えるのが当り前になってて、それに対して、「今まで大事にして、社会的にも通用してた姓を変えるのいやだ、夫婦別姓が認められないんなら、籍を入れない」、または「ペーパー上だけ離婚する」という主張があるし、芸能人なんかは、さんざ同棲していて、それから「入籍しました」って得々とご披露したりしますね。でも、「結婚したらすぐ籍を入れなさい」とやかましく言って、世間に普及させたのは、私の父なんです。

父は、離婚の研究をしていまして、いわゆる「追い出し離婚」、いくら華々しい式を挙げてもね、籍を入れないと法律的には妻ではない。妻でなければ、何の権利もなくて、夫が死んでも遺産相続もできないし、追い出されたらそれっきり、持参金もお嫁入り道具も返って来ない。昔はそういう知識がなくて、悪気はなくても、子供が出来て、やっと「ああそうだ。籍入れてなかった」とそんな程度だったのね。だから「それではいけない。結婚式当日に、籍を入れなさい」とやかましく言って。東大の卒業生の方々からお仲人を頼まれる事が多かったから、そんな時とか、また啓蒙的に講演したり本に書いたりして、大いに宣伝したのね。それと、時代的に配給制度が始まって、籍入れた奥さんじゃないとお米の通帳に名前が載らないで配給がもらえない、なんて事も、結婚＝入籍を普及させたんじゃないかと思うけど。

でも、父としては、それは女の人の権利を守るために主張した事で、束縛するために言った事じゃないんですから、いま生きていたらまた違う事を言ったかもしれない。私だって黙ってないで議論すると思いますしね。高群さんの御研究を読めばわかる事ですけど、明治の始めまでは制度的にも夫婦別姓だったし、もっとずっと前、南北朝頃までは女性も夫とは別に自分の財産を持って、自分でしっかり管理してたんですよ。そういう事も、男女を問わず、もっと勉強なさればいいと思いますね。

やっぱり今はまだ男社会で、自覚するとしないにかかわらず、古風な男尊女卑の考え方がいっぱい残ってる。「男と女、どっち採ろうか」という時は、まず男を採る。「女はお嫁に行けばいいや」って。

だから、女が実力つけるより他ないです。ただ、それが出来にくい社会であることも確かですね。男性社会の中で、頑張ってきた女の人は、男性以上に男性的になって、同性に対する批判の目が厳しくなる、ということもありますしね。自分が苦労して来たから、無理もないんだけどね。そうすると、周りから見ても、「きつくて怖い。あんなのがもう一人できたら困る」となる。だからって、女がなよなよ、甘ったれてはいけない。普通の男と普通の女が、普通の顔して、協力して仲よく仕事できるようにならなければ。それには男女ともに、もっと社会人として、大人にならなければいけないでしょうね。

女の人といっても、いろいろでしょうけど、本来的には、男の人ほど、「すごく地位が欲しい、権力が欲しい」というわけではないと思う。それが、強いところでもあり、弱いところでもある。仕事したらそれに見合う収入なり、待遇なりあるべきはずですよ。それを要求するのを、「女らしくない」なんて遠慮すべきではない。

男の人はまた、母や妻の無償の愛とか、無償の奉仕とかをすごく美しく考えて、それに甘えてるけどね、女にしてみたら、妻にだって愛情なり、言葉や態度、時にはちょっとしたおみやげででも答えてほしい。心の中だけで感謝してて、相手が死んでから何言っても駄目なのよ。もちろん、今はとてもいい、しっかりしてやさしい御主人も沢山あるけど。男がそういうふうに、古風でなかなか進歩しないのは、女にも罪があると思う。夫に対しても、仕事仲間に対しても、こびないで、女らしさは失わないで、上手にきちんとものを言い、教育して、自分の考えなり、要求なりをわからせて行く努力が必要でしょうね。欲しいものを欲しいと言えないで、一人でストレスをためているのは一番悪い状況ですよ。若い女の方々は、そういう事をしっかり考えて、賢く、幸福な人生を切り開いていていただきたいですね。

二千年の人間の経験を文学に学ぶ

文学を学ぶということは、人間関係の上での、生きる上でのゆとりというか、面白みというか、二千年の人間の経験が全部学べるわけです。

文学が衰退しているというのは、こちらのイマジネーションが足りないから。それと、お勉強で知的に読むことだけ考えているから。それも、自分で読まないで他人の注釈で読もうと思っているからね。ひと様からもらった知識で読むのじゃ駄目、自分と作品と一対一で向き合って、自分の身を削って読むのでなければ。

黙読でなく、声を出して繰り返し繰り返し。そうすれば、いつか自然にわかって来ます。

生きる上での思想

理想、思想がない文学は駄目です。つくづくそう思いましたのは、京極為兼の研究をしていて、「思想がなければ、近代的な写生を、七百年も昔に実現したように評価されているあの和歌はできない」ということに気づいた時です。

歌を作るに当って、それを詠み出そうとする自分の「心」というものは、どういうものだろう、と為兼は考えたのね。それは、感情的な心じゃなくてね。精神的な道徳的な心でもなくて、心のメカニズムね。

心というものが、どう動いて、ものを考えたり、見たり、言ったりするんだろう、ということ考えたのね。それが為兼の根本。自分の思うことを、自分の思う通りに言いたい。その思う主体というものは何だろう。自分の中にあるんだけれども、自分の思うようにならない。勝手に思ってしまう心。それは、どういう仕掛けになっているんだろう。それに答えたのが、「心」の認識によって、万物が存在するという唯識論だと思うんですよ。

為兼を支持した伏見院も、別の意味で「心」を考えたのね。自分に心があるだけじゃなくて、春には春の心、冬には冬の心、雨には雨の心、雲には雲の心がある。その心というのは、天地の心であって、天地に充満するエネルギーである。聖書と同じことですよ。「神光あれと言ひたまひければ光ありき」(旧約聖書「創世記」)と同じこと。そういうエネルギーが形を変えて、雨にもなり、草にもなり、そして自分にもなっている。その意味で、天地も雨も草も自分もみんな同じだ。だけれども、自分はそういう自分ではあるけれども、天地の心を受けて、天下全体を治める立場の天皇の一番の末裔だ。その意味では、自分は天地間の現象すべてに責任をもっている。伏見院は、天地のエネルギーから、万物の心、自分の存在も成立すると考える。

為兼は、自分の心の働きから、天地万物が生まれると考える。それが上手くかみ合った。

だから、思想がなければ、文学は成り立たない。それを真似することは出来ますよ。だけどね、新しくつくるときには、思想がなくちゃ駄目。そう思った時に、やっと私は為兼がわかった。

そういう文学を研究するためには、研究者にも思想がなければならない。イデオロギーとしての思想じゃない。人間として、生きる上での思想ですね。自分を自分として確立する、その根本の思想ですね。いろんな体験から生れて来る思想です。教わったって駄目なんです。自分には知らないことが沢山ある。まずそれを思って、わからないことは、変に理屈をつけないで、作品をよく読んで、対象とする作品だけじゃなく、周辺のいろいろなものを読んで考えるということです。

第十一章　著書について

出版社の思い出

一番初めに出したのが、『京極派歌人の研究』（昭和四十九年）なんですね。その時に、書陵部の橋本不美男先生に紹介していただいて、笠間書院から出していただいたんですけれども、その時の笠間の社長さんは、池田猛雄《たけお》さんといって、池田（利夫）先生と仲良しで、とってもよくして下さったんですね。こっちは、出版なんてこと何一つわからないから、向こうも随分ご迷惑だったと思いますけれども。大変親切にして下さったものですから、その後『永福門院』（昭和五十一年）を出していただいて。そして、『あめつちの心—伏見院御歌評釈—』（昭和五十四年）。そしたら、その時に、池田さんが丁度お兄さまが五十ちょっとでおかくれになってね。そんな話して、伏見院の年譜を見ていらしてね、「ああ、この方も五十ちょっとで、お亡くなりになったんですね」とおっしゃったんですね。だから、「私の主人も五十で亡くなりました」と申上げてね。そしたらその後、急におかくれになったんですね。ですから、これ見ながらね、そうおっしゃったの今でも思い出しますけど。今、社長でいらっしゃる奥様も、「発行者が池田猛雄になっている本の、これが多分最後です」と、おっしゃっていました。武蔵野書院で修行なさった方のようでしたね。

今、編集長の橋本さんと、私の本の編集をいつもやって下さってる大久保さんが二人とも若くてね。「あなた、可愛かったわねえ」と大久保さんによく言うんですけどね。そんな頃からのお馴染みです。

原稿は今でも手書き。昔はもう何遍も何遍も下書きしました。今は図々しくなって、初めからお清書のように書いてしまって、直す所はうまく字数を合わせて切り張りするのが趣味です。

◎『京極派歌人の研究』（昭和四十九年四月、笠間書院）

一番最初は、この『京極派歌人の研究』なんですね。主人の生きている時に、計画は立ててたけど、亡くなったあと、橋本不美男先生の御紹介で、昭和四十九年の四月、笠間書院で出していただきました。生まれて初めての本だからね、本当に一生懸命。伏見院とか、永福門院とか、私は好きだから、それまで発表したものもあるし、書き足しもしたし。だけども、その前に序論をつけなくちゃいけないというのでね。それがもう大苦しみだったんだけれども、「京極派研究の動向」と、「京極派作歌活動の時期区分」というのを書いたんですね。こ

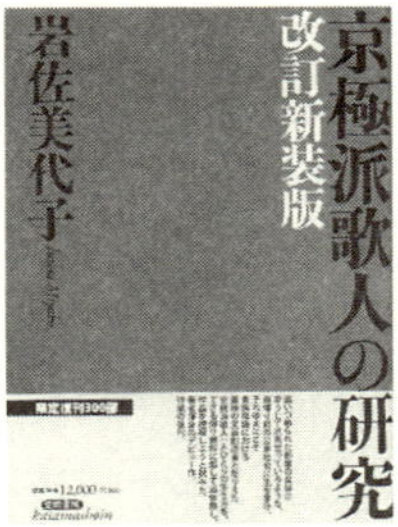

の時期区分をしたことで、とっても自分のなかで整理が出来たし、これは今でも訂正する必要ないと思っています。こういう概説みたいなものを書くことは、すごく大切なことでね。ただ今まで書いた論文を、ぞろぞろ並べるだけじゃなくて、それをまとめる意味で、概説を書くということがどんなに大事かということを、その時痛感しました。

一生懸命、書きは書いたんだけど、為兼が書けなかったのね。それで、橋本先生に「為兼論が無いなんて、そんな馬鹿な京極派論があるか」って、叱られましてね。しょうがないから、「歌風形成期の為兼」という、これは、看聞日記の紙背に見つかった、一番初期の詠草。歌としては、へんてこな歌で、おかしいんだけど、そのへんてこなとこに意味があると書いてね。やはりそれが後の考え方の基本になっています。ですから、叱られて書いただけのことは、あったんですね。それと、「玉葉風雅表現の特異性」。これは、「京極派の新しさ」をどう説明していいかわからない。それで、『国歌大観』の各句索引全部見て、ほかの集では使ってなくて、玉葉風雅だけで使ってる表現がいくつあるかを数えて、それに「特異句」って名前を付けて、やっとそれで京極派の歌が、どうしてこんなにほかの人の歌と違うのかということがわかったんですね。これは大変面白かったし、後々まで役に立ちました。索引も今ならコンピュータでしょうけど、手作業でつけて。一つ一つ、小さい紙に書いて、五十音で並べて……

そういうの私好きなの。国会図書館で、さんざんやりましたしね。大変でも索引作りは楽しいんです。

序文を、久松先生が書いてくださったんです。その原稿も大事にしてます。笠間に頼んで、後でいただいたの。

あとね、高松宮さまにあった、「伏見院御集」という、春・夏・秋の中途まで、三十七首だけの本を見せていただいて、報告したんですよね。伏見さんの春宮時代の作品だろうって推定して。そしたらつい最近、冷泉家のお文庫の中から、雑まで揃った八十首の完全な本が出て来たの。「伏見院春宮御集」ってタイトルで、時雨亭叢書の『中世私家集　十』に、小林一彦さんの解説で入ってます。解説の中で、私の推定が正しかったと書いて下さったし、何より完全なものが見つかったのが嬉しかったわ。

私の研究の基本はこの本に収録されています。幼いかもしれないけど、私には大事な本です。

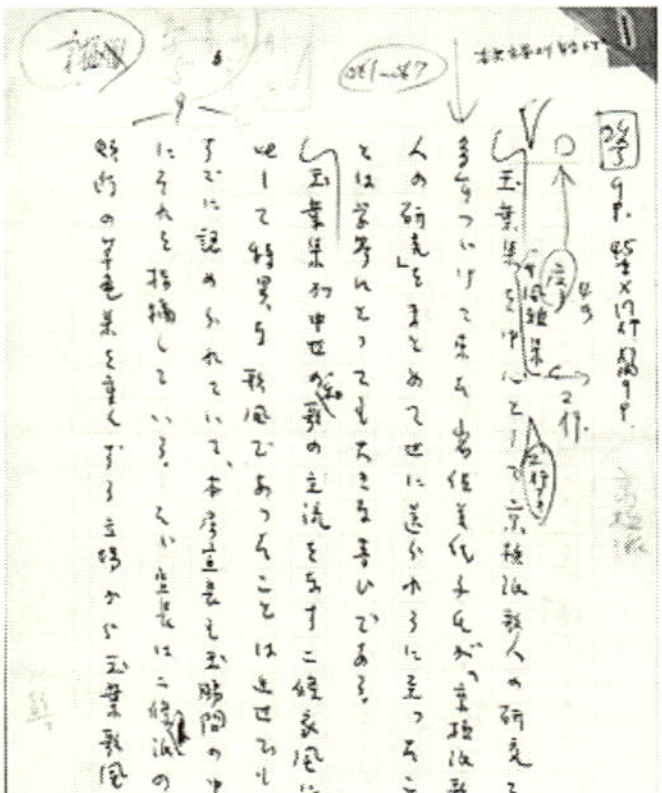

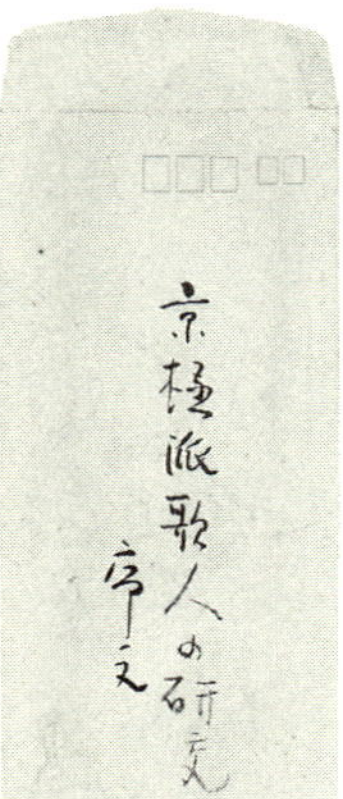

久松先生の序文原稿

◎『永福門院―その生と歌』（昭和五十一年五月、笠間書院）

これは、昭和五十一年の五月に、『永福門院―その生と歌』って題で「笠間選書」の一つとして出したんですけど、その前に原稿を持って、「今度、笠間でこんなのを出してくれることになりました」って、久松先生にご挨拶に行ったの。見ていただいて、直していただこうなんて、そんなつもりじゃなく、ただ現物を持ってご報告を、と思っただけなのに、先生、一枚々々全部めくって見て下さったの。「ああ、そうですか。ああ、そういう事もありましたかね」って。もう随分お体お悪かった時で、「先生、そんなになさらなくっても、ようございます」って、一生懸命お止めしたのに……。今考えてもその光景を思い出して、涙が出るような気がしますよ。そうして、この本が出る前の、三月二日におかくれになりました。

それから、この本は、コンピュータというか、写植で作った一番最初の頃だったの。笠間でも大変で「完全原稿じゃなくちゃいけない。あとで直せない」って。しょうがなくて直したところは、その頃は別に打って貼り込んだから、曲がっていたりするの。だから、「これから本を出すときには、全部完全原稿で出さなきゃいけないのか。大変なことになった」と思いましたよ。

「古くなったし、もっと書き足して新しくしませんか」と、笠間の橋本孝さんが言って下さいましてね、平成十二年五月に、改訂版として『永福門院―飛

翔する南北朝女性歌人』を出しました。その時第三部として、全作品を載せたんです。吉海直人さんが、「永福門院百番御自歌合」の、とてもいい本を見つけて下さったので、それを載せることができたし、前のよりは充実した解説が書けたかと思っています。

◎『あめつちの心—伏見院御歌評釈』（昭和五十四年九月、笠間書院）

『明日香』という女性の短歌雑誌があるでしょ。日本女子大の上村悦子先生から、「『明日香』に何か書かないか」とおっしゃっていただいて、それで連載したんですね。連載した時には先方の都合もあって、全部終わりまでいかなかったから、残りを足して一冊にまとめたもの。国会図書館に勤務しながら書いていたわけだけど、それは仕事とか研究ではなくて、楽しみ、遊びみたいなもんでしたよ。

文体も、「です」「ます」調で書いたのね。一つには、短歌雑誌だから堅くなくというのもありましたし、それに敬語が使いやすいでしょ。天皇の歌だからね。

タイトルは、

霞立ち氷もとけぬあめつちの心も春をおしてうくれば（風雅、六）

という歌からとりました。これが伏見院の基本思想で、ほかの誰にも詠めない、

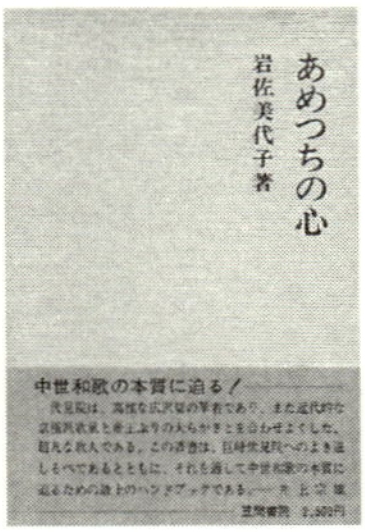

伏見さんの帝王調です。

伏見さんの歌には、ほかのどんな歌人にもない独特のものがありましてね、

本柏《もとがしは》神の食薦《すごも》に振りそそぎ白酒《しろき》黒酒《くろき》のみきたてまつる（広沢切）

なんて、天皇が即位大嘗祭《だいじょうさい》の時に行われる、神々と天皇だけのさし向いのお酒盛りの光景なんですが、こんな事お詠みになったの、歴代の中でも伏見さんだけなんですよ。

◎『京極派和歌の研究』（昭和六十二年十月、笠間書院）

これは私の学位論文です。一番力を入れました。私の研究の上で一番大事な本です。

この時には、「どうあっても、為兼を書かなくちゃ、しょうがない」と思ったのね。だけど、なかなか書けなくて。第三編は、それまで書いた論文の集成ですけど、第二編までは、ほとんど書き下ろしです。昭和五十八年に『創立二十周年鶴見大学文学部論集』に「京極為兼の歌風形成と唯識説」を書いて載せたんですね。これで私は、「為兼がわかった」と思ったんです。唯識説を持ってくることで、為兼の歌風なり歌論なりが説明できると。そうしてみますと、為兼だけではなく、伏見院、花園院、光厳院と、それぞれに、その人その人の性格にちゃんと合ったような、別々の思想を持っていて、それが連なって京極

派という歌が出来ているんだ、とつくづく思ったんですね。言葉は思想だ、歌だって思想がなくちゃだめなんだって。為兼は唯識説、伏見さんは日本書紀、花園院は禅ですね。光厳院も禅なんだけれども、花園院の場合は、臨済禅として完成する以前の禅的思想というのがあるんです。そのお書きになった「七箇《か》法門口決《くけつ》」なんてものは、わけがわからなくて、昭和二十年に、面白いことに、三田村鳶魚《えんぎょ》、江戸風俗の研究家ね、あの人が紹介しているんだけど、その後誰も触ってなかったものなんです。天台宗のなかに、本覚思想というものがありましてね、その口決《くけつ》伝授……ものに書かないで、口述の伝授なんですね。花園院の場合は、そのノートなんですが、それがすごくおもしろい。全部口語訳しましたよ。難しくて、わからないといえばわからないんだけれども、やってみなくてはね、ただ見ていただけじゃ駄目で、自分で訳さなくちゃ駄目。もちろん、宇井伯寿さんはじめいろんな仏教学者の方々の本も読みましたし、大久保良順先生の所にうかがったりもしましたよ。でも、自分で字引を引き引き訳す、という事がなければ、自分としての問題は解決しないとわかりましたね。

為兼の和歌については、結局「全歌集」を作る、めんどくさいけど原点にもどる、という事で、やっと何とか歌風論をまとめる事ができました。書き上げたあと、はじめて佐渡へ行って、為兼の配所跡だという八幡様におまいりしました。松林の中で、ねむの花が咲いてて、とてもいいお宮さんでしたのに、そのあと松食虫のせいで全部切っちゃって、まるで裸になっちゃったんですよ。いい時に行って、ほんとによかったわ。

◎『女房の眼』（昭和六十三年一月、笠間書院、非売品）

『女房の眼』は、鶴見大学へ入って、二度目の講演会（昭和六十二年十一月二十六日、鶴見大学日本文学会秋季講演会）で、子供の時から、昭和天皇の第一皇女の照宮様のお相手をしていた体験から、平安朝の女房たちがそんな気持ちでお宮仕えをしていたかを、研究の参考になると思って話したものを文章にして、ちょうど学位を取ったお祝いの会を先生がして下さる事になったので、そのお礼に差上げようと思って作った三四ページの小さな本です。日本文学科で、こんなものを作る例はこれまでなかったんだけど、その評判がよかったので、「じゃ、これから先生方の退職記念に、こういうものを作ろうじゃないか」という事になって、今まで十冊、ほぼ形は同じだけどいろんな面白い本が出てますよ。

でもこれははじめだから、おかしかったよ。大騒ぎして、装丁を考えるのに、池田利夫先生が、「あれは、いけない。これは、いけない。こうしたらどうだ」なんだかんだと、喧しくて。池田先生と、貞政少登先生と、高田信敬先生でね、ああでもないこうでもないと議論して、私なんかもう蚊屋の外で、三人でやっ

て下さった。表紙の色も、やっときれいなピンクになって。でも、後で考えてみたら、何のことはない。角川文庫のカバーを外した表紙の色だ、ってがっかりしたの。

皆さん、何ともお思いにならないでしょうけどね、私にとっては宮様との事を口に出すというだけで、大決心をした講演であり、本でした。その意味で感慨深いものがありますよ。

◎『中世日記紀行集』（平成二年十月、岩波書店『新日本古典文学大系』）
「中務内侍日記」「竹むきが記」

前にも言ったように、中世の女流日記は、「十六夜日記」と「とはずがたり」以外は、「中古の真似をしただけで、弱々しい、堕落したものだ」と言われて、馬鹿にされていたのね。それで岩波の『日本古典文学大系』にも入っていませんでした。やっとこの『新大系』にとりあげられる事になって、私に「中務内侍日記」と「竹むきが記」の依頼が来ました。

「中務」の話はあとでもう一度するけれど、鶴見に就職する前、昭和五十六年頃、水戸の彰考館にいい本がありまして、それを見に行ったんですね。そしてそれが一般に読まれている群書類従のもとになった本、しかも群書類従や、その前の扶桑拾葉集《ふそうしゅうようしゅう》に入れる前に、近世の学者が間違って本文を適当に直して

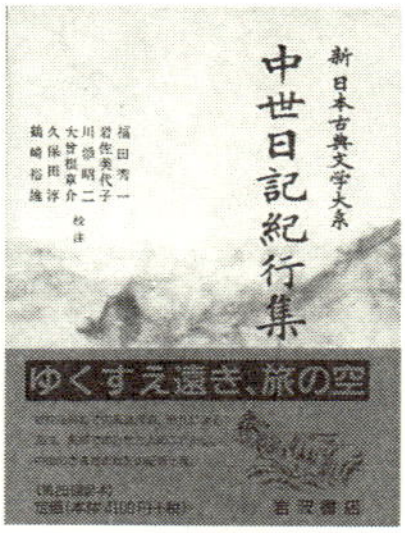

しまった、その前の原本に近い正しい本文を持ったものだということを、発見したのね。それを昭和五十五年に熊本で中世文学会があった時に発表しました。そうしたら、池田利夫先生が、ふだんは中世文学会にいらっしゃることないのに、いらして、聞いて下さったの。今、想像するに、今まで中世文学御担当の間中富士子先生がそろそろ定年だということで、後任を誰にしようか、と探していた時だったんでしょうね。それでたぶん合格したと見えて、翌五十六年にお話しがあって、五十七年から鶴見に来るということになったの。だから、「中務内侍日記」は、私にとって大変ありがたい作品です。

「竹むきが記」は、明治四十四年に出た『史籍雑纂』という古い本に翻刻がのっていただけだったのを、昭和四十五年に松本寧至先生が新しく翻刻なさって、ちょうど「とはずがたり」がもてはやされていた時なので、柳の下にどじょうがもう一匹いるか、という感じで研究されはじめたものです。

これは西園寺実兼のひ孫の奥さんになった人の日記で、永福門院も出て来るので、はじめは私、京極派の資料として読んでいたんだけど、他の研究者の方々の読みや解釈がおかしい、と思って、それについての論文を発表して行くうちに、身分違いの名家に嫁いで、しかも夫の死後、衰えた家を、幼い子供を守って立て直して行くお嫁さんの立場、その中で、信仰に頼るにしても、旧仏教に疑問を抱いて、新興の臨済禅を、「これだ！」と自分で選び取る、その強さに魅力を感じました。もう少し生きていられればね、この日記の「全釈」を出して、それで死にたいと思いますよ。

◎『木々の心花の心　玉葉和歌集抄訳』（平成六年一月、笠間書院）

為兼とか、永福門院とか、特定の人の歌だけじゃなくって、玉葉集そのものをもっと読んで欲しいと思ったのね。だけど二八〇〇首読んで下さいっていうのは無理だし、勅撰集ってそれ自身一つの作品なんだから、その中から京極派の歌だけ並べても面白くない。玉葉と風雅とくらべてみたら、玉葉集はやっぱり玄人の選んだ集で、とってもよく出来てる。京極派の始めの時代でしょう、だから自分達の歌がどんなに正当なものか、主張するために、昔の人だってこんな歌詠んでるじゃないか、我々の歌は異端じゃない、昔の偉い人の歌をちゃんと受け継いでるんだ、っていう事を証明するために、半分以上はこれまで勅撰集で見落された、古い歌人のいい歌を取ってるんですね。だからそれを、ちゃんと形として残さないとだめだと思ったの。そう思って選んでいったら、京極派の人の歌はほとんど入れて、それから昔の人の、これはと思う歌は全部入れて、ぴったり八〇〇首、全歌数の七分の二で、ほんとに気持よく出来たの。

同じようにやって見ようと思って風雅をやったら、こっちは二二一一首の中から一〇〇〇首選んでも、京極派の人ばっかりで、かえって変化のないつまら

ないものになってしまって、これじゃしょうがないと思って止めてしまいました。やっぱり為兼はプロ、光厳院や花園院はアマだなあと思いましたよ。

そもそも巻頭歌からして、貫之の、

今日にあけて昨日に似ぬはみな人の心に春の立ちにけらしも（一）

昨日とおんなじ今日なのに、まるで違って感じるのは、今日から春だ、新年だと思う、人間の心のせいなんだよ、っていう為兼の認識論―唯識説の思想にぴったりの歌を、歌人として誰にも文句のつけようのない、貫之の作から見つけて来て、巻頭に据えるという、すごい放れわざです。次が俊頼の、

庭もせに引きつらなれるもろ人の立ちゐる今日や千世の初春（二）

定家の、

春来れば星の位にかげ見えて雲井の階《はし》に出づるたをやめ（三）

と、おめでたい宮中のお正月の風景を並べ、さておもむろに、京極派のパトロン、西園寺実兼の、

梓弓春立つらしもものゝふの矢野の神山霞たなびく（四）

と自然の春に移った上で、伏見院の

春来ぬと思ひなしぬる朝けより空も霞の色になりゆく（五）

と、もう一度「思ひなし」によって認識論を強化してるんです。これを、京極派の歌だけピックアップして、頭から実兼、伏見院……と並べたら、こんな面

白みも、まるで気がつかないでしょう。月の歌でもね、定家の、

来《こ》し方はみな面影にうかび来《き》ぬ行く末てらせ秋の夜の月（六八八）

の次に、為兼が自分の歌を二首並べてるの。

いかなりし人の情か思ひ出づる来《き》し方かたれ秋の夜の月（六八九）

秋ぞかはる月と空とは昔にて代々へし影をさながらぞ見る（六九〇）

ってね。「行く末てらせ」「来し方かたれ」「代々へし影をさながらぞ見る」って、ひいおじいさんの定家と、為兼と、話し合ってるみたいで、面白いでしょう。

紫式部の、

年暮れて我が世ふけゆく風の音に心のうちのすさまじきかな（一〇三六）

和泉式部の、

つれづれと空ぞ見らるる思ふ人天下りこむものならなくに（一四六七）

なんて、今までに勅撰集に入っていなかったのがふしぎみたい。そういう歌を、みんな入れまして、巻の釣り合いもちゃんと取れて、とてもうまく行ったから、これは私、自分でもよく出来たと思っています。

その後、どれくらい読んでいただいたかわからないけれども、「読んでいますよ」と全然知らない方からうかがった事もあるし、それに或る座談会で、島津忠夫先生が、「面白いやり方だ、ちょっと誰でもできない芸当だ」とほめて

下さったのが、本当に嬉しかったわ。

◎『中世日記紀行集』（平成六年七月、小学館『新編日本古典文学全集』）「弁内侍日記」「十六夜日記」

戦後、わりあい直ぐに岩波も小学館も、古典文学のシリーズ出したんですけど、この時期にまた作り直そうと両方で企画したわけです。そのおかげで、前にも言ったように、初めてこういう小さな日記類を出せるようになったんです。

この依頼があった時に、「『弁内侍日記』は、私、喜んでやりますけれども、『十六夜日記』は、もういいんじゃない」と言ったのね。岩波の『大系』から出てるし、丁度その頃単発でも二種類注釈が出てるんです。でも、「『十六夜日記』が入ってなかったら、売れない」と言うんですね。「なるほど、そうか、それじゃしょうがない」と思って、渋々、いわゆる流布本を見たわけです。

この日記には「流布本」と「九条家本」と二種類本文がありまして、今までは、みんな流布本で注釈しているわけです。江戸時代から、それで通っていましたから。だけど、ちっとも面白くない。「もしかしたら、違う本だったら、どうだろう」と思って、九条家本を読んだんです。

九条家本というのは、天理図書館にあるんですけど、岩波文庫では、その翻刻が古くに出てたんですね。だから、とにかく岩波文庫で読んだのね。そした

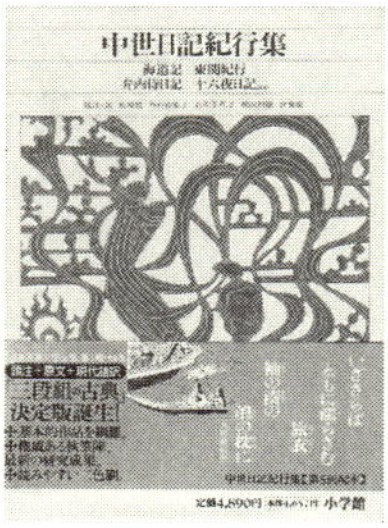

ら、印象がまるっきり違う。もう、素敵なの。阿仏という人が生き生きとしてるんです。今まで、「つまんない、つまんない」と思っていたんですよ。「十六夜日記」は、ちっとも好きじゃなかったの。それが、「こういうことだったのか」と思いましてね。というのは、筋が違うわけじゃないでしょ。紀行だから。だけどね、細かい言葉の端が、ちょこちょこ違うんです。そういうのは、「中務内侍日記」も同じで、こういうものの本文は、近世に随分直しているんです。「十六夜日記」の場合は、近世よりもっと古いかも知れない。室町の中頃か後位の頃に、紀行が沢山ありますでしょう。連歌師のね。あの時代に、多分男が直したんだと思う。だから、女性的な、そして宮廷女房的な感覚がないのね。それだからつまんないの。ああ、そんな後からの直しがない、阿仏の原作はこんなに良い作品だったのかと思いまして、大喜びになってやったわけです。

現代語訳は、「弁内侍日記」がとても楽しかった。これは一章がほんの数行と歌一首、というような短編、一七五章から出来ていて、単純で記録的でつまらないと思われていたんです。でもほんとは、星新一のショートショートとおんなじ、とても煮詰まった、構成力のあるユニークな文学なんです。だから現代語訳だって、その点は、とても苦心して原文の感じが伝わるように面白く訳したつもりです。自分ではよくできたと思っています。こういう、必ずしもはじめは自分でやりたいとも思わなかった仕事でも、御注文を受けてやらせていただく仕事によって、何かが開けますね。それは大変ありがたい事だと思っています。

◎『玉葉和歌集全注釈』上・中・下・別巻（平成八年三月〜十二月、笠間書院）

これが玉葉集注釈の本番ね。『木々の心　花の心』を作りながら、でもやっぱり本当は全注釈だ、と思って、少しづつやって行きました。全注釈ですから、分量が多いのは、しょうがない。だって二八〇〇首あるんですもの。勅撰集で一番多いんですもの。でも、歌を一首づつ注釈して行くのは、私はとっても好きなんです。やればやっただけ、「進んだ、仕事した」っていう気分になるでしょ。それから、参考歌を見つけるのが、とても面白い。新古今なら「本歌取り」だけど、そうじゃなくても、いろんな意味で影響を受けている歌が、一首のバックにあるのね。それを知らなかったら、「ああそうか」でおしまいになるけど、バックになる歌を当時はみんな知っていたから、「うん、あれをこうひねったんだな、面白い」っていうことになるわけ。逆にそういうものがなんにもなかったら、それこそほんとの「特異句」で、その人の独創を評価しなくちゃいけない。和歌にはいろんな言葉の約束がありまして、例えば「時鳥《ほととぎす》」なら、空を飛びながら「ホッチョカケタカ！」って鳴くのを「名告《なの》る」って言う。橘のかげにかくれて、「カケタカカケタカ」って低い声で地鳴きするのを「語

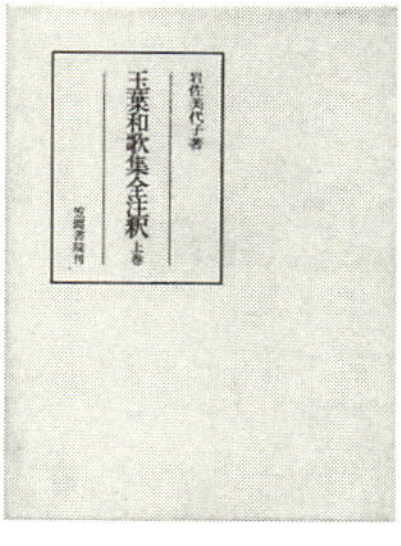

らふ」って言う。これは時鳥以外には使いません。もしそれを知らないで、「語らふ」を「独創的表現だ」なんて言ったら、大恥をかく。だから、「どうしてこういう表現したんだろう」と思ったら、『国歌大観』の索引を引きまくる。今の若い方は、「そんなのCD－ROMですぐ出て来るよ」とおっしゃるけど、それじゃ、おんなじ表現しか出て来ない。言葉は違うけど言いまわしのタイプが同じとか、ある着想があるのを前提にしてその逆を行くとか、もうそうなったら作者との知恵くらべですよ。何しろ昔の歌人にくらべたら、私達は本当に無知なんだから。『国歌大観』もちろん勅撰集だけじゃなく、ほかの巻も全部広げて、まん中にすわりこんで、ない知恵をしぼって心当たりを全部引いてみる。「見つけた!」ってね、腱鞘炎《けんしょう》にだって腰痛にだってなりますよ。でもこんな面白いことない。「絶対、この人、これ意識して詠んだに違いない」と思ったら、それ一首だけ引けばいい。おんなじ表現使ってるの全部引いたら、かえって無意味なのよ。その一首を見つける眼力を養うためには、いくら便利な世の中になっても、昔とおんなじ、沢山々々の歌をくりかえしくりかえし自分の目で読んで、いろんな事を覚えて行くよりほかないんです。

前に言った「特異句」ね、京極派の特異表現。これをほんとうにわかっていただくためには、私がやったように『国歌大観』の索引を「横に」読んで、他の集とどんなに違うか見ていただくのが一番なんだけど、玉葉だけ見ていただいても、「こんな言葉が、また表現の型が、京極派は好きだったのか」と思っていただけるし、本文を読みながら「おんなじパターンの歌があったな」とお思いになった時、巻末を引っくりかえして索引を見なくてもすむように、と思って、各句索引を別巻にしたのよ。もちろん解題エトセトラも入れてだけど。そうしたら、三巻でおしまいと思ったのか、忘れちゃったのか、別巻は入れてない図書館もあったんですって。ビックリ、ガッカリよね。それにこりて、次の風雅集の時には別巻にしませんでした。

書誌的な事は全く知識がなくて、ただ兼右筆本がいいと昔から言われてたので、それによったまでですが、とにかくこの時見られるだけの十三本をくらべてみたら、勅撰集が精撰されて行く過程が見えて来たようで面白かったわ。でもその辺りの所は、もっと書誌に詳しい若い方々に、きちんとやっていただきたいと思っています。

まだ細かい問題はいろいろありましょうけど、私にとっては本望を遂げた、満足した仕事です。

◎『宮廷に生きる　天皇と女房と』（平成九年六月、笠間書院）

これは鶴見大学を定年退職した時に、これまでのお礼に皆様に差上げようと思って作っていただいたのです。前に言った、『女房の眼』が、わりあいに御好評でしたから、それを巻頭にして、講演集の形でまとめました。

「花園院宸記」は、国文学研究資料館の「日記と文学」という講演会でのもの。「光厳院」は駒澤大学の国文学大会にお声をかけていただいて、タイトルを提出したら水原一先生が、「やられた!」とかおっしゃってとても喜んで下さった。それに、知らなかったけど丸谷才一さんや川村二郎さんがお読みになって、あとで『光厳院御集』（風間書房）で平成十二年度読売文学賞をいただくきっかけになったようで、ありがたい事でしたね。

「女房の日記」は、日本大学国文学会のシンポジウムでのもので、かねがね中世の女房日記が、とはずがたり以外はとても旗色が悪いのが気になっていましたので、中古の日記ばかりが日記じゃないという、まあ多少、日頃のうっぷんをぶちまけたような話をしたわけです。

「とはずがたり」は、鶴見大学の文学部創立三十周年記念で、何か催しをしようという事で、私がいろいろ教えていただいていた高倉文化研究所（現有職文化研究所）の、衣紋道御研究の仙石宗久先生にお願いして、宮廷衣裳のお着付けの実演をしていただいたの。それで責任上、その前座という事で、とはず

がたりの中で、衣裳がどんな意味を持っているか、という話をしたんですけど、私は全然知らない方だったのに、丸谷才一さんが毎日新聞の書評で大変ほめて下さって、それは衣裳の事よりも、宮仕えの場では複数の男性が女性を共有する場合もあって、それについて上位の人がやきもちをやくのはルール違反だと言った、その辺がお気に入ったようでして、それ以来とてもご贔屓にして下さるので、恐縮しているのよ。それからこの時、仙石さんが特に子供の衣裳着付けを沢山見せて下さって、モデルになってもらった子供達がとてもかわいかったので、その写真ものせました。

おしまいの「蜻蛉日記」は、上村悦子先生のご長寿のお祝いの論文集に書きましたので、これはしゃべったわけじゃないのですけど、その論は上村先生も喜んでくださったし、それにまた、そういうおかたい論文集だけで終わるのは、自分としてもちょっと惜しかったのね。だからこれだけは、話したように書き直して入れました。

この本は、わかりやすく手軽に、なじみの少い作品の話をと思って作ったので、割合に喜んで広く読んでいただけたようです。

◎『宮廷の春秋―歌がたり女房がたり』（平成十年一月、岩波書店）

岩波の星野紘一郎さんという、その頃の『文学』の編集長の方が、「何か八回連載しませんか」と言って下さったの。思いがけなくてびっくりしましたけど、国会図書館で、知っていて仲良かった、堀内まゆみさんという方が、やはり編集部にいらして、その方が推薦して下さった面もあったみたい。

連載中から、評判よかったの。こちらも皆さんに読んでいただけるように、うんとサービスして書きました。中心は和歌の話だけど、そもそも、私の名前聞いたって、どこの馬の骨だかわかんないわけでしょ。誰もね。だから、そういう自己紹介から始めて、やっぱり、もう「平成」もそんな時代になれば、皇室関係のタブーもなくなったし、それよりも、宮様方の事も、皇女の御生活の事も、みんな知らなくなっちゃったことが、いっぱいありましてね。本来ならば、言うべきではないことでもあるんですけど、あまりにどなたも何もご存じないからと思って、学校で照宮様のお相手してた事から、その後ずっと今までの自分の気持まで書いたんですね。ただ、私は友達にすごく遠慮していまして。だって、みんな同じ境遇にあって、同じ苦労してきたんですよ。でも、みんなそんな事はなんにも言わない。それはもう立派なもんでしたよ。だから、「それを私一人、ぺらぺらしゃべっていいのか」って。『女房の眼』の時から、その気持ちはずうっとありますよ。でも、友達がみんなね、「そんなことない。

私たちは思っても言う場所がない」って。それは、確かにそうね。「あなたは、言う場所があるんだから、言ってくれ」と言ってくれたんで、随分気が楽になりましたよ。でも、やっぱり、「本来は言うべきことではない」という気持ちは、私の中にいつもありますけどね。

それで、私の中にある理想的な主従関係、という感じで、「わが、ともあきくん」という章――伏見院と源具顕という小さな歌人との事を書きました。私にとって一番好きな章ですし、また全体に好きな本にもなりました。

◎『宮廷女流文学読解考―総論中古編』、『宮廷女流文学読解考―中世編』

（平成十一年三月、笠間書院）

和歌を知るためには日記を読むことも必要だし、そんな事より先に、中古の日記はみんな有名だし面白いし、研究しようと思わなくたって読むじゃありませんか。まして中世日記の研究者は当然中古日記は読むはずでしょ。「とはずがたりを読んでますが、蜻蛉日記読んだ事ありません」っていう人は、いないはずですよね。もっとも最近の大学院生あたりには、いるみたいだけどね。でも中古日記の研究者は、中世の日記なんて、あんまりお読みにならないんです。「衰えた、後世のもので、中古の模倣作品だから、読まなくていい」と思っていらっしゃるんでしょうね。私もまた、「中世の人間が中古に口出しすべきで

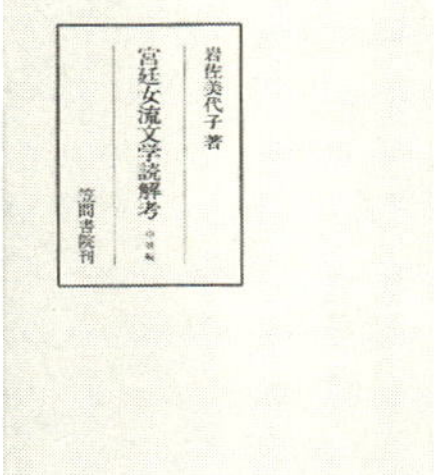

ない、中古のすばらしい日記作品は、ただ自分の楽しみに読んでいればいいんだ」と思っていたんです。そうしたら、石原昭平・宮崎荘平・森田兼吉・守屋省吾といった先生方が、ごく少人数の「日記の会」というのをお作りになって、入れて下さったんです。そこでは「中古中世にこだわらず、自由に交流しよう」という空気で、はじめて私も、「今まで遠慮してたけど、中古に口出ししてもいいのかな」と思うようになりました。

一番はじめは、「和泉式部日記」でしてね。随分前に、NHKの文化会館で「何かやってくれ」って言われましてね、はじめの一年は「玉葉」「風雅」を読んだんですが、「もう一年」って言われまして、「困った、どうしよう」と思ったけど、「こんな時じゃなくちゃ、出来ない」と「和泉式部日記」を、実際に話してみたら、「何、今までの注釈、違うじゃない！」という所が、一ぱい出て来たの。それで、『和泉式部日記』読解考」(昭和61年4月、「国語国文」)を書いたんですね。だけど、だあれも認めてくれない。「新しい」ということと、「中世の者が……」というところもあるんでしょ。大きな声では言えないけど。それからあとはもう、「評価されようがされまいが、自分の考えをどんどん書こう」と思って、ずうずうしく書きました。一番反響があったのは、「はひぶし」そして「萩の戸」でしょうかね。自分で一番好きなのは「讃岐典侍日記」論ですが。中世編の方はそれまでのまとめです。十六夜日記の九条家本を流布本と上下に対照して見られるようにしたのが、お役に立つでしょうか。

◎『光厳院御集全釈』（平成十二年十一月、風間書房）

後書きに書いてありますけど、ずっと前に、阿部俊子先生、阿部秋生先生の奥様ね、が、「書かないか」って、おっしゃったんです。阿部先生がやってらしたシリーズ、私家集全釈叢書ですね。それで、「書きます」と申し上げて、それっきりずうっと何にもしなかったの。気になってだけいて、やっとの思いで書いたんです。

光厳院は、これまでの研究史のなかでどういう位置付けにあるかというと、京極派の最後の指導者で、北朝の最後の天皇といわれているんだけども、後醍醐天皇が元弘の乱で、一度退位したわけですよね。その後をついで、正規の形でちゃんと即位した方ですから、北朝第一代といって正系と別扱いするのは、本当は誤りであって、正系の、後醍醐の次なんです。だけども、江戸末期『大日本史』やなんかで、南朝正統論を宣伝しましたものですから、後醍醐の方がよくなって。両朝並立という形だったのが、明治の終わりに南北朝正閏論が起こりまして、国体明澄というのでしょうか、「両方に天皇があるなんてとんでもない、万世一系だ」というわけですね。「学校で両朝あると教えるなんて何事だ」と。それまでは、歴史でも南北朝並立の時代があったということだって、

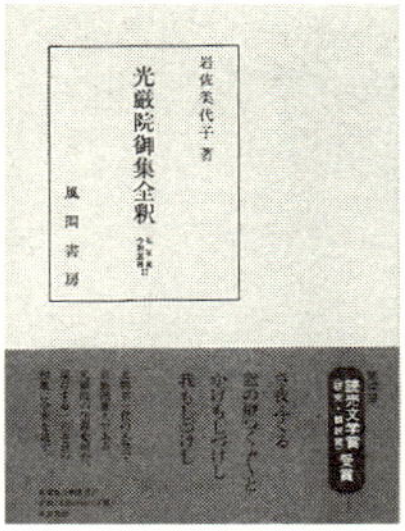

知ってたんですけどね、国会で問題になりましてね、結局明治天皇の判断で南朝が正統であると、決定されたんです。そのために、北朝系統である京極派は無視されたし、光厳院もまったく無視された。だけれども、光厳院という方は、歴代たった一人、自分で自分が天皇であったということの、責任をとって出家して、戦没者の霊を巡礼して回って、最後に何でもない山寺の一老僧として、おなくなりになったのね。こんな立派な方、ないんですよ。宮内庁では、「お扱いは変わりません」とおっしゃるけどね、歴代天皇のなかに入ってないんです。私、それは本当にけしからんことだと思いますね。だって、両朝あったんだから、それが事実だったんだから、しょうがないじゃないですか。

光厳院が最後のお住まいになさった山国の常照皇寺は、とっても良い所なんです。田園の中で。御陵だって、小さな土盛りのたった一つでね、その上に自然に生えた椿と楓がからみあって、一本の木のようになっています。そういう所に眠ってらっしゃるのは、天皇としてお幸せな方であったと思うんです。大好きですから、それでやっとお約束を果たしたんですね。

そうしておりましたら、いきなり電話がかかってきまして、「読売新聞ですが、読売文学賞に推薦されましたけど、受けて下さいますか」と。私、「何だろう」と思ってさ。「読売文学賞ってごぞんじですか」っていうから、「いいえ」って。悪いけど、そんなこと考えてなかったからね。それでも、非常にありがたいことでしたし、私は直接には知らなかったんだけど、評論家の川村二郎†さんが、やはり光厳院が好きで、目を付けて下さったのと、もう一つ、丸谷才一†さんが『宮廷に生きる』出た時読んで書評して下さったのね。それ以来大変ご贔屓にして下さったので、二人で推薦して下さったらしかった。

　その発表パーティの時、他の受賞者は皆さん作家の方々ですから、創作の苦心をいろいろお話しになったけれど、私は光厳さんの話しかしなかった。あとで、「自分の事を言わなかったのはあなた一人だ」と言われたけど、それ当り前でしょ。作家は身を削って創作する。研究者はそれをあとからかれこれ言う立場ですから、「自分」がえらぶってはいけないんですよ。

◎『宮廷文学のひそかな楽しみ』（平成十三年十月、文春新書）

『宮廷の春秋』みたいなものを、新書版で、ってお頼まれしたんですね。今までよりもっと気楽に、広い層の方に読んでいただかなくちゃいけない。それには、「王朝の雅び」なんて気取ってなくて、宮廷女房達の自然で楽しい日常生活を書きたいと思ったの。だから、「枕」「源氏」だけじゃなくて、「讃岐典侍日記」「弁内侍日記」「とはずがたり」「竹むきが記」なんかの、皆さんがあんまりお気づきにならない所をとりあげました。

「讃岐典侍日記」の「ほ文字のり文字」という、お父様、堀河院の亡くなっ

†川村二郎―一九二八（昭和3）～二〇〇八（平成20）　文芸評論家、ドイツ文学者。愛知県生まれ。東大卒。東京都立大学名誉教授。著書に『内田百閒論』など。

†丸谷才一―一九二五（大正14）～　小説家、評論家。山形県生まれ。東大卒。著書に『年の残り』など。

たのを悲しんでいる作者を、まだたった六つの鳥羽天皇がとてもかわいく慰めて下さる所を御紹介したら、専門違いのある男の先生が、「涙が出ましたよ」と言って下さって、とても嬉しかったわ。おかげ様で、いろんな所で読まれているようです。

◎『源氏物語六講』（平成十四年二月、岩波書店）

『源氏物語六講』は、はじめ、国文学研究資料館館長の松野陽一†先生が、宇治市に源氏物語ミュージアムが出来たときに、「記念の講演会をするから、源氏の話をしませんか」っておっしゃったんですね。そのときまで、源氏は好きで読んでいればいいんだと思ってたんですけど、そう言っていただいたのが嬉しかったの。

それで、「宇治だから『宇治十帖』の話をしよう」と。

「宇治十帖」で、大君《おおいぎみ》は、皆さんお好きなのね。論文も沢山ある。浮舟もそう。だけど、中君《なかのきみ》は、それほどでもない、と思ってね。私、自分が次女であるせいもあって、中君という人、好きなんですね。少し考えてみようと思って。

ああ、そういえば紫式部も次女なんだと。お姉さんが亡くなって、お父さんに頼りにされたわけです。任地へも一緒に付いていったりしたわけでしょ。弟の惟規《のぶのり》は、しっかりしてないし。本来的には甘ったれの次女だったのに、苦労

†**松野陽一** 一九三五（昭和10）〜 国文学者。東京都生まれ。早稲田大学国文科卒。著書に『藤原俊成の研究』など。

して成長したのが中君そっくりだと思ったのね。私は、甘ったればかりで苦労してないけれど。次女ってのは、割合に対人関係をうまくやる方なんです。大君は、すばらしい人だけど、高踏的であって、その分適当にやることが出来なくて、自ら死を選ぶようなことにもなるわけでしょ？　その違いがおもしろいと思ったから、次女から見た中君論というのを話したんです。そしたら、とっても喜んでいただけたの。その次には、国文学研究資料館で、古典講読講座（平成十二年）を始める時に、「トップでやれ」とおっしゃられて、困ったんだけど、でもこれまでは、玉葉、風雅とは何であるか。これが何ゆえにすばらしいのか。まずそこから入って、延々とお話しなくてはいけなくて、うんざりだったのに、まさか源氏物語とは何であるか、という必要はないわけでしょ。とっても楽だったのね。だから嬉しくて嬉しくて、お引受けしたわけです。

それとは全然別にね、暫く前に岩波書店の編集者の星野紘一郎さんが、「源氏を訳しませんか」とおっしゃったんですね。「とんでもない」って言下にお断わりしたんだけど、この講座を本にして出そう、岩波かそれとも他の出版社かと松野先生からお話があった時に、いっぺんそういう風に言われたわけですから、岩波をよけて他社から出すの悪いと思ったの。それで岩波で出していただいたんです。

◎『永福門院百番自歌合全釈』（平成十五年一月、風間書房）

『光厳院御集全釈』をする時、「『永福門院百番御自歌合』はいかがでしょう」と最初言ったのね。そしたらば、ご相談になった結果、「自歌合というのは、私歌集ではないから、他のものにせよ」とおっしゃったので、光厳院御集にしたんですね。それで、「この本、私家集全釈叢書じゃなくてもいいから、出して下さらないかしら」って風間書房の方に言ったんです。そしたら「ちょうど、歌合・定数歌全釈のシリーズを考えているから、その第一号にどうでしょう」と言って下さったの。

　これも、以前には群書類従しかなくて、それはあまりよくない本文だったのが、吉海直人さんの発見のおかげで、良い本文が出て来たので、それを使うことが出来たから、ありがたかったのね。

　永福門院の「玉葉集」以降の歌風の変化、発展というものは、今までわかっていなかったけど、この良い本文によって、玉葉から風雅への道筋、の見当がついて、伏見院のおかくれになったあと、永福門院が一人で自分をどんなに成長させていらっしゃったか、わかるようになりました。

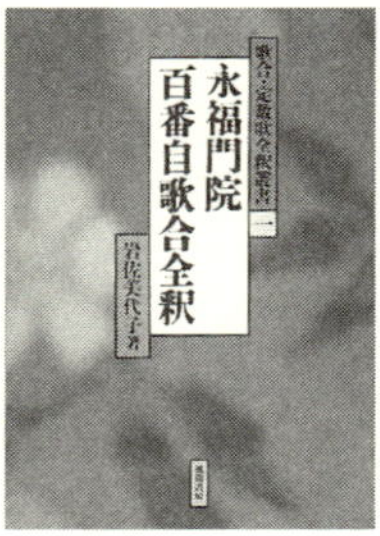

◎『風雅和歌集全注釈』全三巻（平成十四年～十六年、笠間書院）

私、風雅はもうやるまいと思ったのです。だけど、どうしてもしないわけにいきませんで、そうしましたら谷山茂先生の御本が大変いいという話を聞きまして、だけども、整理中という事でなかなか拝見できないという話も伺っていました。それで、やはり拝見しないとと思いまして、そうしましたら、渡部泰明さん、八木意知男先生、笹川博司さん、いろんな方がお世話して下さいまして拝見できることになったのです。それで京都女子大の図書館に石澤一志君と二人で行きまして、私は書誌はわからないから石澤君見てよと言って、私はとにかく一日で本文全部見たのね。風雅は頭に入っていますから、見ればほとんど異文なんかはわかりますから、お昼御飯も食べないで一日ぶっ通しに見まして、感心しました。だって二一〇〇首あるわけでしょう。それで誤写が本当に少ないの。写しとしては、一番古いとかそういう訳ではないし、字がものすごくいいという程でもないのだけれど、その間違いの少なさ、こんなの本当に初めて。自分の本の誤植なんか、もうはずかしくて話にならないわよ。だって、たった三六箇所。それも「百首の歌の中に」というのが、中というのが抜けていて、「百首歌に」となっているとか、それから「り」と「る」がちょっと違うとか。本当に問題にならないくらいなのです。それに作者表記もルールがちゃんと貫通していまして、本当にこんないい本ない、これはどうしてもやらなく

ちゃと思いました。

書写年代は江戸の前中期ころだろうと。これは私は全然だめなので、奥書も何もありませんから、これは石澤君なり、他の方々のものを鵜呑みにしたわけです。書体として大変古いとかいうことではないけれども本当にいい本でした。後は玉葉と同じような方針で書きました。ですから注釈そのものにそんなに苦労はしなかった。

風雅もまた玉葉とは違うけれどいい集ですね。実は私、ずっと以前、昭和四十九年に、次田先生のお手伝いをして、三弥井書店から、兼右本を底本にして校注本を出しているんですけど、その時はまだ全く研究界にも出版界にも無知で、ただ風雅の出る事が嬉しくって、むやみやたらにやりましょうやりましょうと言って、それこそ誤植も一ぱいあるし、次田先生にも出版社にも申しわけないようなものだったんだけれど、それでも当時はそれしかなかったので、二刷で改訂して使っていただいていましたが、やっとこれで長年の借りをお返ししたような気持ちになっています。

◎『内親王ものがたり』（平成十五年八月、岩波書店）

岩波で星野さんがおやめになるとき、後を引き継いだ吉田裕さんが、岩波の新日本古典文学大系を編集するときに、仏教説話集の「三宝絵」を受け持ったんですって。その「三宝絵」は、冷泉天皇のお姫様の尊子内親王のために書かれたもの。そのときに尊子内親王という方が好きになったんですって。ちょうど、愛子さまがお生まれになったのと重なるころかな。それでこんな企画を出してきてね、ちょっときわもので嫌だなあ、という感じがしたんだけれど、彼はそんなつもりじゃなくて、すごく真面目な人なんだから、ひたすら尊子内親王のためにやりたかったんですね。また私の方では、やっぱりねえ、これから先、内親王さまがお生まれになったって、どうなさるのかなと思うのね。正直のところ。いろんな意味でおかわいそうだしね。私としては、もうそんなことやめてほしいと思うんだけれども、そうもいかないかも知れないけれども、という気持ちもありましてね、引き受けたんですね。でも、知らないことといっぱいありまして、随分苦労しました。

好きな内親王さま？　嵯峨天皇のお姫様で、初代賀茂斎院の有智子《うちこ》内親王。それこそ、名のみ事々しくて、あんまりよく知らなかったんだけれど、この方の詩はうまいですね。もう、感動しました。すばらしい立派な漢詩です。残っているのはたった十首で、一番有名なのは、十七の時、斎院にお父様の嵯峨天

皇が来てくださった時の詩です。ほかの詩もみんな、上品で繊細で、しかも堂々としていて、私は漢詩というと、白楽天とか唐詩選の、そういう詩しか知らなかったけど、有智子内親王のこういう詩があるというの、すばらしいと思いました。

あとね、女房日記の方になりますけど、平安朝の日記の最後になる「讃岐《さぬき》典侍《のすけ》日記」にでてくる、後三条天皇のお姫様、篤子《とくし》内親王。堀河院の中宮さまね。とってもすてきな方だと思うのに、ある意味誤解されていたところがある。

というのは、篤子内親王は天皇の叔母さまなのね。ずっと年上なので、愛情が薄かったと言われがちなんですけど、そうじゃないんです。堀河天皇の方も、当時は十三くらいの子供で、「お后さま、誰にしますか？」と言われたって、知らないわけでしょ。若いお姫様たちなんて。十九歳年上だけども、やさしい叔母さまである篤子内親王を、「ただ四の宮を」とお望みになったっていうの、当然だと思うんですね。それを、白河院の画策であるとか、言ったりしますけど、そうじゃない。そして、篤子は、堀河院を教育して、内親王で、しかも中宮である方でなくては出来ないような、お仕事なさった方なんです。堀河院が亡くなったときの、讃岐典侍との対話もとってもいいし。近臣達にも後々まで慕われていたし。篤子内親王も、とっても書きたかった人ですね。

◎岩佐美代子責任編集　次田香澄著『玉葉集風雅集攷』（平成十六年十月、笠間書院）

皆さん、次田先生のご研究なんか読んでいないみたいなのですね。それは、為兼がいいなんていうことは、折口信夫も土岐善麿先生もおっしゃっていらっしゃるけど、玉葉・風雅としての研究というのは、佐佐木信綱・久松潜一・佐佐木治綱、そういう方々がいらっしゃるけれども、それはやはり戦前のものでして、やはりもっと、今の学界で通用するような研究をしなければならない、それをはじめてなさったのが次田先生なのです。そもそも広沢切を集められるということだって、「天皇が絶対の戦争中だったから所蔵者の方も割合に見せてくださって楽だったのですよ」とおっしゃっていらっしゃったけれども、今の若い人が盛んにやっていることでしょう。それをとっくの昔に、一番始めになさったようなものですし。そして「玉葉集の形成」・「風雅集の形成」なんて論文のは、今の人が読んだことがあるかどうかわかりませんけれども、本当に大変に立派な物で、今だって一つもおかしくない。

何もないところから全体的にお仕事なさったのが、一番のご功績でしょう。この本には入れなかったけれども、為兼集のご研究もなさったし、全般的に玉葉集も風雅集も、戦後のきちんとした研究のやり方ではじめてなさった。「自然美の様体」というようなことは、今でもやることですけれども、その一番初

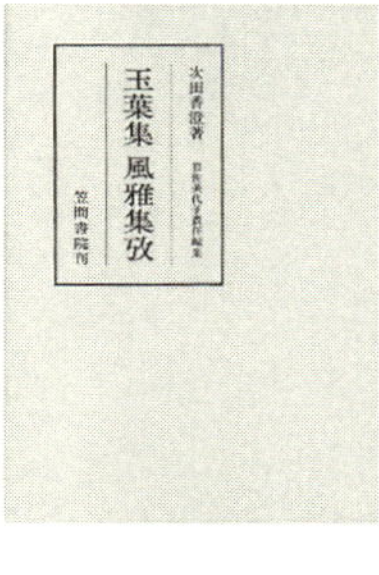

めの形をお作りになった。それが一番だと思います。あと写本の問題もあります。早くに、風雅集は谷山本が大変いいとおっしゃっています。次田先生と二人で、玉葉風雅がいい、いいって言ったものだから、今の若い方々にはそれが常識になって、今度はそれに反撥するような論も出て来る。それはそれでいいんだけれど、戦争中の「国体」（国民体育大会じゃありませんよ）関係の規制は大変だったのよ。何が何でも万世一系。それでも私は「南北朝」って習ったけど、井上宗雄先生は「吉野朝」って言わなければいけないと習ったと言ってらっしゃる。私と井上先生は早生まれと遅生まれで、同い年だけど、学年が一年違うのね。それぐらい、戦争末期には一年一年きびしくなったんです。だから戦後南朝と北朝が本当にあったのだと言ったり、尊氏は逆賊じゃないと言ったり、そういう自由にほんとに感激したのは国文学関係では井上先生と私だと思います。その前の方も後の方もそれほどの実感はないでしょう。本当にそれは夜が明けたようなものでしたよ。玉葉・風雅に感激するのは、そういう時代を通ってきたからだと思います。それがないとやはりそれほどではないのかもしれませんね。

玉葉集・風雅集は、やはり次田先生のご研究から入っていただきたいのよね。研究史ですから。何でも一番初めに始めるというのは大変なことなのです。

◎『千年の名文すらすら　源氏物語』（平成十七年十二月、小学館）

これはね、小学館で土肥元子さんという編集者の方が、清河妙さんという方の著書としてきれいな絵本のような形で枕草子をお出しになったの。大変、評判がよかったらしくて、「源氏をやらないか」ということになったの。だから、これはもう土肥さんの企画でして、現代語訳と、「鑑賞の眼」といって私が余計なことという、そんなセッティングを全部彼女がしてくださいましたから、私は必要な事をやるだけだったんです。で、なるだけ訳を日本語として読めるような訳にしよう、と考えたことが一つ。それから、これだけのスペースのなかに、「鑑賞の眼」をどれくらい、何をどう入れられるか、苦労しましたけれども、楽しかったです。それに、おのでらえいこさんの挿絵がすばらしくきれいで、皆さんに喜ばれました。

私の、この本でのたった一つの自慢はね。女三《おんなさん》の宮《みや》が、源氏のところへ正妻としてきましてね、源氏がそちらへ通う。紫の上が、独り寝をするわけですね。源氏が、内心やましいと思いながら帰ってくると、紫の上は泣き濡れていても、何事もなかったかのように迎えるんだけれども、紫の上びいきの女房たちは、しゃくにさわるというわけで、狸寝入りをして、なかなか戸を開けてくれない。源氏も寒くて凍えちゃったというところでね、やっと入れてもらって、紫の上の御気嫌をとる言葉、

「怖ぢきこゆる心のおろかならぬにこそあめれ、さるはつみもなしや」

これをどう訳するか、一番考えたの。何て訳したと思う？

「あなたをおっかながってる気持ちがどんなだかわかるでしょう、ね、かわいいもんじゃないの」

たった一つ、会心の訳。

◎『中務内侍日記全注釈』（平成十八年一月、笠間書院）

「中務内侍日記」は、池田亀鑑先生の名著『宮廷女流日記文学』（昭和二年）で、「個性の分裂と動揺」というキャッチフレーズができてしまって、あとの研究者はみんなそれにとらわれたマイナス評価で、「病弱の中年婦人の哀愁に包まれた日記だ」なんて言って、失礼千万よね。大体、名著には違いないけど、池田先生のあれは東大の卒業論文なんです。だからどうしたってお若いし、御自分で「全然主観的な感じ」（はしがき、傍点原文）で書いた、って言ってらっしゃるんですから、いつまでそれにのっかっててもいい事はないんですよ。

読んだらちっともそんな事はない。だって時代が違うんだから、内容も文体も蜻蛉や和泉式部日記と違うのは当たり前。それを、中古日記のまねをして及ばない、大変衰えたもののように言われてしまうのは、どうしても気に入らなかったんです。私は京極派研究のために読みはじめて、もちろん伏見院も為兼

も出て来るけど、播磨の中将具顕が好きで読んでるうちに、それが例の看聞日記紙背詠草で、京極派の最初期の重要歌人だってわかったのね。そうすると、伏見さんの春宮時代の側近グループの雰囲気が、とっても生き生き伝わって来て、文学としてもユニークだと思うようになったの。それで、どうも群書類従本じゃうまくないので、さがしているうちに、彰考館本を拝見して、これがほかの全部の本の親本だと確信したんですね。例の長歌、伏見院が時鳥の歌を為兼におやりになって、そのお使いをした具顕と為兼の間で長歌の贈答がある。その具顕の長歌が、一句欠、反歌欠というおかしな形になってたのを、彰考館本でじいっとにらんでたら、ほんの一つの句切り方の違いで、欠句なんかない、長歌反歌そろった形が、ふうっと浮かんで来たんですよ。あれはほんとに嬉しかったわ。今でもその時の彰考館の閲覧室の様子が、目に浮んで来るような気がします。それで、はじめに彰考館本の影印を、和泉書院で出していただいたの（昭和五十七年）。それから岩波の新日本古典文学大系の『中世日記紀行集』（平成二年）でも底本にしたのでね、この全注釈では本文的な問題より、作品として気持よく読んでいただきたいと思って、龍門文庫の大変古い、いい零本とも照合した上自分の見解も入れた、校訂本にしてしまいました。もちろんそれぞれの所で注記はしましたけどね。

　中務という人が、大変私は好きですし、そして衣紋道の事で色々教えていただいた高倉文化研究所の高倉さんのご先祖でもあるし、そういう衣紋道の家の女性、だからこそ着物のことが一ぱい出てくる。ただ衣裳のことが一ぱい書いてあるから衰弱したものだというのはとんでもない話なのです。即位大嘗祭のようなお儀式の記録にしましても、その時の人にとっては大変大事なことでしょう。

女房というものは何も恋愛ばかりしているわけではないし、衰弱した宮廷においてふらふらしているわけでもないし、ちゃんと事務的な能力があって、きびきびといろんな仕事をこなしていたという所を知っていただきたかったので出したわけです。

中世の日記を、ばかにしないこと。皆さんね、中古の日記は優れている、それに比べて中世の日記は「とはずがたり」以外はつまらないという既成観念が、そもそも基本的にあるのですね、それを取り払っていただかないとどうにもならない。みんな時代によって違うのだし、特に女房の日記というのは、その舞台になる宮廷が違う、男と女の関係が違ってくる。それから文体だって当然違ってくるはずですよね。漢語も一ぱい出てくるし、ずいぶん近世的な言い方も出てくるのです。その辺の所がわからないで、ただ中古は文学的に優れている、面白い、中世は衰えているって。そんなのないですよ。どんな作品だって作った人は本当に一生懸命自分の人生をかけて作っているわけで、それで何も収入が入るわけでも何でもないのに、どうしても書かずにいられなくて書いているのですから。

◎『文机談全注釈』（平成十九年十一月、笠間書院）

例の播磨の中将具顕の伝記を調べていたら、群書類従の「秦箏相承血脈」という、音楽の伝授系譜の中に名前があるのを見つけたんです。そしたら、実兼もその中にいる。玉葉風雅や花園院宸記にほんのちょこっとだけ出て来る女流歌人もいる。で、その事を昭和五十一年の和歌文学会で発表しましたら、磯水絵さんが、「音楽の事を言うなら文机談を読まなくちゃだめだ」と教えてくださったの。それではじめて文机談というものを知ったわけです。その頃は国会図書館に勤めていましたから、書庫にもぐり込んで、菊亭本の複製と柳原本の翻刻を借り出して、両方つきあわせて休み時間に筆写しました。

そうしたら、なにしろ面白い。文机房隆円という人が語ったという、琵琶中心の音楽説話ですけど、和歌と全然違う世界でしょ。それでいながら知り合いの人が出てくる。源経信、九条兼実、西園寺公経・公相。そもそも妙音院師長が出てくるでしょう。私は何も知らないで、ただ保元物語で、十九歳で土佐に流される時おじいさんの忠実に贈ったお別れの手紙、「殿下八旬の暮年に及んで九重の花洛に留まりおはします。師長一面の琵琶をひっさげて万里の雲路に

去らんと欲す」という、もうあれだけで、ミーハーみたいに師長が好きだったんですけど、それが大変な音楽家で、彼をはじめ、当時の琵琶師範家の藤原孝博・孝道・孝時、ずっと遡って唐から琵琶の秘曲を伝えた藤原貞敏とその弟子達、みんなガリガリ亡者で凄いんです。私は小さい時から宮様のお相手して、決して宮様がわがままでいらっしゃるわけではないんだけど、こちらの心構えとして、いつも一歩下って「はい、さようでございますか」「はい、そういたしましょう」って言っているものと思ってましたから、習い性となって、本来的に謙虚なわけでも何でもないけど、ちょっと一歩下る癖がついてるのね。今なら皆さん、「そんなにずうずうしいくせに、何だ」っておっしゃるでしょうけど、でもやっぱり「ひと様のおよろしいように」という気持ちは常にあるんです。だから、それとくらべて、強烈な自己主張、秘曲は絶対教えてやらない、とか、相手がそうなら手段を選ばず盗んでやろう、とか、そういうところが爽快でとっても面白い。

おまけにみんな口が悪くてね、後鳥羽院の御師範に、えらい人達を出しぬいて、あんまり筋の通らない伝授を受けた定輔がなってしまう。それで孝道が後鳥羽院に、「あなたの琵琶は束帯に烏帽子をかぶったような琵琶だ」って面と向かって言う。後鳥羽院も笑って聞き流す。これが後鳥羽と定家でごらんなさい、「あはれ嘆きの煙くらべに」なんて言ったらたちまち勅勘でしょう。その辺が和歌の世界と全然違う。私の家は父をはじめみんなとても口が悪いから、私はそういうのが大好き、けしからんなんて思わないの。痛快で痛快で。そう思って読むと、古今著聞集では、音楽よりも「宿執」とか「興言利口」とかまじめじゃない別の所に孝道一門の人達がいろいろ出て来て、洒落や悪ふざけをしますね。そういう世界が、私には天井が突きぬけたように楽しいんです。

それに、音楽はほんとの実力社会、一発勝負でしょう。天皇だろうと摂関だろうと、音痴だったらそもそも話にならない。センスがあっても技術は身分の低い専門家に、一から教えてもらわなきゃならない。その上で伝授を受けないと、秘曲が弾けない。だから身分的な垣根を取り払った関係ができるんですね。秘曲を許されたような名人でも、晴れの演奏でしくじったら一巻の終わり。それに、玄上なんて琵琶の名器はご機嫌がむずかしくて、日によって鳴ったり鳴らなかったりする。だからお師匠番の専門家は楽器までお守りして、弟子である貴人にうまく弾かせなきゃならない。和歌は違うでしょう。五七五七七を並べるなら、一応のお公家さんならできるし、名歌は詠めなくても適当にお茶を濁せばそれですむ。前もって添削もしてもらえるし、勅撰集なら何十首と提出して一首取られれば鼻高々です。その場その場の真剣勝負の音楽家とは、くらべものにならない。その緊張感が、何とも気持ちがいいんですね。そういう世界に、今まで歌人として、また歴史上の人物としてだけ知っていた人達が、全然予期しなかったのに、音楽家としてひょっこり顔を出す。面白くてこたえられません。

　音楽の事は何も知らないから、磯さんが上野学園大学の福島和夫先生を紹介して下さったんです。この方がまた物知りで物知りで、資料は惜しげなく見せて下さるし、いろんな事を教えて下さいました。それで、閑にあかして現代語訳もして、どこかで出したいと思っても発表する場所がない。何とかなりませんかって福島先生にわがまま言って、お困らせしてた時に、昭和五十六年の六月に、池田利夫先生から鶴見に来いというお話があったの。それで翌日図書館で第一番に、大学紀要の棚を見たら、鶴見大の紀要はこんなに厚いじゃありませんか。「しめた！」と思ってね。まさかそれで鶴見に行ったわけじゃなくて、主人がなくなって十年、将来の生活も全くお先真っ暗な時だったから、本当にありがたかったんだけど、発表の場のできた喜びもとても大きくありました。それで着任した次の年度から六年かけて紀要に翻刻頭注を連載して、そのままの形でテキスト版を笠間で出していただきました。(『校注　文机談』一九八九年刊、本体一七〇〇円)

　私は一応それでおしまいのつもりだったのね。そしたら、新間進一先生の中世歌謡研究会で輪読をするから来ないかと言っていただいて、平成三年六月から十九年六月まで、一四一回、足かけ十七年。皆さん、よくも続きましたよ。

ほんとにありがたかったと思います。それはもう、ほとんどみんな雅楽演奏には素人だし、普通の文学的語彙とは違う言葉や言いまわしは一ぱい出て来るし、文脈もよじれてどこかへ行っちゃうし、皆さんも大変、私も大変だったけど、でも沢山の若い方と勉強して、いろいろ啓発もされましたし、私が当たり前と思ってた読みや解釈が、若い方とまるで食い違ってて、両方でびっくりしたり感心したり。それで、これはどうしても、現代語訳をつけた全注釈にして出さなければいけないと思ったんです。テキスト版の時から、文学関係だけじゃなく雅楽関係の方も読んで下さってる事もわかってましたしね。

文机談でもう一つ面白かったのは、女性の琵琶奏者・箏奏者が活躍する事でした。孝道の娘の讃岐（幼名ゐんてう）・尾張（すぢ）、讃岐の娘の九十《くそ》・八十《やそ》・七十《ななそ》、孝時の娘の孝孫前《こうひこごぜ》・孝弟前《こうおとごぜ》（博子、刑部卿）。女性の名人は昔からいましてね、古くは宇多天皇に箏を教えた石川色子《いろこ》、慈尊万秋楽の秘説を二条院に伝えた若御前《わかごぜ》、文机談には出て来ないけど、建礼門院右京大夫のお母さんで箏の名手の夕霧。でも孝道一族の女性達は壮観です。その代り、孝時のあとの男性達は影が薄くてね、文机談の筆者、隆円はそれをとても心配して、女はいくらうまくても道のためにならない、教えている貴人に愛されて、秘曲も文書もそちらに流出してしまう、と言ってますし、事実次の時代には、彼女達の生んだ西園寺実兼・菊亭兼季に実質的な師範家の地位は奪われてしまうんですけど、逆に言えばそれだけ女性達が優秀だったのよね。孝弟前は後深草院の勾当内侍で、弁内侍日記でも活躍してます。

◎『秋思歌　秋夢集　新注』（平成二十年六月、青簡舎）

私は定家なんて大歌人は、仰ぎ見るばかりで、論文の対象になんかとてもできないと思っていたの。ところが京極派の重要歌人である九条左大臣女の伝記を調べていたら、そのお母さん、後嵯峨院大納言典侍という人が定家のたった一人の孫娘で、とてもかわいがられて、自筆の三代集や伊勢物語を譲られている事、だけど若くて亡くなって、お父さんの為家が悲しみの歌を詠んでいる事、彼女は阿仏尼を為家に紹介して、たぶん彼女の死と入れかわりぐらいに為相が生れている事、彼女は秋夢集という小さな歌集を残している事なんかがわかって来たんです。それで、昭和四十五年に「後嵯峨院大納言典侍考――定家『鍾受之孫姫』の生涯――」という論文を発表して、『京極派歌人の研究』にも入れたんですね。それは定家筆の写本類のあり方にもちょっとふれる事ができたし、自分として好きな論文だったけど、それで終り、と思っていたのね。

そうしたら、冷泉家の御文庫が公開されて、平成九年に「冷泉家の至宝展」が開かれた、その沢山の展示の中に、「秋思歌」という新発見の、為家による大納言典侍追悼歌集があるじゃありませんか。もうびっくり、感激してね、平

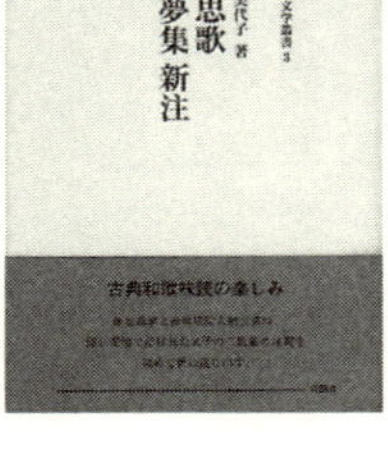

成十二年にそれが写真版で出版されるのを待ちかねて読みました。その前から、十六夜日記も為家も好きになっていたんだけど、秋思歌二一八首、ちょっと見てはお涙頂戴の平凡な歌のように見えるけど、そうじゃない、為家がどんなに古典和歌に通じていて、その言葉を自由自在に使いこなせる、俊成とも定家とも別のタイプの大歌人かっていう事が、よくわかったので、注釈をしたわけです。私は京極派をやったけど、それとは反対の古典的な祖母の歌なんかで育って来たのでね、そのよささも認めてますし、その中でも為家は、誰も及ばない巨人だと思いますよ。

秋夢集はたった四五首の小さなものだし、いかにも優等お嬢ちゃんの一生懸命の提出作品って感じだけど、それはそれでかわいいわね。でもこっちの方が注釈するには言う事がなくって、苦労しました。

小さな本ですけど、まだどなたも扱っていらっしゃらない作品だし、為家の人柄にも、その歌のよさにもふれられたし、ついでに俊成以来の御子左《みこひだり》家の女達についても考える事ができて、私としては意味のある仕事ができたと思っています。

おしまいに

私が生れてはじめて作った本はね、「サイタ　サイタ　サクラガ　サイタ」って、ほらあの、昭和八年から使われた国語読本、いわゆる「サクラ読本」。私はその前の年に一年生になったから、古い（大正七年に出来たんだって）、「ハナハト　マメ　マス　ミノ　カサ　カラカサ」って読本だったのよ。それでもみそっかすが、はじめて自分の読本ができて嬉しかったのに、その頃教科書制定に関係してた父が見本を持って帰って来て、「来年からこういう読本になるんだよ」って。白と黒だけじゃない、色刷りでとってもきれい。うらやましくって、母にうすい紙をねだって、敷き写して自分だけの「読本」を作ったの。

それからあと、千代紙やなんかいじるのが好きだったから、夏休の宿題の作文でも、きれいな表紙をつけて提出したり、勉強をはじめてからは、筆写した資料をちゃんと袋綴にしたり、あんまり読んでボロボロになった岩波文庫の源氏物語を、解体して列帖装に作り直したりね。それと一方、父が専門書や啓蒙書、好きな芝居関係の本とか、いろいろ作るのを見てましたし、前に言ったように校正手伝ったりしてたから、「本を作る」ってどういう事か何となく知ってたし、出来れば嬉しい、っていう事もわかってた。

論文を発表して、まとめて本にする。でも本はまた論文とは違うのね。単発の論文をただ集めただけじゃ本にならない。はじめに概説を置いて、終りに全体を総括した結論でしめくくる。そうすると、一つ一つ論文書いてた時には見えてなかったものが見えて来るのね。それを書くのはとても大変だけど、それが面白くって。それに論文だったら、やっぱり専門以外の方の目にはふれにくいでしょうけど、本になって本屋さんに並んだり広告が出たりしたら、どこでどなたが読んで下さるかわからない。図書館で沢山並んだ中からフッと手に取って下さるかもしれないし、本屋さんで結構なお金を払って買って下さるかもしれない。ありがたい事だし、こわい事ですよねえ。だから、そのつもりして書かなくちゃ。

論文でもそうだけど、本でこわいのは誤植。どうしてでしょうねえ、一生懸命校正して、おかげ様で完成、おめでとう！ってパッと開くと、そこにちゃあんと誤植がある。また、とってもはずかしい誤植に限って、一番見つかっちゃ困る方に、最初に見つかるもんなのよ。でもそこで落ちこむ事はいらない。人間のする事ですもの。自己弁護かもしれないけど、私はそれは、「左甚五郎の忘れ傘†」だと思ってます。あんまり完全なもの作ったら魔がさすから、魔よけにどっかエラーを作っておくんだって。そんなこと言いながら、実際はあっちこっちに傘を忘れて来て困るんだけどね。

八十三なんて、今どき大した年じゃないんだし、それに私なんてほんと、「みそっかすのみよ子ちゃん」で通って来てはずかしいんだけど、それでも戦争の時代から今まで生きて来て、思いもかけず好きな本作りを、いつの間にかこんなに沢山させていただきました。今またこんな裏話を、図々しく本にする

†**忘れ傘**――京都知恩院本堂、左甚五郎作の「鶯張りの廊下」の屋根裏にある傘。知恩院七不思議の一つ。余りの完璧を忌んだためとも、火災よけのためとも言われる。

なんて、ほんとに恐縮ですし、本の事だけでなく、どなただって生きてる以上、いろんな苦労していらっしゃるはずなのに、私一人えらそうにこんな昔話するなんて、あつかましい限りですけど、まあこんな人生もあったと、笑ってお読み流し下さいね。

岩佐美代子年譜

岩田なつ作成

年号(西暦)	年齢	年譜	社会動向
大正15 昭和元 (一九二六)	0	3月1日　東京市牛込区南町に、穂積重遠と仲子の次女として生まれる 4月　祖父陳重死去	12月　大正天皇崩
昭和2 (一九二七)	1		3月　金融恐慌 5月　第一次山東出兵 7月　芥川龍之介自殺
昭和3 (一九二八)	2		2月　第一回普通選挙
昭和4 (一九二九)	3		10月　世界恐慌
昭和5 (一九三〇)	4	4月　女子学習院幼稚園入園 昭和天皇第一皇女照宮成子内親王のお相手を勤める	1月　ロンドン海軍軍縮会議
昭和6 (一九三一)	5	11月　曾祖父渋沢栄一死去	9月　満州事変

昭和7（一九三二）	6	1月 祖母歌子死去 4月 女子学習院前期入学	3月 満州国建国 5月 五・一五事件 10月 国防婦人会結成
昭和8（一九三三）	7		3月 国際連盟脱退 4月 児童虐待防止法公布 12月 皇太子継宮明仁親王誕生
昭和9（一九三四）	8		10月 陸軍省『国防の本義とその強化の提唱』を頒布 この年、東北農村大凶作
昭和10（一九三五）	9		2月 美濃部達吉の天皇機関説事件
昭和11（一九三六）	10	4月 中期進学	2月 二・二六事件 11月 日独防共協定調印
昭和12（一九三七）	11		6月 第一次近衛文麿内閣成立 7月 日中戦争始まる 10月 国民精神総動員中央連盟結成 12月 南京大虐殺事件
昭和13（一九三八）	12		4月 国家総動員法公布 10月 日本軍、武漢三鎮を占領
昭和14（一九三九）	13		9月 第二次世界大戦開始

昭和15（一九四〇）	14	4月　後期進学	9月　日独伊三国同盟調印 10月　大政翼賛会発会式 11月　紀元二六〇〇年記念式典
昭和16（一九四一）	15	4月　学制改正、中等科四年となる	3月　国民学校令公布 4月　六大都市で、米穀配給通帳制実施 12月　ハワイ真珠湾攻撃、太平洋戦争開始
昭和17（一九四二）	16		2月　衣料切符制実施 2月　大日本婦人会発足 4月　東京初空襲 6月　ミッドウェー海戦敗北
昭和18（一九四三）	17	3月　女子学習院中等科卒業 4月　高等科に進学 10月　照宮、東久邇宮盛厚王と成婚	2月　ガダルカナル島撤退 9月　女子勤労挺身隊結成 10月　学徒出陣壮行会
昭和19（一九四四）	18	3月　女子学習院高等科卒業 12月　見合い	6月　マリアナ沖海戦敗北 8月　学童集団疎開 11月　B29東京空襲本格化
昭和20（一九四五）	19	3月9日の大空襲で牛込の家が焼ける 4月　岩佐潔と結婚 5月25日の大空襲で麹町三番町の岩佐の家が焼ける 8月　父・重遠東宮大夫となる	8月　広島・長崎、原爆被災 8月　ポツダム宣言受諾、敗戦

昭和21（一九四六）	20	夏、夫が東大医学部を卒業、無給副手となる 夫、厚生省に入る	4月 新選挙法による総選挙、初の婦人参政 11月 日本国憲法公布
昭和22（一九四七）	21		1月 GHQ、二・一ゼネスト中止の命令 5月 日本国憲法施行
昭和23（一九四八）	22	7月 長男出産	6月 昭和電工疑獄事件 11月 極東軍事裁判判決
昭和24（一九四九）	23	2月 父・重遠最高裁判所判事となる	1月 衆議院議員選挙、民主自由党大勝 7月 下山事件・三鷹事件 8月 松川事件 10月 中華人民共和国成立 11月 湯川秀樹、ノーベル賞受賞
昭和25（一九五〇）	24	11月 次男出産 夫が結核のため、厚生省休職	6月 朝鮮戦争始まる 7月 警察予備隊創設 7月 レッドパージ始まる この年、特需景気
昭和26（一九五一）	25	7月 父・重遠死去（68歳）	6月 第一次公職追放解除 9月 サンフランシスコ講和条約調印 9月 日米安全保障条約調印
昭和27（一九五二）	26		5月 血のメーデー事件 7月 破壊活動防止法成立

昭和28（一九五三）	27		2月　NHKテレビ放送開始 7月　朝鮮休戦協定調印 8月　スト規制法成立
昭和29（一九五四）	28	5月　義母死去 7月　義祖母死去	3月　ビキニ水爆実験で第五福竜丸被災 6月　防衛庁設置法・自衛隊法公布
昭和30（一九五五）	29	岩波文庫『玉葉和歌集』、また国会図書館で『花園院宸記』を読み、勉強を始める 夫が一年間米国留学	8月　第一回原水禁世界大会広島大会 この年、神武景気、家庭電化時代始まる
昭和31（一九五六）	30		5月　売春防止法公布 10月　日ソ国交回復 12月　日本、国連に加盟
昭和32（一九五七）	31		10月　ソ連、世界初の人工衛星打ち上げ成功 この年、なべ底景気
昭和33（一九五八）	32		10月　警職法改正反対闘争 11月　皇太子明仁婚約発表
昭和34（一九五九）	33		
昭和35（一九六〇）	34		6月　新安保条約批准書交換、発行 10月　浅沼社会党委員長刺殺される 12月　国民所得倍増計画

昭和36（一九六一）	35	7月23日 東久邇成子夫人（照宮）逝去（35歳）	2月 嶋中事件 6月 農業基本法公布 10月 中学二、三年生対象、全国一斉学力テスト
昭和37（一九六二）	36	1月 国文学研究を決意し、久松潜一に指導を受ける	2月 東京都の人口、一千万人を突破
昭和38（一九六三）	37	6月～10月 「永福門院御歌評釈」『心の花』	9月 松川事件、最高裁で無罪判決 11月 米大統領ケネディ暗殺
昭和39（一九六四）	38	11月 「永福門院御歌抄」『むらさき』（昭50年まで）	10月 東海道新幹線開業 10月 第18回オリンピック東京大会開催
昭和40（一九六五）	39	6月 和歌文学会にて「花園院の永福門院批判」研究発表	1月 中教審「期待される人間像」発表 2月 米、北ベトナム爆撃開始 6月 日韓基本条約調印
昭和41（一九六六）	40	8月 「永福門院の後半生」『国語国文』 12月 「花園院の永福門院批判」『国語と国文学』	2、3月 旅客機の墜落事故が相次ぐ 6月 建国記念の日、体育の日など、新祝日が決まる
昭和42（一九六七）	41		4月 東京都知事に、社共推薦の美濃部亮吉が当選 この年、ベトナム反戦運動、世界各地で高まる

昭和43（一九六八）	42	1月「永福門院百番御自歌合の成立と性格」『和歌文学研究』、10月「源具顕について」『国語国文』	6月 日大紛争、東大紛争激化 10月 川端康成、ノーベル文学賞受賞
昭和44（一九六九）	43	9月「玉葉風雅表現の特異性」『国語と国文学』	7月 米国宇宙船アポロ11号、月面着陸
昭和45（一九七〇）	44	7月「後嵯峨院大納言典侍考」『和歌文学研究』	3月 万国博覧会、大阪で開催 11月 三島由紀夫、割腹自殺 この年、公害が社会問題となる
昭和46（一九七一）	45	6月「風雅集女流歌人伝記考」『国語国文』	6月 沖縄返還協定調印 10月 中国、国連に復帰
昭和47（一九七二）	46	2月、3月「『竹むきが記』私注」『国語国文』 8月3日 夫・潔死去（50歳）	2月 連合赤軍浅間山荘事件 4月 川端康成、ガス自殺 9月 日中国交正常化
昭和48（一九七三）	47	4月「伏見院の春の歌」『国語と国文学』、「弘安末年の京極為兼」『国語国文』 7月 国立国会図書館事務補助員（非常勤、昭57年3月まで）	1月 ベトナム和平協定調印 8月 金大中事件 10月 石油危機
昭和49（一九七四）	48	4月『京極派歌人の研究』笠間書院 7月『風雅和歌集』三弥井書店	12月 田中首相金脈問題で退陣、三木内閣発足 この年、戦後初のマイナス成長

昭和50（一九七五）	49	9月 「京極派和歌と源氏物語」『国語国文』 12月 「親子・兼行・為子集について」『国語と国文学』	4月 ベトナム戦争終結 この年、企業倒産が戦後最高となる
昭和51（一九七六）	50	5月 『永福門院――その生と歌』笠間書院	7月 ロッキード事件で田中前首相、逮捕
昭和52（一九七七）	51	5月 「伏見院御歌評釈」『明日香』（昭54年2月まで） 9月 「音楽史の中の京極派歌人達」『和歌文学研究』 10月 「中世の女流日記文学」『中世文学』	3月 米ソ、二百カイリ漁業専管水域を実施
昭和53（一九七八）	52	4月 立教大学文学部講師（非常勤、翌年3月まで） 7月 「京極為兼」『和歌文学の世界』	5月 成田空港（新東京国際空港）開港 8月 日中平和友好条約締結
昭和54（一九七九）	53	9月 『あめつちの心――伏見院御歌評釈』笠間書院	1月 国公立大学共通一次試験実施
昭和55（一九八〇）	54	3月 「古筆手鑑の中の京極派和歌新資料」『国語と国文学』、「花園院の釈教歌」『仏教文学』	6月 衆参同日選挙、保守安定政権成立 9月 イラン・イラク戦争 11月 金属バットによる両親殺害事件
昭和56（一九八一）	55	11月 「『中務内侍日記』読解考」『国語国文』	3月 中国残留孤児の肉親捜し始まる

昭和57 （一九八二）	56	2月 『彰考館蔵 中務内侍日記』和泉書院 4月 鶴見大学文学部助教授	8月 歴史教科書の検定、外交問題に、是正を表明 東北新幹線（6月）、上越新幹線（11月）開業
昭和58 （一九八三）	57	3月 「翻刻頭注『文机談』」『鶴見大学紀要』（昭62年まで連載） 4月 駒澤大学文学部講師（非常勤、平2、3月まで）	10月 ロッキード事件、田中元首相に実刑判決 この年、『おしん』ブーム
昭和59 （一九八四）	58	2月 母・仲子死去（94歳） 3月 「明恵上人と京極派和歌」『仏教文学』 12月 「中世女流日記研究への一提言」『国文鶴見』	3月 グリコ・森永事件 12月 電電公社民営化
昭和60 （一九八五）	59	4月 鶴見大学文学部教授 12月 「中務内侍日記と源氏物語」『国文鶴見』	8月 日本航空ジャンボ機墜落、五二〇人死亡
昭和61 （一九八六）	60	4月 「和泉式部日記読解考」『国語国文』 4月 鶴見大学文学部日本文学科科長（平成元年3月まで）	4月 男女雇用機会均等法施行 9月 土井たか子、日本社会党委員長に、日本初の女性党首誕生
昭和62 （一九八七）	61	4月 『彰考館蔵 弁内侍日記』和泉書院 9月 文学博士学位取得（立教大学） 10月 『京極派和歌の研究』笠間書院	4月 国鉄が民営化、JRとなる 10月 ニューヨーク株式市場大暴落

昭和63（一九八八）	62	1月 『女房の眼』鶴見大学日本文学会 4月 早稲田大学教育学部講師（非常勤、翌年3月まで） 12月 「中務内侍日記の贈答歌」『国文鶴見』	6月 リクルート疑惑発覚 9月 天皇重態、各地で催事・祭りなどの自粛始まる
昭和64 平成元（一九八九）	63	4月 鶴見大学大学院文学研究科修士課程設置 7月 『校注　文机談』笠間書院	1月 七日、昭和天皇崩 4月 消費税実施 6月 中国で天安門事件起こる 11月 「ベルリンの壁」取り壊し、ドイツ再統一問題浮上
平成2（一九九〇）	64	10月 「中務内侍日記」「竹むきが記」『中世日記紀行集』岩波書店	10月 ドイツ統一 この年、湾岸危機、株価暴落
平成3（一九九一）	65	4月 「「いっしか」考」『国語と国文学』 7月 「中世女流日記」『文学』	1月 湾岸戦争勃発 4月 海上自衛隊の掃海艇派遣閣議決定 この年、バブル経済崩壊
平成4（一九九二）	66	3月 「九条家本十六夜日記（阿仏記）について」『鶴見大学紀要』 12月 「『弁内侍日記』の人びと」『国文鶴見』	6月 国連平和維持活動（PKO）協力法成立 8月 東京佐川急便事件 9月 学校の週5日制スタート
平成5（一九九三）	67	3月 「評釈　永福門院百番御自歌合　上」『鶴見大学紀要』（平成7年まで） 4月 鶴見大学文学部長（平成7年3月まで）	6月 皇太子徳仁・小和田雅子結婚の儀 8月 細川連立内閣発足 9月 冷害で米の緊急輸入を決定

平成6（一九九四）	68	1月　『木々の心　花の心』笠間書院 4月　鶴見大学大学院博士後期課程日本文学専攻設置 7月　「弁内侍日記」「十六夜日記」『中世日記紀行集』小学館	6月　松本サリン事件 6月　自民・社会・さきがけ3党連立の村山内閣発足 7月　日本人初の女性宇宙飛行士・向井千秋、宇宙へ 10月　大江健三郎、ノーベル文学賞受賞
平成7（一九九五）	69	1月　「唯識説と文学—京極為兼の和歌」『仏教思想と日本文学』勉誠社 12月　「玉葉集伝本考」『国文鶴見』	1月　阪神・淡路大震災 3月　地下鉄サリン事件 9、10月　沖縄県で米兵3人による女児暴行事件、県民総決大会、基地の整理・縮小要求
平成8（一九九六）	70	1月　「歌がたり　女房がたり」『文学』（翌年秋まで八回連載） 3月　『玉葉和歌集全注釈』笠間書院（6月、9月、12月まで全四冊）	2月　薬害エイズ事件で国の責任を認める 9月　民主党結成 10月　衆議院総選挙、初の小選挙区比例代表並立制で実施、自民復調、社民惨敗
平成9（一九九七）	71	3月　鶴見大学定年退職、鶴見大学名誉教授 6月　『宮廷に生きる　天皇と女房と』笠間書院	6月　神戸連続児童殺害事件 7月　イギリスが中国に香港返還 9月　山一証券経営破綻 12月　介護保険法成立
平成10（一九九八）	72	1月　『宮廷の春秋』岩波書店	6月　自民党単独政権に 7月　和歌山毒物カレーライス事件

平成11（一九九九）	73	3月 『宮廷女流文学読解考　総論中古編』、『宮廷女流文学読解考　中世編』笠間書院	1月 欧州連合の単一通貨ユーロ誕生 5月 日米防衛協力のための指針関連法成立 8月 国旗・国歌法成立 10月 自自公連立内閣に
平成12（二〇〇〇）	74	6月 セクハラ裁判支援 10月 『永福門院　飛翔する南北朝女性歌人』笠間書院 11月 『光厳院御集全釈』風間書房	2月 大阪府知事に日本初の女性知事、太田房江当選 7月 沖縄サミット開催 8月 一年半ぶりにゼロ金利政策解除
平成13（二〇〇一）	75	2月 読売文学賞　研究・翻訳賞受賞 10月 『宮廷文学のひそかな楽しみ』文春新書	4月 小泉内閣発足 9月 米、同時多発テロ発生 10月 米英軍などが、アフガニスタン攻撃開始 10月 テロ対策特別措置法成立
平成14（二〇〇二）	76	2月 『源氏物語六講』岩波書店 3月 裁判、一審判決は請求棄却 12月 『風雅和歌集全注釈・上巻』笠間書院	9月 日朝首脳会談 12月 米英軍後方支援活動で海上自衛隊イージス艦インド洋に出発
平成15（二〇〇三）	77	1月 『永福門院百番自歌合全釈』風間書房 8月 『内親王ものがたり』岩波書店 9月 『風雅和歌集全注釈・中巻』笠間書院 11月 二審判決勝訴	3月 イラク戦争開始 4月 日本郵政公社発足 5月 個人情報保護法成立 7月 イラク復興支援特別措置法成立

平成16（二〇〇四）	78	1月　『風雅和歌集全注釈・下巻』笠間書院 10月　責任編集『次田香澄著　玉葉集風雅集攷』笠間書院	6月　国民保護法成立 6月　イラク多国籍軍への自衛隊参加を閣議決定
平成17（二〇〇五）	79	12月　『千年の名文すらすら源氏物語』小学館	10月　郵政民営化関連六法成立
平成18（二〇〇六）	80	1月　『校訂中務内侍日記全注釈』笠間書院	1月　日本郵政株式会社発足 5月　在日アメリカ軍再編決定
平成19（二〇〇七）	81	11月　『文机談全注釈』笠間書院	1月　防衛省発足 この年、消えた年金記録問題、アメリカでサブプライムローン問題
平成20（二〇〇八）	82	6月　『秋思歌　秋夢集新注』青簡舎	4月　後期高齢者医療制度開始 9月　アメリカ、リーマン・ブラザーズ証券経営破綻、世界金融不安
平成21（二〇〇九）	83		

聞き終えて——解説・あとがきにかえて

聞き取りを終えて、今、あらためて、日本古典文学研究者・岩佐美代子が、生い立ち、女学校時代、結婚、京極派和歌の研究を始めた頃のことから、研究者として生きたその人生を語った『岩佐美代子の眼』を読み、感じたことを記してみたい。

岩佐美代子の人生を考える上で見逃せないのは、リベラルな法学者であった父・穂積重遠の存在の大きさである。社会的には、女性の権利、婦人参政権が大切と言って応援もしていた重遠も、自分の娘たちには「娘は柔順、お嫁に行ったら貞淑」を求め、「父にも矛盾するところはありました」（八章）と岩佐は述べる。しかし、重遠から受けた家庭教育を知ると、学問の家・穂積家に生まれた娘を、知らず知らず学問へ導いていたように思えてくる。

たとえば、偉い先生が来ると「お辞儀」といって挨拶させる教育を通して立派な学者を子供に見せ、書庫には自由に出入りさせる。夕食の後は、子供たちに『三字経』や『論語』を教え、仕事で講義してきたことを、もう一度家で話してくれる（一章）。万葉、古今、新古今などの有名な歌は、女学校高等科進学前までにそのたいていを家庭教育のなかで身につけていたという（二章）。

一方、重遠は、リベラリストとして、セツルメント運動や児童虐待防止法を作る運動（三章）でも知られているが、その活動にも娘たちを連れて行って多様な社会を見せている。著書の校正もさせ、本を作ることへの関心も引き出した。戦前の女性は、大学に入学できなかったから、娘を学者にしようと考えることはなかったかも知れないが、学問を志す女性たちに対しては、高群逸枝や田辺繁子を初めとして積極的に助言し応援している。もともと、重遠は、離婚法の研究や、留学中にイギリスの婦人参政権運動に接して、婦人問題への関心が深かった。

その考えの基本は、「婦人問題は婦人問題にあらずして人類問題であり」「婦人を男子と『同等』ならしめよといふのは『同一』ならしめよといふのではない。男子は飽くまで男子であり女子は飽くまで女子であるが国民としての価値が男子も女子も同等でなくてはならぬ」（『大学生活四十年』社会教育協会、昭和一八年一一月、『国民講座』四九四輯）に明らかである。

高群逸枝に関しては八章に詳しいが、その章にも出て来て、やはり岩佐美代子に影響を与えた田辺繁子の著書『マヌの法典』（一九五〇年、岩波書店）には、「謹みて穂積先生に捧ぐ」の献辞があり、「序」は穂積重遠が書いている。昭和二十五年一月二十六日に記しているから、亡くなる一年半前の最高裁判事の仕事で多忙な頃である。

「序」によれば、繁子が法律を勉強したいと重遠を訪ねたのは十五年前頃（昭和十年頃なので八章の記憶と重なる）で、歓迎したのは「私ははじめから、法律が男のみによって作られまた学ばれていることに不満でした。それは同権とか共学とかいうような観念論のみからではなく、法律の本質上女が立法と研究とに参加協力することを絶対必要と考え」ていたからだと述べる。さらに、「『女ならではの法律学』を大成せんことを祈ってやみません」と記す。

重遠の娘である岩佐は、「良き家庭の見本」の娘として、「父の思うとおりに教育されちゃった」（八章）と、立派な良妻賢母に仕立てあげられたことを残念に思う気持ちを見せながらも、父への愛情を込めて「でも私は、時代的に、それだけではなく、うまく擦り抜けた」と述べる。それは、敗戦後の社会変革の時代を「うまく擦り抜け」られるだけの基本的学力を、父がちゃんと与えてくれていたことに気づいていたからこそ言える言葉であろう。

岩佐美代子の眼は、社会批判、文明批判の眼としても光る。

そして、岩佐美代子の「生きる上での思想とは何か」を考えると、「きちんと生きること」「与えられた状況のなかで一生懸命生きること」だと思う。これは、簡単そうで難しい。しかし、本書のどこを読んでも、その根底には「きちんと生き」「与えられた状況のなかで一生懸命生きる」姿が見える。

さらに、女の眼、生活人の眼、現実的な眼も光る。十章の「若い方に伝えたいこと」など、その眼がよく光っている。たとえば、「普通の男と普通の女が、普通の顔して、協力して仲良く仕事できるようにならなければ」、「考えてみれば、主人は私を解放してくれたんだと思います」、「でも母親なんて、そんなに美化されるものでもない。多分に利己的なところもある。そのへんが男にはわからないのね」など、けっこう過激な眼であるが、うなずけるのである。

聞き取りは、最終的に全十三回にわけて行った。

第一回は二〇〇五年二月一日、第二回は二月八日、第三回は二月十五日、第四回は二月二十二日、第五回は三月一日、第六回は三月八日、第七回は三月十五日、第八回は三月二十二日、第九回は三月二十九日、第十回は四月五日、第十一回は四月二十一日、である。

毎回、どんなことを話していただくか、前日までに大まかな質問事項を考えて記したものを送ってから、先生の御自宅に伺った。一回の聞き取りには、二時間を費やした。五月に入ってから録音のテープ起こしに取り掛かったが、なかなか思うようには進まず、最初の原稿が出来たのは一年以上が過ぎた二〇〇六年の初夏。その段階で岩佐先生に目を通していただき、再度原稿作りを八月から九月にかけて行った。そして、岩佐先生の御本の多くを出版している笠間書院が本書の出版を推進してくださることになった。編集担当者は大久保康雄さんである。新たに、「著書について」の章の聞き取りを行ったのが、第十二回・二〇〇七年六月二十日、「なぜ玉葉・風雅・中世日記文学を研究したか」の章は、第十三回・九月五日である。こうして、一通り聞き取りを終えたあと、読みやすくするための再構成と適宜注釈を入れ、校正の度に岩佐先生にも確認していただいた。

考えてみれば、六章に出てくる「国文学概論」の授業の最終日、その九十分を使って岩佐先生がご自身の人生を若い学生たちに語ってくれた。それは大変感銘深くて、私は授業終了後教室から出て行く先生を追いかけていって、「お話してくださり、ありがとうございました」と、その感動を伝えたくて口にしたのであった。それがこの本の始まりだったと今思う。

謹んで、岩佐美代子先生、笠間書院、編集の大久保康雄さんにお礼を申し上げる。

岩田なつ

二〇〇九年十一月三日

【プロフィール】

岩佐美代子（いわさ・みよこ）

大正15年３月１日生。
父、穂積重遠は民法学者。東京大学法学部長。現天皇少年時代の東宮大夫。最高裁判所判事。４歳より13年間、昭和天皇第一皇女照宮成子内親王のお相手を勤める。女子学習院高等科卒業、結婚後、独学で京極派和歌・中世女流日記研究。『光厳院御集全釈』で読売文学賞受賞。鶴見大学名誉教授、文学博士。

【編者紹介】

岩田ななつ（いわた　ななつ）

鶴見大学、明治学院大学非常勤講師。博士（文学）
大妻女子大学大学院文学研究科国文学専攻修士課程修了
鶴見大学大学院文学研究科日本文学専攻博士後期課程修了
専門：日本近現代文学
著書　『青鞜の女　加藤みどり』（青弓社、1993年）
　　　『文学としての青鞜』（不二出版、2003年）
編著　『青鞜文学集』（不二出版、2004年）
共著　『青鞜を読む』（學藝書林、1998年）
　　　『青鞜を学ぶ人のために』（世界思想社、1999年）
　　　『青鞜人物事典』（大修館書店、2001年）

岩佐美代子の眼―古典はこんなにおもしろい

2010年２月25日　初版第１刷発行

編　者　岩田ななつ
装　幀　椿屋事務所
発行者　池田つや子
発行所　有限会社 笠間書院
東京都千代田区猿楽町2-2-3［〒101-0064］
電話 03-3295-1331　Fax 03-3294-0996
NDC分類：901.6

ISBN978-4-305-70497-9 ©IWASA・IWATA 2010 印刷／製本：モリモト印刷
落丁・乱丁本はお取り替えいたします。
出版目録は上記住所または http://www.kasamashoin.jp/ まで。